La Mondialisation
de la pauvreté

Michel Chossudovsky

La Mondialisation
de la pauvreté

*La conséquence des réformes du FMI
et de la Banque mondiale*

MONTRÉAL

Typographie : Pierre Wyrsch
Illustration de la couverture : Gratien Lévesque
Responsable de la production : Serge Mongeau

Titre original : *The Globalisation of Poverty*
Impact of IMF and World Bank Reforms
© Michel Chossudovsky, 1997
Pour l'édition française :
© Michel Chossudovsky, 1998
Les Éditions Écosociété
C.P. 32052, succ. Les Atriums
Montréal (Québec) H2L 4Y5
Dépôt légal :
4ᵉ trimestre 1998
ISBN : 2-921561-37-9

Données de catalogage avant publication (Canada)
Chossudovsky, Michel.
La Mondialisation de la pauvreté : la conséquence des réformes du FMI et de la Banque mondiale
Comprend des réf. bibliogr.
ISBN: 2-921561-37-9

1. Fonds monétaire international. 2. Banque internationale pour la reconstruction et le développement. 3. Pauvreté – Europe de l'Est. 4. Mondialisation (Économie politique). 5. Pays en voie de développement – Conditions économiques. 6. Europe de l'Est – Conditions économiques – 1989–   . I. Titre.

HG3881.5.I58C4714 1998   339.4'6   C98-941428-0

LE CONSEIL DES ARTS   THE CANADA COUNCIL   Nous remercions le Conseil des Arts du Canada de
DU CANADA   FOR THE ARTS   l'aide accordée à notre programme de publication, ainsi
DEPUIS 1957   SINCE 1957   qu'à la traduction du présent ouvrage.

Les Éditions Écosociété bénéficient d'une subvention d'aide à l'édition de la SODEC.

À Micheline

REMERCIEMENTS

Commencée en 1988, ma recherche sur le terrain m'a permis de rencontrer des femmes et des hommes avec qui j'ai développé des liens d'amitié et de solidarité : des membres de communautés paysannes et d'organisations de travailleurs, des enseignants, des travailleurs de la santé, des fonctionnaires, des chercheurs, des professeurs d'université, des militants dans des ONG. L'objectif de ce livre est d'appuyer leurs luttes et leurs revendications.

C'est avec reconnaissance que je souligne l'appui du Conseil de recherche en sciences humaines du Canada et de la Faculté des Sciences sociales de l'Université d'Ottawa. *Les points de vue exprimés dans ce livre sont ceux de l'auteur.*

Table des matières

GLOSSAIRE

ADC	*Agricultural Development Corporation* (Société publique pour le développement de la Somalie)
ADN	Action démocratique nationale (Bolivie)
AIC	Accord international sur le café
AID	Association internationale pour le développement (Groupe de la Banque mondiale)
AIÉA	Agence internationale de l'énergie atomique
ALÉNA	Accord de libre-échange nord-américain (Canada, États-Unis, Mexique)
ANC	*African National Congress* (Afrique du Sud)
AWB	*Afrikaner Weerstandebeweging* (Afrique du Sud)
BAD	Banque asiatique de développement
BDP	Bilan des dépenses publiques
BEI	Banque européenne d'investissement
BERD	Banque européenne pour la reconstruction et le développement
BID	Banque interaméricaine pour le développement

BIRD	Banque internationale pour la reconstruction et le développement, mieux connue sous le nom de Banque mondiale
BIT	Bureau international du travail
BJP	*Bharatiya Janata Party* (Inde)
BM	Banque mondiale
BNP	*Bangladesh National Party*
BNR	Banque nationale du Rwanda
CEI	Communauté des États indépendants (ex-URSS)
CFD	Caisse française pour le développement
CIA	*Central Intelligence Agency* (Service de renseignements des États-Unis)
CICR	Comité international de la Croix-Rouge
COMIBOL	Consortium public pour l'extraction minière de la Bolivie
DCP	Document-cadre des politiques
DEA	*Drug Enforcement Administration* (Agence américaine de lutte contre la drogue)
ECDP	Examen critique des dépenses publiques
EURATOM	Communauté européenne de l'énergie atomique
FAB	Franco à bord (prix)
FAO	*Food and Agricultural Organisation* (Organisation des Nations Unies pour l'alimentation et l'agriculture)
FCÉÉ	Fonds de coopération économique avec l'étranger (Japon)
FCFA	Franc de la Communauté financière africaine
FMI	Fonds monétaire international
FPR	Front patriotique rwandais
FREDEMO	Front démocratique (Pérou)
FRW	Franc rwandais
G7	Groupe des Sept pays les plus industrialisés

GATT	*General Agreement on Tariffs and Trade* (Accord général sur les tarifs douaniers et le commerce)
GTZ	*Gesellschaft für Technische Zusammenarbeit,* (Agence d'aide internationale, Allemagne)
IFI	Institutions financières internationales (FMI, BIRD)
IFOR	Force d'imposition de l'OTAN en Bosnie-Herzégovine
INCRA	Institut national pour la colonisation et la réforme agraire (Brésil)
INSS	Institut national de sécurité sociale (Brésil)
IRRI	*International Rice Research Institute* (Institut international de recherche sur le riz)
MIR	*Movimiento izquierda revolucionaria* (Mouvement de la gauche révolutionnaire) (Bolivie)
MNR	*Movimiento nacional revolucionario* (Mouvement national révolutionnaire) (Bolivie)
NPE	*Nueva Política Económica* (Nouvelle Politique économique en Bolivie)
NRF	*National Renewal Fund* (Inde)
OCDÉ	Organisation pour la coopération et le développement économique
OECI	Organisation européenne de coopération internationale
OIC	Organisation internationale du café
OIT	Organisation internationale du travail
OMC	Organisation mondiale du commerce (créée par le GATT en 1995)
OMS	Organisation mondiale de la santé
ONG	Organisation non gouvernementale
ONU	Organisation des Nations Unies
OSS	*Office of Strategic Services* (Service américain de renseignements, ancêtre de la CIA)
OTAN	Organisation du traité de l'Atlantique Nord
PAS	Programme d'ajustement structurel

PIB	Produit intérieur brut
PIP	Programme d'investissement public
PL 480	*Public Law 480* (loi américaine régissant l'aide alimentaire)
PME	Petite et moyenne entreprise
PNB	Produit national brut
PNUD	Programme des Nations Unies pour le développement
Renamo	Resistência nacional moçambicana (Résistance nationale mozambicaine)
SACADA	Chambre sud-africaine pour le développement de l'agriculture
SFI	Société financière internationale (Groupe de la Banque mondiale)
SIDA	Syndrome d'immunodéficience acquise
TVA	Taxe à la valeur ajoutée
UMOPAR	*Unidad mobil de patrullaje rural* (unité mobile de patrouille rurale) (Bolivie)
UNESCO	*United Nations Educational, Scientific and Cultural Organisation* (Organisation des Nations Unies pour l'éducation, la science et la culture)
UNICEF	*United Nations Children's Fund* (Fonds des Nations Unies pour l'enfance)
URSS	Union des républiques socialistes soviétiques (Union soviétique)
USAID	*United States Agency for International Development* (Agence américaine pour le développement international)
VIH	Virus de l'immunodéficience humaine (virus du sida)

INTRODUCTION

L'ACTUELLE CRISE ne se concentre pas sur une région particulière. Le commerce international est intégré, les marchés financiers sont en liaison permanente. En conséquence, c'est un phénomène d'accumulation de la dette qui « réglemente » l'économie mondiale en étranglant les institutions nationales et en détruisant les économies réelles.

Cette crise est de la sorte bien plus complexe que celle de l'entre-deux guerres et plus lourde de conséquences sociales et d'implications géopolitiques. La dette extérieure du monde en développement atteint plus de 2 000 milliards de dollars ; des pays entiers sont déstabilisés en raison de l'écroulement de leur monnaie nationale, des tensions sociales, des conflits ethniques, des guerres civiles qui s'ensuivent [1]. Dans les pays membres de l'Organisation de coopération et de développement économique (OCDÉ) aussi, l'endettement atteint des sommets : il est supérieur à 13 000 milliards de dollars. Et le remboursement de la dette aboutit à son aggravation par... la création de dettes nouvelles.

Le mouvement de l'économie mondiale est en quelque sorte « réglementé » par le processus de l'endettement. Ce dernier entrave les institutions de l'État national et contribue à la destruction de l'emploi et de l'activité économique.

---

1. Le montant total de la dette de tous les pays en voie de développement était de l'ordre de 1 900 milliards de dollars en 1994. (Banque mondiale, *World Debt Tables,* Washington, 1994.)

Depuis la crise de la dette du début des années 1980, l'expansion du grand capital fut soutenue par un ensemble de réformes macroéconomiques, aboutissant au démantèlement des institutions publiques, à la disparition des frontières économiques et à l'appauvrissement de millions de personnes.

Ce livre a pour but de mettre en évidence la restructuration imposée par les créanciers internationaux aux pays en voie de développement depuis le début des années 1980. Les réformes macroéconomiques prônées par les institutions de Bretton Woods [2] constituent un élément essentiel de l'évolution du système capitaliste d'après-guerre. La gestion macroéconomique, adoptée tant au plan national qu'international, joue un rôle central dans l'émergence d'un nouvel ordre économique mondial : les réformes «réglementent» en quelque sorte l'accumulation du capital à l'échelle mondiale ainsi que les mouvements d'argent à l'intérieur du système financier. L'économie mondiale n'est pas un système de «libre marché» tel que présenté par la doctrine néolibérale : le programme d'ajustement structurel (PAS), parrainé par le Fonds monétaire international (FMI) et la Banque mondiale, constitue un nouveau cadre «interventionniste» fondé sur la manipulation des lois du marché.

La mondialisation des politiques macroéconomiques

Les institutions de Bretton Woods ont joué un rôle central dans cette restructuration économique. Le Fonds monétaire international, la Banque mondiale tout comme l'Organisation mondiale du commerce (OMC) constituent une puissante bureaucratie internationale dont le mandat consiste à contrôler et superviser les économies nationales. Le pouvoir ne repose pas néanmoins entre les mains de ces institutions. Il s'agit d'organismes répondant aux besoins et aux exigences des intérêts économiques et financiers dominants.

Une économie de main-d'œuvre bon marché

Notre analyse du système économique mondial se concentre sur le phénomène de *mondialisation du chômage.* Dans ce contexte, les réformes prônées par le FMI jouent un rôle décisif en ce qui concerne la

---

2. Les institutions de Bretton Woods désignent le Fonds monétaire international (FMI) et la Banque mondiale (BM).

« réglementation des coûts de main-d'œuvre » dans de nombreux pays. Mais cette « minimisation des coûts de main-d'œuvre » à l'échelle planétaire, en sapant le pouvoir d'achat, détruit à son tour les marchés de la consommation. L'effondrement du niveau de vie se répercute sur la production. La baisse du pouvoir d'achat entraîne une série de fermetures d'usines et de faillites. Chaque nouvelle phase de cette crise accélère la tendance à la surproduction mondiale et à la chute de la consommation.

Dans un système qui engendre la surproduction, le grand capital ne peut étendre son marché qu'en détruisant une capacité productive déjà existante. Dans les pays en développement, les réformes macroéconomiques aboutissent souvent à l'élimination de la production nationale destinée au marché intérieur. La petite et moyenne entreprise (PME) est acculée à la faillite ou forcée de produire en sous-traitance pour un distributeur mondial, l'entreprise publique est privatisée, la paysannerie est appauvrie.

Avec la chute du marché intérieur, l'économie nationale se réoriente vers l'exportation à bas niveau de salaire. La pauvreté constitue en quelque sorte un « intrant » dans ces industries d'exportation : plus la pauvreté est élevée, moins le seront les coûts de main-d'œuvre.

Le système économique mondial se caractérise ainsi par deux forces contradictoires : d'une part, *la consolidation d'une économie mondiale de main-d'œuvre bon marché* ; d'autre part, *la recherche de nouveaux marchés de consommation.* L'extension des marchés par les sociétés multinationales exige la fragmentation et la destruction des économies nationales. La circulation de l'argent et des marchandises ne connaît aucune frontière ; le crédit bancaire est déréglementé ; le capital international s'empare de la propriété de l'État.

La première partie de ce livre porte sur la nature de ce système économique mondial et analyse ses différents instruments d'intervention. Les deuxième, troisième et quatrième parties s'arrêtent tour à tour sur les grandes régions du monde en développement et mettent en relief — à l'aide d'études de cas — l'impact des réformes sous la houlette des institutions de Bretton Woods. Cette restructuration aboutit non seulement à la déstabilisation des économies nationales mais dans certains cas à la destruction de pays tout entiers — par exemple, la Somalie, le Rwanda ou la Yougoslavie. Dans la cinquième partie, nous analysons les réformes macroéconomiques appliquées à l'ex-bloc soviétique. La dernière partie est consacrée à l'analyse du néolibéralisme et des réformes macroéconomiques dans les pays développés.

PREMIÈRE PARTIE

LES ENJEUX DE LA MONDIALISATION

Chapitre premier

LA MONDIALISATION
DE LA PAUVRETÉ

LA DÉCENNIE de l'appauvrissement global : tel est le souvenir que laisseront les années 1980, ouvertes par la récession mondiale de 1981–1982 et l'écroulement des prix des matières premières. Les disparités de revenus et de styles de vie entre « riches » et « pauvres » ont atteint des niveaux sans précédent : une famille de la classe moyenne d'une banlieue parisienne gagne plus de cent fois ce que perçoit un foyer rural en Asie du Sud-Est. Un paysan philippin doit travailler pendant deux ans pour obtenir ce qu'un avocat new-yorkais gagne en une heure. Les Américains dépensent chaque année aux États-Unis dans leurs restaurants *fast-food* et leurs supermarchés 30 milliards de dollars en Pepsi et Coca-Cola — soit presque le double du produit national brut du Bangladesh [1].

Les plans de stabilisation macroéconomique et les « programmes d'ajustement structurel » mis au point par le FMI représentent un puissant instrument de remodelage qui affecte la vie de centaines de millions de personnes. L'ajustement structurel a un effet direct sur le phénomène de mondialisation de la pauvreté. La mise en œuvre de la « chirurgie » économique du FMI a abouti à la compression des revenus réels et au renforcement d'un système exportateur reposant sur une main-d'œuvre bon marché.

---

1. « Sorry No Pepsi, How'Bout A Coke ? », *Business Week,* 27 mai 1991.

Le même mélange d'austérité budgétaire, d'ouverture des frontières et de privatisation est appliqué dans plus de 100 pays endettés du tiers-monde et en Europe orientale. Ces pays perdent toute souveraineté économique et tout contrôle sur leur politique fiscale et monétaire ; leur Banque centrale et leur ministère des Finances sont réorganisés ; les institutions étatiques disparaissent ; une tutelle économique est mise en place. Une sorte de gouvernement parallèle ne rendant pas de comptes à la société civile est constitué par les organisations financières internationales ; quant aux pays qui ne se conforment pas aux règles du FMI, ils sont placés sur une liste noire.

La mise en application du programme d'ajustement structurel dans un grand nombre de pays endettés favorise la *mondialisation de la politique macroéconomique* placée sous le contrôle direct du FMI et de la Banque mondiale, qui œuvrent au nom d'intérêts puissants — ceux des Clubs de Paris et de Londres, et du G7. Cette nouvelle forme de domination, que l'on peut appeler «colonialisme de marché», subordonne peuples et gouvernements au jeu anonyme et aux manipulations délibérées des forces de ce marché — une situation sans précédent historique à cette échelle.

Sur quel monde un tel système est-il plaqué ? À la fin du siècle, l'humanité comptera six milliards de personnes, dont cinq milliards vivront dans des pays pauvres. Alors que les nations riches, soit environ 15 % de la population (les opulents États pétroliers du Golfe inclus), contrôlent près de 80 % du revenu mondial, environ 56 % de l'humanité vivent dans les pays dits «à revenu faible» et une masse de quelque trois milliards d'êtres humains dispose de 4,9 % du revenu total, soit moins que le PNB de la France et de ses territoires d'outre-mer[2]. *(Voir le Tableau 1.1.)* Avec une population de plus de 500 millions de personnes, l'Afrique subsaharienne dispose de moins de 1 % du revenu mondial, soit approximativement la moitié de celui du seul Texas.

La prospérité et l'économie consumériste moderne sont confinées dans les pays riches et dans de petites poches urbaines des pays pauvres. Cependant la misère dans le tiers-monde tout comme l'aggravation du chômage et des inégalités sociales en Europe occidentale et en Amérique du Nord ne permettent pas la croissance de la demande globale.

---

2. En 1988, le PNB français était de 949,440 milliards de dollars, celui de l'ensemble des pays à bas revenus, de 886,620 milliards. La part du revenu mondial que s'attribuent les pays riches a beaucoup crû depuis 1985. Cf. *Rapport sur le développement dans le monde : la pauvreté,* Banque mondiale, Washington DC, 1990.

Tableau 1.1 : La distribution du revenu mondial (1993)

	Popula-tion (millions)	% de la popula-tion mondiale	Revenu par habi-tant ($US)	Revenu global (milliards $US)	% du revenu mondial
Tiers-monde, économies à faible revenu	3 077,8	56,0	379	1 166,5	4,9
Afrique subsaha-rienne	599,0	10,9	520	311,5	1,3
Asie du Sud-Est	1 194,4	21,7	310	370,3	1,5
Chine	1 178,4	21,4	490	577,4	2,4
Tiers-monde, économies à revenu intermé-diaire	1 218,9	22,2	2 397	2 921,7	12,2
Total* tiers-monde	4 296,7	78,1	951	4 088,6	17,1
Europe de l'Est, ex-URSS	392,3	7,1	2 665	1 045,5	4,4
Total** des pays pau-vres	4 689,0	85,2	1 095	5 133,77	21,5
Pays de l'OCDÉ***	812,2	14,7	22 924	18 618,9	77,9
Total des pays riches	812,4	14,8	23 090	18 758,3	78,5
Total mondial	5 501,5	100,0	4 343	23 892,0	100,0

SOURCE : Estimés à partir de la Banque mondiale, *Rapport sur le développement dans le monde*, Washington, 1995, p. 162–163.

---

* sont exclus les pays à faible revenu de l'ex-URSS
** ce total est la somme de tout le tiers-monde, plus l'Europe de l'Est et l'ex-URSS.
*** excluant l'Islande, le Mexique et la Turquie.

À vrai dire, la thérapie du FMI, tout comme l'écroulement de l'État-providence et la poursuite d'une politique monétariste reagano-thatchérienne dans la plupart des pays industrialisés, contribuent à plonger l'économie mondiale dans la récession.

Géopolitique mondiale

Depuis la fin de la guerre froide, la restructuration macroéconomique sert également des intérêts géopolitiques. L'ajustement structurel est appliqué afin de déstabiliser les économies de l'ancien bloc soviétique. Depuis la fin des années 1980, la « thérapie économique » du FMI et de la Banque mondiale infligée à l'Europe de l'Est, à la Yougoslavie et à l'ex-Union soviétique a eu des conséquences économiques et sociales dévastatrices.

Polarisation sociale et concentration de la richesse

Dans le Sud, l'Est et le Nord, une minorité sociale s'enrichit au détriment des peuples. Dans le monde entier, des voix s'élèvent contre ce nouvel ordre financier mondial qui tire profit de l'exploitation de la nature et des populations, développe l'apartheid social, menace les fragiles conquêtes des femmes et précipite souvent les pays dans des confrontations destructrices entre nationalités.

 La Banque mondiale — dont le mandat consiste à « lutter contre la pauvreté » et protéger l'environnement — collabore sur le terrain au démantèlement des services de santé et d'éducation. Son soutien aux mégaprojets énergétiques et agroindustriels accélère la déforestation et la destruction de l'écosystème, entraînant le déplacement forcé de plusieurs millions de personnes. Tant dans le Sud que dans l'Est, des centaines de millions d'enfants sont sous-alimentés et privés d'enseignement ; dans plusieurs régions du monde, la compression brutale des dépenses sociales combinée à l'effondrement du niveau de vie mène à l'éclatement d'épidémies de tuberculose, de malaria et de choléra...

Les droits des peuples sont d'autant plus brimés que le GATT (notamment en ce qui concerne l'investissement étranger, la biodiversité et les droits de propriété intellectuelle) entérine au sein des articles de l'Organisation mondiale du commerce (OMC) de manière « permanente » et inaltérable, plusieurs clauses de l'« ajustement structurel ». Le mandat de l'OMC consiste à réglementer le commerce mondial au profit des grandes banques et sociétés multinationales, ainsi qu'à « surveiller » en étroite collaboration avec le FMI et la Banque mondiale la mise en application des politiques gouvernementales nationales.

Une nouvelle « division triangulaire du pouvoir » a vu le jour, dont l'assise est l'étroite collaboration entre le FMI, la Banque mondiale et l'OMC dans la « surveillance » des politiques économiques des pays en voie de développement. En vertu de ce nouvel ordre commercial — né de la conclusion de l'*Uruguay Round* à Marrakech et de la création de l'OMC —, le rapport des institutions de Washington aux gouvernements nationaux a été redéfini. L'application des prescriptions du FMI et de la Banque mondiale ne dépend plus seulement des conventions de prêt conclues avec chaque pays, documents qui n'ont pas force obligatoire juridiquement. Plusieurs des clauses du PAS, par exemple, la libéralisation du commerce et du régime d'investissements étrangers, sont maintenant partie intégrante de la charte même de l'OMC. Désormais, ces articles constituent le fondement en droit international de la « surveillance » des pays et, par ricochet, de la mise en application des conditions de prêt.

Disparités économiques et sociales

Les politiques dictées par le FMI et la Banque mondiale accentuent les disparités sociales entre nations et en leur sein. Mais la réalité est de plus en plus camouflée par la « science économique » néoliberale ainsi que par la manipulation des statistiques de revenu. C'est ainsi que la Banque mondiale « estime » qu'en Amérique latine et dans les Caraïbes, 19 % seulement des habitants sont « pauvres »[3] — évaluation assurément fausse puisque l'on sait que, aux États-Unis (où le revenu annuel par habitant est de plus de 20 000 dollars), une personne sur six se situe, selon les calculs officiels, au-dessous du seuil de la pauvreté[4].

---

3. *Rapport..., op. cit.,* p. 1 à 6. Selon les estimations de la Banque mondiale, basées sur les normes de nutrition définies par la FAO, 18 % de la population du tiers-monde est extrêmement pauvre et 33 % pauvre. Selon les estimations de l'état de nutrition dans les pays latino-américains à revenu moyen, plus de 60 % des populations souffrent d'un déficit de calories et de protéines. Cf. Michel Chossudovsky, *La Miseria en Venezuela,* sixième édition, Vadell Editores, Caracas, 1986, chapitre III.

4. Le Bureau du recensement américain, partant d'analyses nutritionnelles, estimait à 13,7 % en 1996 le pourcentage des pauvres aux États-Unis.

Dans nombre de pays endettés du tiers-monde, le revenu réel obtenu dans les secteurs modernes a baissé de plus de 60 % depuis le début de la décennie 1980. La situation des travailleurs du secteur informel et des chômeurs est plus critique encore. Par exemple, au Nigéria, sous le gouvernement du général Ibrahim Babangida, le salaire minimum a baissé de 85 % et se situe maintenant entre 10 et 20 dollars par mois[5]. Dans le Nord du Viêt-nam, les salaires étaient à 10 dollars par mois en 1992, pendant que le prix du riz grimpait au niveau mondial à la suite de la mise en œuvre de mesures de libéralisation telles que les prône le FMI. Un enseignant du secondaire sorti de l'université avait en 1992 un salaire mensuel inférieur à cinq dollars[6]. *(Voir le chapitre IX.)*

Au Pérou, sous l'effet du «fujichoc»— plan parrainé par le FMI et la Banque mondiale et appliqué par le président Alberto Fujimori —, le prix des carburants a été soudainement multiplié par 31, cependant que celui du pain l'était par 12. En août 1990, le salaire minimum était de plus de 90 % inférieur à celui de 1975. Alors que, à la même date, un ouvrier agricole du nord du pays était payé 7,50 dollars par mois, les prix de nombreux biens de consommation dépassaient à Lima ceux de Miami. L'extension de l'épidémie de choléra, en grande partie explicable par la pauvreté et l'écroulement des infrastructures sanitaires, est elle aussi la conséquence directe d'un programme appuyé par le FMI dont le but était de restaurer la «vérité des prix»: en raison de la multiplication par 30 du prix du combustible, la population des taudis de Lima, tout comme les «classes moyennes», ne pouvait plus faire bouillir l'eau ni faire cuire sa nourriture[7]. (*Voir le chapitre XI.*)

Démocratie autoritaire

Le thème de la «démocratisation» de la vie politique est devenu le cheval de bataille des hérauts du «marché libre», mais la mise en œuvre des réformes économiques nécessite l'appui des militaires et des États autoritaires. L'ajustement structurel aboutit à la mise en place d'institutions de façade et d'une parodie de démocratie parlementaire dont le rôle consiste à mener à bien la restructuration économique. Dans les pays en voie de développement, «la répression économique» ainsi que la

---

5. Base: chiffres de 1989. Le salaire minimum n'avait pas été modifié depuis 1981. Très nombreux sont les salaires mensuels urbains inférieurs à 200 nairas, soit 28 dollars.

6. Enquête de l'auteur en janvier 1991.

7. *Cuanto,* Lima, septembre 1990.

négation des droits des travailleurs constituent le principal obstacle à une véritable démocratisation. C'est ainsi que le FMI fait de la désindexation des salaires la condition de la renégociation de la dette extérieure ; pour atteindre cet objectif, les grèves sont déclarées illégales et les dirigeants syndicaux sont arrêtés.

Par ailleurs, au nom du dogme de la propriété privée, l'ultralibéralisme revient fréquemment sur les réformes agraires, ce qui accroît le nombre des ruraux sans terre, appauvrit les petits paysans, sans parler, sous couvert de « modernité », de la restauration des droits de l'ancienne classe de propriétaires fonciers.

Contredisant l'esprit du « libéralisme anglo-saxon », ces réformes nécessitent un renforcement du maintien de l'ordre ; la répression politique, à laquelle participent les élites du tiers-monde, étaie la répression économique. Les révoltes populaires contre l'ajustement structurel sont brutalement matées. À Caracas, en février 1989, le président Carlos Andres Pérez, après avoir dénoncé pour la forme le FMI qui met en œuvre « un totalitarisme économique qui ne tue pas avec des balles mais avec la famine », déclara l'état d'urgence et dépêcha l'armée dans les quartiers de taudis (*barrios de ranchos*) sur les collines dominant la capitale. Les révoltes avaient pour source une augmentation de 200 % du prix du pain. Résultat : « On indiqua que la morgue de Caracas accueillit les corps de deux cents personnes tuées au cours des trois premiers jours [...] et que l'on manqua de cercueils.[8] » Selon une source officieuse, plus de 1 000 personnes ont été tuées. Il y avait eu auparavant les « émeutes du pain » de Tunis, en janvier 1984 ; au Nigéria, en mai 1989, les manifestations hostiles au programme d'ajustement conduisirent les dirigeants militaires à fermer six universités ; au Maroc, en décembre 1990, une grève générale et des manifestations populaires eurent lieu à Fez, Meknès, Kenitra et Tanger, pour protester contre la politique économique du gouvernement. Au Mexique, en 1994 : insurrection de l'Armée de libération nationale zapatiste dans la région du Chiapas et le Sud du pays. Dans la fédération de Russie, en 1993 : mouvement de protestation et bombardement (en représailles) du Parlement par l'armée. La liste est longue des explosions de colère.

---

8. *Financial Times,* Londres, 3 mars 1989.

Une forte croissance de l'économie de luxe

La récession mondiale de 1981–1982 a grandement contribué au remodelage des économies du tiers-monde et à la redéfinition de leur place et de leur rôle : État affaibli, industrie nationale destinée au marché intérieur minée, entreprises vouées à la faillite. La compression de la consommation interne (et du niveau de vie) implique une compression parallèle du coût de la force de travail. Tel est le programme réel des politiques d'ajustement : peser sur les salaires dans le tiers-monde et en Europe orientale aide au transfert des activités des pays riches dans les pays pauvres. Les salaires réels dans le tiers-monde représentent entre 20 et 50 fois moins que ceux payés aux États-Unis, en Europe occidentale et au Japon. La mondialisation de la pauvreté alimente le développement d'une économie planétaire orientée vers l'exportation et fondée sur une main-d'œuvre bon marché, et les capacités de production sont immenses étant donné l'ampleur de cette masse de main-d'œuvre.

Quant aux populations pauvres, elles ne constituent pas un marché pour les biens qu'elles produisent. La demande est de la sorte confinée à environ 15 % de l'humanité vivant dans les pays de l'OCDÉ. Dans un tel système, et contrairement au fameux précepte de l'économiste français Jean-Baptiste Say, l'offre ne suscite pas la demande. Au contraire.

« Exporter ou mourir », tel est le slogan. Les idées de substitution aux importations et de production pour le marché intérieur sont déclarées obsolètes. « Les pays devraient se spécialiser selon leurs avantages comparatifs », qui ont leur source dans l'existence d'une main-d'œuvre à la fois abondante et bon marché. La clé du succès réside dans la promotion des exportations. Sous la stricte surveillance du FMI et de la Banque mondiale, les mêmes types d'exportations « non traditionnelles » sont encouragés dans plus de 100 pays. Les nations du tiers-monde, rejointes maintenant par les pays à main-d'œuvre bon marché de l'Europe orientale, sont de la sorte lancées dans une concurrence sans frein. Chacune veut vendre aux mêmes marchés européens et nord-américains. Les prix des produits manufacturés suivent une courbe semblable à celle des matières premières. L'encouragement des exportations, lorsqu'il concerne simultanément de nombreux pays, aboutit à la surproduction et à la diminution des revenus. D'où ce paradoxe : ce qui était présenté comme « la solution » à la crise de l'endettement en devient la cause : l'encouragement d'une politique d'exportation aboutit à une baisse des prix des produits et, par voie de conséquence, des revenus censés être destinés à rembourser la dette...

Autre apparent paradoxe : les mesures de stabilisation imposées au tiers-monde pèsent en retour sur les économies des pays riches : la pauvreté dans le Sud contracte la demande globale à l'importation, qui finit par affecter négativement la croissance et le niveau d'emploi dans le Nord. Ainsi l'austérité programmée par le FMI et la Banque mondiale finit-elle par affecter toute la planète.

L'industrie du tiers-monde recouvre désormais la plupart des productions, y compris celles de biens très sophistiqués : automobiles, construction navale, armement, assemblage d'avions, etc.[9]. Des usines ferment dans les « vieux » centres où les salaires sont élevés. La délocalisation ne concerne plus seulement quelques enclaves sises en Asie du Sud-Est, mais aussi l'Asie du Sud, la Chine, certaines régions africaines, l'Amérique latine, les Caraïbes et l'Europe orientale[10].

Le développement de zones industrielles au Mexique, juste au sud du Rio Grande, a pour corollaire la mise à pied de salariés aux États-Unis et au Canada. De leur côté, les multinationales japonaises transfèrent une partie de leurs activités en Malaisie et en Thaïlande, où les salaires journaliers sont de trois à quatre dollars[11]. Le capitalisme allemand s'étend au-delà de l'Oder-Neisse dans son *Lebensraum* d'avant-guerre. Dans les usines de montage en Pologne, Hongrie et Tchéquie, le coût de la main-d'œuvre (de l'ordre de 120 dollars par mois) est de beaucoup inférieur à celui de l'Union européenne. Les anciens pays « socialistes » sont de la sorte intégrés à l'économie de main-d'œuvre à bon marché.

Un cercle vicieux s'est constitué : la relocalisation industrielle dans le tiers-monde provoque une dislocation de l'économie dans les pays développés, en même temps que du chômage. Le système a une capacité illimitée de production et, pourtant, l'expansion due aux transferts d'activités vers les régions à bas salaires contribue à la contraction des dépenses (chez ceux qui ont perdu leur emploi), ce qui finit par assécher les marchés.

_____

9. *Bulletin du FMI*, Washington, vol. 20, n° 8.

10. Les premières délocalisations se sont faites dans les années 1960 à Hongkong, Singapour, Taïwan et en Corée du Sud. Elles concernaient alors des secteurs simples de montage et de transformation : habillement, assemblage électronique, etc.

11. Le salaire minimum dans l'industrie à Bangkok est de quatre dollars par jour (en 1991), mais ce taux n'est pas respecté. Lire Michel Chossudovsky, « Ces campagnes thaïlandaises, pauvres et tellement rentables... », *Le Monde diplomatique,* mai 1991

La concentration accrue des revenus et de la richesse (dans le Nord comme dans le Sud) a cependant permis une forte croissance de l'économie de luxe : voyages et loisirs, automobile, électronique, révolution des télécommunications, etc. La culture du *drive-in* et du *duty-free,* bâtie autour de la voiture et de l'avion, attire d'énormes ressources financières, fournissant par la même occasion un ballon d'oxygène à une économie mondiale menacée par la récession [12]. Cette croissance contraste de plus en plus vivement avec la stagnation des secteurs produisant biens et services de première nécessité. On en arrive à un dualisme de la consommation qui se retrouve à l'échelle planétaire : dans le tiers-monde et en Europe orientale, la stagnation de la production vivrière, de la construction d'habitations et de la fourniture de services sociaux contraste avec l'apparition de petites poches de privilégiés vivant luxueusement. Les élites des pays endettés, les membres des anciennes *nomenklaturas,* les nouveaux hommes d'affaires est-européens sont à la fois les protagonistes et les bénéficiaires de cette évolution. Les disparités sociales dans des pays comme la Hongrie et la Pologne ont désormais l'ampleur de celles de l'Amérique latine. Une Porsche Carrera peut être achetée à Budapest pour 9 720 000 forints, soit l'équivalent de 70 ans de salaire moyen dans l'industrie hongroise [13].

Une économie de rente s'est ainsi mise en place dans les pays riches : centrée sur le secteur des services, elle aspire les profits des industries situées dans le Sud. L'économie de haute technologie fondée sur la possession du savoir industriel (à travers brevets et droits de propriété intellectuelle), la conception des produits, de la recherche et du développement, etc., font que la production matérielle est désormais subordonnée à la production non matérielle. De surcroît, s'ajoutant au versement de redevances et de droits d'utilisation des techniques occidentales et japonaises, les recettes des producteurs du tiers-monde sont appropriées par des distributeurs, grossistes et détaillants des pays développés. Dans le secteur de l'habillement, par exemple, un couturier achète pour trois ou quatre dollars au Viêt-nam ou en Thaïlande, une chemise conçue à Paris [14] ; le produit sera revendu en Occident pour 45 dollars : il y aura donc 41 dollars pour le « non-producteur » du Nord, dix fois plus que pour le producteur direct.

---

12. Les dépenses militaires jouent aussi un rôle important dans la relance de la demande.

13. « In zwei Jahren über den Berg », *Der Spiegel,* n° 19, 1991.

14. En janvier 1991, une chemise revenait à 80 cents US à Hô Chi Minh-Ville.

Alors qu'une part croissante des produits consommés en Europe occidentale et aux États-Unis provient du tiers-monde, l'économie de rente des pays riches s'approprie près de 80 % du revenu global. Ici se situe la source de l'endettement du Sud. Une partie des bénéfices soustraits aux producteurs directs à travers l'échange inégal est utilisée pour fournir de nouveaux crédits (à des taux d'intérêt élevés) afin de permettre aux pays pauvres de continuer à rembourser leurs dettes, à condition toutefois d'avaler la «médecine économique» du FMI et d'accepter de peser davantage encore sur les salaires et sur les prix, et ainsi de suite....

CHAPITRE II

DETTE ET AJUSTEMENT STRUCTUREL

DEPUIS LE DÉBUT DES ANNÉES 1980, le fardeau de la dette des pays en développement s'est considérablement accru, et ceci en dépit des divers programmes de rééchelonnement proposés par les créanciers. La dette à long terme des pays en développement était d'environ 62 milliards de dollars en 1970. Elle fut multipliée par sept durant les années 1970, pour atteindre 481 milliards de dollars en 1980. La dette totale des pays en développement, incluant la dette à court terme, se situait à plus de 2 000 milliards de dollars en 1997 : c'est-à-dire plus de 30 fois le montant de la dette en 1970. (*Voir le tableau 2.1.*)

Un plan Marshall pour pays riches

La chute des prix des matières premières sur le marché mondial a entraîné une forte diminution des revenus d'exportation des pays en développement. À partir du début des années 1980, une part grandissante des revenus d'exportation a été assignée au service de la dette. (*Voir les graphiques 2.1 à 2.4.*)

Tableau 2.1 : Dette extérieure des pays en voie de développement (En milliards de $US)			
	Dette extérieure totale	Dette à long terme	Dette à court terme	Crédit du FMI
1980	658	481	164	12
1981	672	498	159	14
1982	745	557	168	20
1983	807	633	140	33
1984	843	675	132	36
1985	990	809	141	40
1986	1 218	996	179	43
1987	1 369	1 128	198	43
1988	1 375	1 127	213	35
1989	1 427	1 151	244	32
1990	1 539	1 226	278	35
1991	1 627	1 286	303	38
1992	1 696	1 328	329	38
1993	1 812	1 424	349	39
1994*	1 945	1 538	366	41

* projections

NOTE TECHNIQUE : les données pour les années qui précèdent 1985 sont basées sur tous les pays faisant rapport à la Banque mondiale et ne sont pas directement comparables à celles des années qui suivent 1985.

SOURCE : Banque mondiale, *World Debt Tables,* Washington, plusieurs rapports annuels.

Graphique 2.1
Dette extérieure des pays en voie de développement

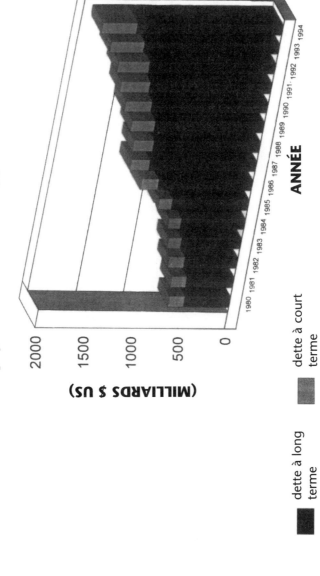

* Les données pour les années qui précèdent 1985 sont basées sur tous les pays faisant rapport à la Banque mondiale et ne sont pas directement comparables à celles des années qui suivent 1985.

Source : Banque mondiale, *World Debt Tables.*

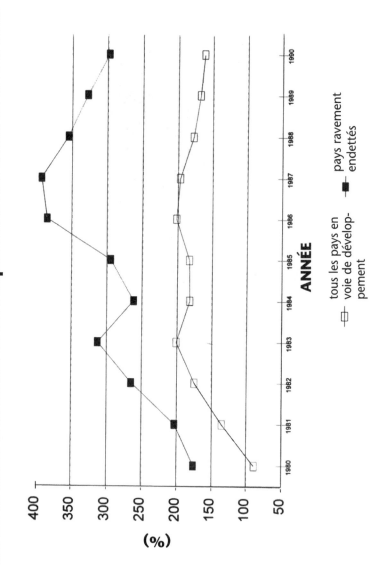

Graphique 2.2
Ratio de la dette extérieure et de l'exportation de biens et de services

Source : Banque mondiale, *World Debt Tables.*

Graphique 2.3
Part des exportations allouée au service de la dette (en %)

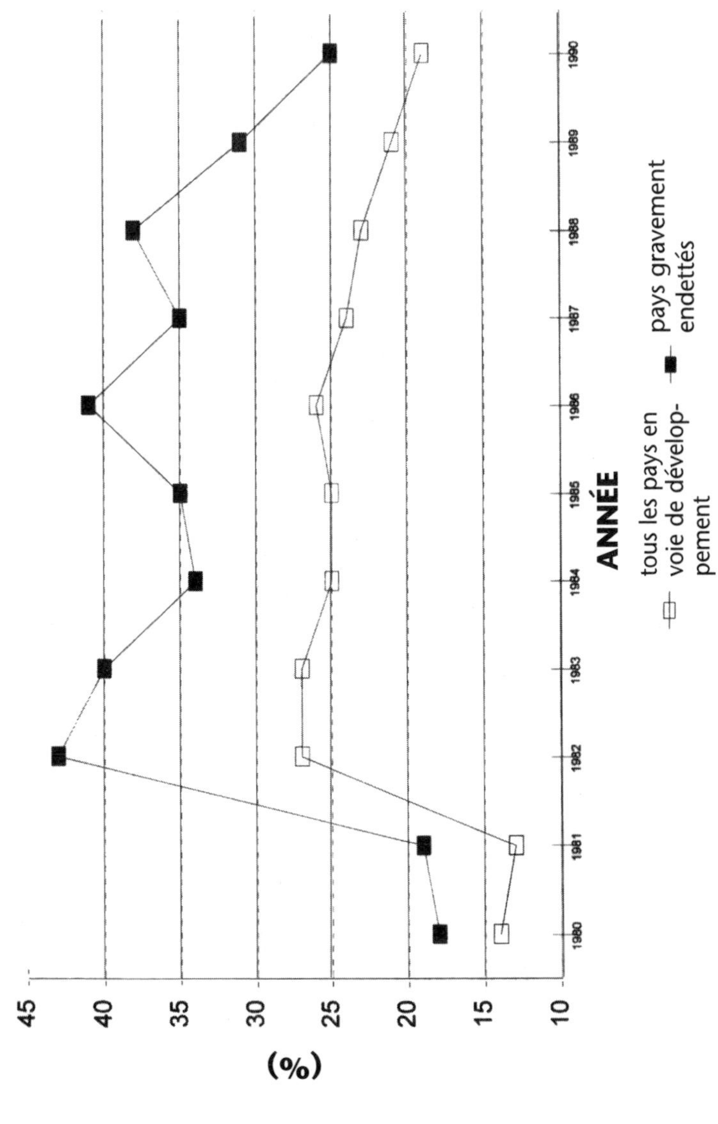

Source : Banque mondiale, *World Debt Tables.*

Graphique 2.4 : Part des exportations allouée au service de la dette par région géographique (en %)

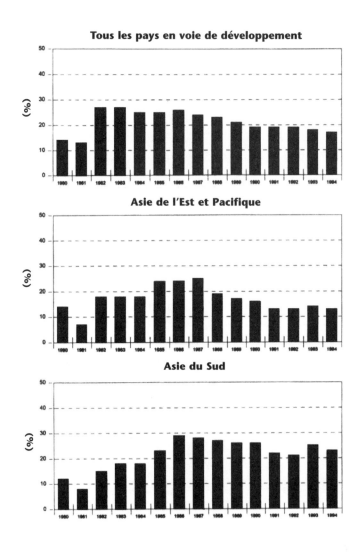

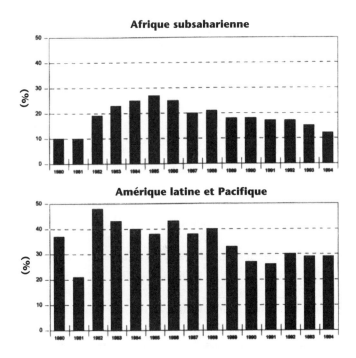

Source : Banque mondiale, *World Debt Tables.*

À partir de 1985, les sommes affectées au service de la dette excédaient les nouvelles entrées de capitaux sous forme de prêts, d'investissements étrangers et d'aide internationale [1]. En d'autres mots, les pays en développement étaient devenus des exportateurs nets de capitaux au bénéfice des pays riches.

Jusqu'au milieu des années 1980, les institutions multilatérales finançaient de nouveaux prêts principalement afin de permettre aux pays de rembourser leurs dettes auprès des banques commerciales et des créanciers officiels. À partir de 1985, plusieurs prêts multilatéraux viennent à échéance et les institutions de Washington en exigent le remboursement. Selon les règlements régissant les prêts multilatéraux, cette dette ne pouvait être rééchelonnée.

Entre 1986 et 1990, le transfert net des ressources en faveur du seul FMI a été de l'ordre de 31,5 milliards de dollars. Ce montant représente approximativement 22 % du total net des transferts à partir des pays pauvres vers les pays riches... Les prêts du FMI aux pays en développement furent en quelque sorte financés par les pays pauvres eux-mêmes. On estime qu'entre 1983 et 1990, les flux nets de capitaux en direction des pays riches ont atteint 150,5 milliards de dollars, montant équivalant (en termes réels) à deux fois le plan Marshall, qui permit la reconstruction de l'Europe au lendemain de la Seconde Guerre mondiale [2].

C'est le monde à l'envers. Les nations les plus démunies fournissent leur « aide » aux plus riches, le « transfert net de ressources » finançant l'investissement et la croissance dans le Nord au détriment du Sud et de l'Est. Cette « aide à rebours » signifie que l'économie et les exportations des pays pauvres sont hypothéquées d'avance afin d'assurer le remboursement des créanciers. Par ailleurs, ces sorties de capitaux ne comprennent pas les transferts importants de ressources du Sud vers le Nord qui résultent de l'échange inégal (et de la détérioration marquée des termes de l'échange depuis le début des années 1980).

---

1. Banque mondiale, *World Debt Tables,* plusieurs rapports annuels.

2. Cette estimation des sorties de capitaux n'inclut pas les pertes provoquées par l'effondrement des cours des matières premières. Voir Programme des Nations unies pour le développement, *Rapport sur le développement humain 1992,* New-York, 1992, p. 56–57. Le plan Marshall (1948–1952) se montait à 12 milliards de dollars (environ 75 milliards de dollars en valeur de 1988).

« Le FMI à la rescousse des pays pauvres »

Les différentes initiatives de l'Occident (par exemple, les plans Brady, Baker et Mitterrand) n'ont guère pris en considération l'injustice flagrante de ce nouvel ordre financier. Les solutions proposées par le Groupe des sept pays les plus industrialisés — le G7 — ont visé, à part quelques concessions faites aux États les plus pauvres de l'Afrique subsaharienne, à confirmer la légitimité des dettes et à maintenir les pays débiteurs dans une camisole de force.

Dès le début des années 1980, le FMI et la Banque mondiale (de pair avec les organismes d'aide et les banques régionales) furent chargés d'assurer la relève des banques commerciales et des investisseurs privés afin d'éviter un assèchement des flux de capitaux vers les pays en voie de développement. Selon la rhétorique officielle du G7, il fallait venir « à la rescousse des pays pauvres ». On s'aperçut très vite cependant que ce « nouveau mandat d'aide » des institutions de Bretton Woods masquait les véritables enjeux financiers. Car, loin de contribuer à inverser l'exode de capitaux, le FMI se mit, à son tour, tout comme l'« office des poursuites », à encaisser le service de la dette au nom des créanciers. Et c'est précisément par l'octroi des nouveaux prêts à l'ajustement structurel que les institutions financières sises à Washington ont obligé les pays pauvres d'Afrique et d'Amérique latine à rembourser. « La réduction de la dette commerciale fut ainsi achetée en augmentant la dette multilatérale[3] ». Un exemple : en février 1989, à la suite des émeutes sanglantes de Caracas en signe de protestation contre la thérapie de choc, le FMI et la Banque mondiale récompensaient le gouvernement du président Carlos Andres Pérez en octroyant au Venezuela un prêt de 1,4 milliard de dollars ; il était destiné à financer la conversion des « mauvaises dettes » des banques de New York en bons garantis par les institutions financières de Washington[4]...

---

3. Voir Roy Culpeper, *The Multilateral Creditors and the Debt Crisis,* North South Institute, Ottawa, 1992, p. 9. La dette extérieure des pays en voie de développement a augmenté de 119 % entre 1980 et 1990.

4. *Ibid.,* p. 6.

« Prêts à l'appui des réformes »

Il existe une relation étroite entre la gestion de la dette d'une part et les réformes macroéconomiques d'autre part. L'objectif des créanciers est de s'assurer que les nations endettées continuent à rembourser le service de la dette. Parce que les pays sont lourdement endettés, le FMI et la BM peuvent les obliger à réorienter de façon «appropriée» leur politique macroéconomique, conformément aux intérêts des créanciers internationaux. L'objectif consiste à maintenir les nations endettées dans le carcan de la dette sous la supervision des créanciers.

Les «prêts à l'appui des réformes» (*policy based loans*) sont établis sous la houlette des institutions de Bretton Woods. On fournit de l'argent pour «aider les pays à s'ajuster». Les fonds ne sont accordés que si le gouvernement met en place les réformes proposées par les créanciers.

L'adoption de la thérapie économique du FMI n'est pas seulement une condition à l'obtention de nouveaux prêts de la part des institutions multilatérales. Elle donne aussi le « feu vert » aux clubs de Paris et de Londres, aux investisseurs étrangers, aux banques commerciales et aux donateurs bilatéraux. Les pays qui refusent d'adopter les recommandations du FMI rencontrent de graves difficultés dans le rééchelonnement de leur dette. De plus, le FMI dispose de moyens qui peuvent perturber sérieusement une économie nationale. Les pays réfractaires sont placés sur une liste noire : le crédit à court terme est bloqué, provoquant du même coup le gel du commerce international.

L'augmentation de la dette

Les « prêts à décaissement rapide » consentis dans le cadre du programme d'ajustement structurel — en principe, destinés à l'importation — ne sont rien d'autre que de «l'argent fictif», parce que les sommes accordées sont inférieures aux montants remboursés au titre du service de la dette. Prenons par exemple un pays en voie de développement dont la dette totale s'élève à 10 milliards de dollars et qui doit payer annuellement un montant de un milliard de dollars aux Clubs de Paris et de Londres au titre du service de la dette. En raison du déclin de ses revenus d'exportation, le pays est incapable de s'acquitter de ses obligations. À moins que ne soient disponibles de nouveaux prêts «pour rembourser les anciennes dettes», l'arriéré va s'accumuler et le pays se retrouvera sur la liste noire internationale.

Dans notre exemple, un prêt à décaissement rapide de 500 millions de dollars est consenti par le FMI sous forme d'aide à la balance des paiements, destiné à l'achat de biens importés ; ce prêt de 500 millions (qui représente la moitié des remboursements annuels au titre du service de la dette) agit en tant que « catalyseur » : les revenus d'exportation en devises étrangères, au lieu d'être alloués à l'importation de marchandises, sont canalisés vers le remboursement des créances, ce qui permet également au gouvernement de respecter les délais fixés par les bailleurs de fonds. De plus, ce procédé a pour résultat d'augmenter de 500 millions de dollars le montant de la dette totale, puisque le nouveau prêt sert au paiement des intérêts plutôt qu'au remboursement du capital (principal). (*Voir le tableau 2.1 et les graphiques 2.1 à 2.4.*)

Le Programme d'ajustement structurel

Les prêts des institutions financières internationales (y compris les banques régionales de développement) sont accordés sous forme d'un soutien à la balance des paiements. Ces prêts sont invariablement accompagnés de conditions imposant une certaine politique à suivre. En d'autres mots, ces « prêts à l'appui des réformes » sont accordés par les institutions à condition que le gouvernement du pays endetté adopte un programme de « stabilisation économique » ainsi que des réformes structurelles en profondeur. Ces accords de prêts entraînent la démobilisation des ressources intérieures : ils ne sont jamais couplés à un programme d'investissement comme c'est le cas pour les prêts conventionnels.

Ce processus trouve souvent son cadre dans ce que le FMI appelle le « *shadow programme* » où il propose des lignes directrices et donne des conseils techniques au gouvernement sans qu'il y ait auparavant le moindre soutien formel par l'intermédiaire d'un prêt. On considère que le gouvernement doit s'adapter de façon satisfaisante dans le cadre du « *shadow programme* » avant d'entamer la négociation formelle avec le FMI dans le cadre d'un accord de prêt.

Une fois le prêt accordé, les performances sont étroitement surveillées sur une base trimestrielle par les institutions de Washington. Les décaissements se font en plusieurs tranches et peuvent être interrompus si les réformes « déraillent » (« *if the reforms are not on track* »).

Dans de nombreux pays endettés, le gouvernement identifie ses priorités sous la forme d'une « lettre d'intention » ou d'un « document cadre des politiques » (« *policy framework paper* »). Alors que ce dernier constitue en principe un texte gouvernemental, il est presque toujours rédigé sous la supervision des institutions de Washington. Une fois accepté, le document cadre des politiques (DCP) est contresigné par les institutions de Bretton Woods.

Les actions du FMI sont coordonnées avec celles de la BM. Il y a une répartition claire des tâches entre les deux organisations-sœurs :

– Le FMI s'occupe des négociations concernant le taux de change et le déficit budgétaire.

– La BM de son côté est impliquée plutôt dans le processus de réforme structurelle par l'intermédiaire de son bureau dans le pays et de ses nombreuses missions techniques. En outre, la BM est présente dans les principaux ministères afin d'établir le cadre sectoriel de l'ajustement structurel. Les réformes dans les secteurs de la santé, de l'éducation, de l'agriculture, des transport, etc. sont sous le surveillance de la BM.

L'ajustement structurel est souvent considéré comme étant subdivisé en deux phases distinctes :

1) la stabilisation macroéconomique « à court terme », comprenant la dévaluation, la libéralisation des prix et l'austérité fiscale ;

2) la mise en œuvre d'un certain nombre de réformes structurelles plus fondamentales.

Souvent, cependant, ces réformes structurelles sont exécutées simultanément et en parallèle avec le processus de « stabilisation économique ».

Première phase : La stabilisation économique à court terme

Dévaluation

Le FMI tend à jouer un rôle politique clé dans les décisions relatives au taux de change. La dévaluation et l'unification du taux de change (incluant l'élimination des contrôles de change et des taux de change multiples) constituent un élément clé de la politique macroéconomique. L'objectif sous-jacent consiste à déstabiliser la monnaie nationale.

La dévaluation constitue invariablement le facteur principal qui enclenche l'inflation des prix domestiques. Une « maxi-dévaluation » — qui entraîne des hausses de prix immédiates — aboutit à une compression du pouvoir d'achat tout en réduisant la valeur en devises étrangères des coûts de main-d'œuvre. Elle diminue aussi la valeur en dollars des dépenses publiques, ce qui permet la canalisation des revenus de l'État vers le service de la dette extérieure. Le FMI exige également la désindexation des salaires. Le taux de change en quelque sorte réglemente les prix (réels) payés aux producteurs directs ainsi que la valeur réelle des salaires.

Dans certains cas, la dévaluation contribue à une réactivation temporaire de l'agriculture commerciale dirigée vers le marché des exportations. Cette réactivation est alimentée par la baisse des salaires agricoles (réels) au profit des grandes plantations commerciales et de l'*agro-business* d'exportation. Cependant, ces gains à court terme de la dévaluation sont annulés lorsque d'autres pays du tiers-monde en concurrence sont à leur tour forcés par le FMI de dévaluer.

La dévaluation de la monnaie est souvent exigée comme condition préalable à la négociation d'un prêt à l'ajustement structurel.

La « dollarisation » des prix

Le FMI, dans le cadre de la thérapie de choc, propose souvent une dévaluation très forte et l'élimination des subventions et des contrôles de prix. Conséquence : les prix montent en flèche pour rejoindre le niveau mondial, cependant que le pouvoir d'achat de la population est gelé afin de « stabiliser la demande » et « d'éviter les pressions inflationnistes ».

Mais un examen plus approfondi de cette stratégie montre que les mesures proposées par le FMI débouchent, par cette « dollarisation » des prix intérieurs, sur la *stagflation* (mélange de stagnation économique et d'inflation).

La dollarisation des prix signifie que les prix domestiques sont calqués sur ceux du marché mondial ; elle a pour conséquence la hausse des prix de la plupart des biens de consommation : aliments de base, biens durables, combustible, etc.

Les contrôles de la masse monétaire

Non seulement le FMI niera les effets inflationnistes de la dévaluation, mais encore il imposera le gel de la création de monnaie dans le but de « combattre les pressions inflationnistes ». Cette restriction de la masse monétaire — imposée *après l'envol des prix* — aura pour effet d'obliger le gouvernement à comprimer ses dépenses réelles, à réduire les salaires réels et à licencier ses employés.

La désindexation des salaires

Alors que dans les pays endettés, les salaires sont jusqu'à 50 fois inférieurs à ceux des pays riches, le FMI exige non seulement la «vérité des prix», mais aussi la désindexation des salaires. Du jour au lendemain, le niveau de vie s'effondre.

Le FMI exige également la «libéralisation du marché du travail», l'élimination des clauses d'ajustement au coût de la vie dans les conventions collectives ainsi que l'abrogation graduelle des lois sur le salaire minimum. La justification de la désindexation repose sur «l'effet inflationniste des exigences salariales». Autrement dit, la dévaluation aura pour principale conséquence la dollarisation des prix et l'effondrement du salaire réel.

Conséquences de la dévaluation

Analysons les conséquences en fonction des variables suivantes :
– le niveau des prix domestiques ou l'indice des prix à la consommation (P) ;
– la valeur nominale des salaires (S) ;
– le salaire réel (S/P) ;
– la valeur nominale des dépenses publiques (G), les dépenses publiques réelles (G/P) ;
– la quantité nominale de monnaie (M), la quantité de monnaie réelle (M/P).

La dollarisation des prix intérieurs entraîne la baisse des salaires réels (S/P) et des dépenses publiques réelles (G/P).

La quantité nominale de monnaie (M) peut augmenter, mais il y aura une baisse substantielle de la quantité de monnaie réelle (M/P). Autrement dit, la dévaluation amène une contraction monétaire (M/P) qui se traduit par une baisse correspondante des dépenses publiques réelles (G/P) et des salaires réels (S/P).

Les prix réels payés aux producteurs directs diminuent aussi en raison de la dévaluation.

Mainmise du FMI sur la Banque centrale

Le FMI exige une prétendue « indépendance de la Banque centrale à l'égard du pouvoir politique »[5]. En pratique, cela veut dire que c'est le FMI, plutôt que le gouvernement, qui contrôle la politique monétaire. En d'autres termes, l'accord de prêt conclu avec le FMI empêche le gouvernement de financer les dépenses publiques par la création de monnaie par la Banque centrale.

Les créanciers extérieurs ont donc, par l'entremise du FMI, la mainmise sur la Banque centrale. Le gel monétaire contribue à paralyser le financement du développement économique réel. Incapable d'utiliser sa politique monétaire pour mobiliser ses ressources internes, le pays devient de plus en plus dépendant des sources internationales de financement, ce qui a pour conséquence de gonfler le fardeau de la dette extérieure.

Le FMI exige egalement « l'indépendance de la Banque centrale à l'égard du Parlement »[6]. C'est-à-dire qu'une fois nommés, les hauts fonctionnaires de la Banque centrale ne sont plus assujettis au contrôle parlementaire ou gouvernemental. Dans plusieurs pays en développement, les cadres de la Banque centrale sont des anciens fonctionnaires du FMI et de la Banque mondiale. Ils sont souvent nommés directement par les institutions de Bretton Woods.

L'austérité budgétaire

Le FMI impose des lignes directrices précises affectant à la fois les dépenses courantes ainsi que les dépenses de développement (investissements). Les institutions de Bretton Woods imposent la réduction de l'emploi dans le secteur public et des compressions budgétaires dans les programmes sociaux. Ces mesures d'austérité frappent toutes les catégories de dépenses publiques.

Au début de la crise de la dette, les institutions financières internationales limitaient leur intervention à ceci : elles fixaient un objectif pour le déficit budgétaire en vue de dégager des revenus de l'État pour le service de la dette. Depuis la fin des années 1980 cependant, la Banque mondiale surveille étroitement la structure des dépenses publiques dans le cadre de « l'examen critique des dépenses publiques » (*public expenditure review*).

---

5. Carlo Cattareli, *Limiting Central Bank Credit to the Government*, Washington, FMI, 1993, p. 3.

6. *Ibid.*, p. 26.

Dans ce contexte, la composition des dépenses de chaque ministère est sous la supervision de la Banque mondiale. Celle-ci exige la compression des dépenses ordinaires de l'État et la mise en place d'un programme de « dépenses ciblées ». Selon la Banque mondiale, cette réduction des dépenses a pour but de *« promouvoir la réduction de la pauvreté à moindre coût »*.

Le Programme d'investissement public

Le système de « dépenses ciblées » s'applique également aux dépenses d'investissement. Le Programme d'investissement public (PIP), sous la supervision de la Banque mondiale, exige des gouvernements qu'ils réduisent de façon draconienne le nombre de projets d'investissement. En ce qui concerne les secteurs sociaux, les institutions financières internationales insistent sur le principe du recouvrement des coûts et sur le retrait de l'État de ces secteurs. La notion de ciblage dans les secteurs sociaux consiste à identifier des groupes sociaux « vulnérables » et à remplacer les programmes réguliers des ministères par des « programmes ciblés ». Ces compressions budgétaires sont en grande partie responsables de la dégradation des écoles, des dispensaires et des hôpitaux, tout en fournissant un semblant de légitimité aux institutions de Washington.

Le déficit budgétaire : une cible mouvante

Le FMI applique le concept de cible mouvante au déficit budgétaire. Une cible de 5 % du PIB est d'abord fixée ; le gouvernement atteint cet objectif et dans des négociations subséquentes, ou à l'intérieur du même accord de prêt, le FMI abaisse l'objectif à 3,5 % sous prétexte que le programme de dépenses du gouvernement est inflationniste. Une fois que l'objectif de 3,5 % est atteint, le FMI exige la réduction du déficit budgétaire à 1,5 % du PIB.

Libéralisation des prix

Cette mesure consiste en l'élimination des subsides aux produits et services de première nécessité ; dans une série de pays du tiers-monde, les prix du pain ou du riz étaient maintenus à un niveau relativement bas grâce à ces subventions. L'impact sur les salaires réels est immédiat. La déréglementation du marché céréalier fait également partie de ce programme.

La libéralisation des prix aura également un effet sur les prix des intrants. Combinées à la dévaluation, les mesures prises conduisent à des augmentations substantielles des prix intérieurs des engrais, des intrants nécessaires à l'agriculture, des équipements, etc. Cette politique aura un impact économique immédiat sur la structure des coûts dans la plupart des secteurs d'activité.

Fixation des prix des produits pétroliers

Le prix du pétrole est fixé par l'État sous la supervision de la Banque mondiale. Les augmentations du prix (souvent de l'ordre de plusieurs centaines de pour cent) des carburants et de certains services publics (eau, électricité) ont pour objet de déstabiliser les producteurs nationaux. Le prix intérieur élevé de l'essence, souvent poussé au-delà des prix du marché mondial, se répercute sur la structure des coûts de l'industrie domestique et de l'agriculture. Les augmentations périodiques des prix des produits pétroliers imposées par la Banque mondiale ont en quelque sorte l'effet d'un «tarif sur le commerce intérieur» qui a pour conséquence de couper les producteurs nationaux de leur propre marché. Bien que les modalités soient différentes, cette tarification des carburants a des effets semblables aux taxes sur le commerce intérieur imposées en Inde dès la fin du XVIIIe siècle par le gouvernement colonial britannique.

Le prix élevé de l'essence perturbe la circulation des marchandises à l'intérieur du pays. Les prix excessifs du carburant combinés aux nombreux péages sur les ponts, les routes, les canaux, etc., contribuent à déstabiliser la production interne au profit des importations. En Afrique subsaharienne, le coût élevé du transport imposé par la Banque mondiale empêche le paysannat de vendre sa production de manière concurrentielle par rapport aux produits agricoles importés d'Europe ou d'Amérique du Nord, lesquels sont fortement subventionnés.

Deuxième phase: «Réforme structurelle»

La mise en œuvre de la stabilisation macroéconomique, qui est la condition pour obtenir un financement du FMI et la renégociation de la dette extérieure auprès des Clubs de Paris et de Londres, est suivie par la mise en application d'un certain nombre de réformes structurelles en profondeur.

Libéralisation du commerce

Cette étape de l'ajustement consiste à libéraliser le commerce extérieur et à ouvrir les frontières. Mesures qui ont pour contre-coup d'accélérer la «dollarisation» des prix, les prix intérieurs s'alignant sur ceux du marché mondial.

Les institutions de Bretton Woods soutiennent que la protection de l'économie nationale favorise le développement du marché intérieur au détriment du secteur de l'exportation et conduit à une mauvaise répartition des ressources. Rien ne prouve cependant que l'élimination des barrières tarifaires facilite le transfert des facteurs de production aux secteurs d'exportation.

Le programme de libéralisation du commerce consiste à éliminer les quotas d'importation et à réduire et unifier les tarifs. La libéralisation du commerce est conçue en vue de rendre l'économie domestique plus «concurrentielle». En réalité, elle mène souvent à l'effondrement de la production destinée au marché intérieur sans pour autant assurer une relance des exportations.

Combinée à la compression du pouvoir d'achat, cette libéralisation provoque la faillite d'importants secteurs de l'économie. En Europe orientale, par exemple, la levée soudaine des barrières douanières, au début des années 1990, a provoqué l'écroulement de l'industrie cependant que les biens de luxe importés d'Occident envahissaient les magasins de Varsovie et de Prague. Non seulement les biens importés remplacent-ils la production intérieure, mais cette frénésie de consommation nourrie d'argent emprunté — par les divers prêts à décaissement rapide — contribue à accroître la dette extérieure.

Privatisation des entreprises d'État

Dans le cadre du « redressement des finances publiques », les institutions de Bretton Woods exigent le débauchage massif de salariés et la fermeture des entreprises d'État «malades». Le vocabulaire de l'orthodoxie économique est volontiers médical : les sociétés d'État «souffrantes» sont soumises à un programme d'«assainissement» sous la surveillance de la Banque mondiale, phase préalable à la privatisation dans le cadre de la renégociation de la dette extérieure. Tout comme dans les procédures de faillite, les sociétés d'État « saines » d'Argentine et du Venezuela, par exemple, compagnies aériennes et de télécommunications incluses, furent achetées à un «bon prix», non par des entreprises privées mais par des sociétés d'État européennes. Les revenus obtenus grâce à cette «privatisation» sont ensuite utilisés par les gouvernements pour rembourser les pays membres des Clubs de Paris et de Londres.

De nombreux pays débiteurs sont ainsi simultanément incités à mettre leurs sociétés d'État aux enchères. Cette avalanche de ventes fait tomber les prix à leur plus bas. Il s'agit d'une véritable recolonisation permettant à l'Occident et au Japon de racheter les pays à rabais — Europe orientale et ancienne URSS incluses.

Le capital international obtient ainsi le contrôle ou la propriété des entreprises d'État les plus rentables à un prix dérisoire en ne faisant pratiquement aucun investissement réel.

Par ailleurs, les programmes de privatisation sont directement reliés à l'exécution des obligations découlant du service de la dette. Par exemple, la consolidation de la dette commerciale, selon le plan Brady, est souvent conditionnelle à la privatisation préalable des institutions bancaires d'État.

La réforme fiscale

Sous la houlette de la Banque mondiale, un certain nombre de changements fondamentaux viennent modifier la structure fiscale. Ces changements ont pour conséquence d'affaiblir la production intérieure. L'introduction d'une taxe sur la valeur ajoutée (TVA) ou d'une taxe sur les ventes ainsi que les changements dans la structure de la taxation directe signifient un plus lourd fardeau fiscal pour les groupes à revenu moyen. L'enregistrement, afin de les imposer, des petits producteurs agricoles et des travailleurs du secteur informel, fait aussi partie de la politique de la Banque mondiale. Alors que les producteurs intérieurs sont soumis à l'impôt, les entreprises à capital mixte et étranger jouissent toujours d'exemptions fiscales, moyen « d'attirer les investissements étrangers ».

Privatisation des terres

Cette politique est adoptée sous la direction de la Banque mondiale. Une législation appropriée relative à la propriété foncière est élaborée avec l'aide technique du service juridique de la Banque mondiale. La réforme consiste à remettre des titres de propriété aux paysans tout en encourageant la concentration des terres arables et la dérogation des droits coutumiers. Un marché des terres est établi ; la paysannerie perd ses terres au profit des usuriers et marchands liés à l'*agro-business*. Une classe de travailleurs agricoles saisonniers, sans terre, tend à se former. De plus, sous prétexte de modernité, ces mesures contribuent à restaurer les droits de « l'ancienne » classe des grands propriétaires terriens.

La privatisation des terres sert aussi à rembourser la dette extérieure. En effet, les recettes des ventes de terres publiques sont canalisées par le

Trésor vers les créanciers internationaux, conformément aux exigences des institutions de Bretton Woods.

Libéralisation du système bancaire

Condition mise à ses prêts sectoriels, la Banque mondiale ordonne également la libéralisation du système bancaire. Cette restructuration signifie l'ouverture du marché financier aux banques étrangères et la fermeture, l'«assainissement» ou la privatisation des banques d'État. La Banque centrale, soumise à une vérification trimestrielle du FMI, perd toute maîtrise de la politique monétaire nationale. Le crédit subventionné aux agriculteurs ou à la petite et moyenne industrie locale doit disparaître ; désormais, le taux d'intérêt est fixé par le «libre» jeu du marché. Dans nombre de pays en développement, cette évolution provoque une poussée des activités spéculatives dans le système bancaire et une montée en flèche des taux d'intérêt. Et ce renchérissement du crédit (avec des taux en monnaie locale supérieurs à 20 %) contribue à son tour à ruiner l'économie nationale.

Libéralisation des mouvements de capitaux

Les institutions de Bretton Woods insistent également sur la «transparence» et le «libre mouvement» des capitaux : les compagnies étrangères ont ainsi toute liberté de rapatrier leurs profits sous forme de devises étrangères.

Recyclage de l'argent sale vers le service de la dette

De surcroît, la libéralisation des marchés financiers comporte fréquemment, à la suite de l'intervention du Fonds, la restauration du secret bancaire favorisant le blanchiment de l'argent et la fuite des capitaux vers des comptes à l'étranger (phénomène en plein essor en Europe orientale et dans la Communauté des États indépendants (CEI) depuis la libéralisation des changes). Et cette évolution aboutit à une hausse de l'encours de la dette extérieure. En Bolivie, la «Nouvelle Politique économique» appliquée à partir de 1985 a cependant permis le rapatriement des narcodollars naguère déposés au Panama et en Floride. Car depuis l'ajustement décidé par le FMI, la restauration du secret bancaire permet aux trafiquants boliviens de mieux blanchir ou de placer l'argent sale à des taux d'intérêt élevés directement dans les banques de La Paz[7]. (*Voir le chapitre XII.*) Au Pérou, la réforme du système bancaire menée par le président Fujimori en 1991, sous la houlette du FMI — une copie conforme du modèle bolivien — a elle aussi facilité les opérations de blanchiment de l'argent de la drogue dans les banques commerciales locales. (*Voir le chapitre XI.*)

En d'autres mots, la libéralisation des mouvements de capitaux encourage le « rapatriement des fuites de capitaux », à savoir le retour de « l'argent sale » et de « l'argent noir » jadis déposés par les élites du tiers-monde dans des comptes bancaires dans les paradis fiscaux. L'argent « sale » est le produit du commerce illégal ou d'activités criminelles tandis que l'argent « noir » est celui qui a échappé à l'impôt.

La crise de l'économie légale sous le coup des réformes macroéconomiques est directement reliée à l'accroissement rapide du commerce illicite. De plus, la rapidité et la facilité avec lesquelles les transactions de l'argent sale peuvent être entreprises grâce à l'électronique tendent à favoriser le développement du commerce illicite aux dépens de l'économie légale.

La libéralisation des mouvements de capitaux sert les intérêts des créanciers. C'est un moyen qui permet de canaliser l'argent sale et l'argent noir vers le service de la dette, tout en offrant aux classes sociales privilégiées un mécanisme commode pour blanchir de grandes quantités d'argent obtenu illégalement.

Le fonctionnement est le suivant : des capitaux en devises sont transférés d'un compte bancaire dans un paradis fiscal au système interbancaire d'un pays en développement. Les autorités assurent la confidentialité de ces transactions. Ces devises sont ensuite converties en monnaie locale et utilisées pour acheter des sociétés d'État ou les terres publiques mises aux enchères dans le contexte du programme de privatisation parrainé par la Banque mondiale. Ensuite, les entrées en devises étrangères sont canalisées vers le Trésor qui les assigne au service de la dette.

---

7. Taux d'intérêt de 5 % à 7 % au-dessus du LIBOR. Voir Juan Antonio Morales, *The Costs of the Bolivian Stabilisation Program, Documento de trabajo,* n° 01/89, Universidad Católica Boliviana, La Paz, 1989.

« La lutte contre la pauvreté »

En 1987, le Fonds des Nations unies pour l'enfance (UNICEF) publiait, sous le titre *l'Ajustement à visage humain*, un important recueil d'études de cas faisant état des conséquences sociales de cette politique[8]. À la suite de critiques sévères du FMI et de la Banque mondiale par un groupe de chercheurs travaillant pour les Nations unies, les institutions de Bretton Woods ne tardèrent pas à faire de la «lutte contre la pauvreté» leur nouveau cheval de bataille. La Banque mondiale récupérait en quelque sorte le discours humaniste de l'UNICEF, et plusieurs équipes affectées à l'analyse de la pauvreté et des «dimensions sociales de l'ajustement» furent créées. Les prêts devront dorénavant inclure des programmes destinés à alléger l'impact de l'ajustement sur «les groupes sociaux vulnérables». À l'avenir, selon le mot d'ordre de son président d'alors, M. Lewis Preston, la Banque mondiale ne prêtera plus aux pays *« qui ne feront pas un effort sérieux en matière de lutte contre la pauvreté »*. Et pourtant, la politique provoquant l'appauvrissement de la population engendré par les dévaluations, les fermetures d'entreprises, etc., n'est nullement remise en cause. Elle est au contraire présentée comme le seul moyen valable de lutter contre la pauvreté : *« La réduction de la pauvreté a été facilitée par la qualité des choix macroéconomiques »*, assure la Banque mondiale[9].

Trucage des réalités sociales

La Banque mondiale a publié en 1990 une étude décrivant l'ampleur de la pauvreté dans les pays en voie de développement. Abondamment citée, cette étude évalue à plus de un milliard le nombre des pauvres, soit environ 20 % de la population mondiale. Mais les calculs, prétendument scientifiques, ont été faits de façon totalement arbitraire. Car une fois posée l'hypothèse initiale (en l'occurrence le rapport entre revenu par habitant et pauvreté), l'estimation devient un jeu arithmétique permettant le calcul des «indices numériques de la pauvreté» (ainsi que des projections jusqu'en l'an 2000) pour l'ensemble des pays en voie de développement

---

8. G. Cornia, R. Jolly et France Stewart, *L'Ajustement à visage humain*, tome 1, UNICEF, New-York, 1987.

9. Banque mondiale, *Rapport sur le développement dans le monde 1990. La pauvreté*, Washington, 1990, p. 134.

et cela sans référence aucune aux réalités concrètes des pays [10]. Deux poids, deux mesures : le nombre des pauvres en Indonésie fut « estimé » de la sorte à 17 % de la population (en 1987) comparé à 18,6 % pour les États-Unis (en 1986), selon la définition du gouvernement américain [11]. La Banque mondiale admet néanmoins que « les besoins de la comparaison internationale et de l'agrégation obligent à utiliser un tel seuil de pauvreté qui a forcément quelque chose d'un peu arbitraire [12] ».

Cette manipulation des chiffres a pour corollaire une sous-estimation appréciable de la pauvreté, ce qui permet désormais à la Banque mondiale de définir les pauvres du tiers-monde en tant que groupe minoritaire [13]. Quant à la « thérapie de choc », elle est présentée par le rapport comme la seule orientation permettant d'« alléger la charge supportée par les pauvres dans l'immédiat et réduire la pauvreté à long terme ». Selon le document, « il convient de faire le nécessaire pour restructurer l'économie et réduire la demande aussi vite que cela est techniquement et économiquement possible. Une action rapide rend le programme crédible, laisse moins de temps à ceux qui voudraient s'y opposer pour s'organiser. [...] Ces leçons sont à méditer en particulier pour les nouvelles démocraties d'Europe de l'Est. [14] »

Réalités sociales truquées, raisons profondes de l'appauvrissement passées sous silence, le rapport fait néanmoins autorité en la matière. Et les chercheurs indépendants travaillant sur ce thème sont souvent convertis à la méthodologie de la Banque. Car c'est précisément par la profusion des études sur la pauvreté financées ou parrainées par la Banque mondiale

---

10. Le « seuil de pauvreté » est fixé arbitrairement, pour l'ensemble des pays, à un niveau de revenu annuel de 370 dollars par habitant sans référence aux conditions de la pauvreté des pays. L'« indice numérique de la pauvreté » devient ainsi une fonction linéaire du revenu ; lorsque le revenu par habitant augmente, la pauvreté diminue. *Ibid.,* chapitre II.

11. Selon les estimations du *US Bureau of the Census.* Voir Bruce Kaufmann, *The Economics of Labour and Labour Markets,* Orlando, 1989.

12. *Rapport sur le développrement..., op.cit.,* p. 49.

13. À l'exception de l'Asie du Sud, les pauvres sont représentés en tant que groupe minoritaire. Les « indices numériques de la pauvreté » sont les suivants : Asie de l'Est : 20 % ; Chine : 20 % ; Europe de l'Est : 8 % ; Asie du Sud : 51 % ; Afrique subsaharienne : 47 % ; Proche-Orient et Afrique du Nord : 31 % ; Amérique latine et Caraïbes : 19 % ; ensemble des pays en voie de développement : 33 %. *Ibid.,* p. 33.

14. *Ibid.,* p. 133.

(notamment dans les instituts de recherche du tiers-monde) que cette institution entend étouffer toute analyse critique du sujet.

Réduction de la pauvreté à moindre coût

Si la thérapie macroéconomique demeure inchangée, les pauvres pourront néanmoins bénéficier du « filet de sécurité sociale » qui fera désormais partie du Programme d'ajustement structurel. Ces « fonds sociaux d'urgence » (inspirés des modèles bolivien et ghanéen) constituent au mieux un palliatif. Leur véritable objectif consiste à masquer les causes profondes de l'appauvrissement tout en fournissant un « visage humain » non pas aux politiques macroéconomiques, mais aux institutions financières mondiales.

Dans le cadre des accords de prêts à l'ajustement, les gouvernements sont conviés à restructurer la répartition des dépenses courantes pour la rendre davantage compatible avec la « stratégie de lutte contre la pauvreté ». Selon la Banque mondiale, « il est possible de réaménager les dépenses publiques en faveur des pauvres, même en période d'austérité budgétaire [15] ». Des « corrélats de la pauvreté » sont établis avec l'aide des conseillers de la Banque : il s'agit d'encourager une distribution des ressources permettant « la réduction de la pauvreté de manière efficace et à moindre coût [16] ». « Il est particulièrement utile de cibler très précisément les dépenses, mais ce ciblage [en faveur des pauvres] implique, par définition, des compressions budgétaires... [17] ». Dans pareil système, les programmes d'éducation et de santé (gratuits ou de couverture universelle) sont appelés à être diminués ou carrément démantelés, car ils « bénéficient aux intérêts des classes moyennes et supérieures » et, par conséquent, « portent préjudice aux pauvres » ; il est de loin plus « équitable » d'encourager les « dépenses ciblées » (« filets de sécurité aux pauvres », etc.) ainsi que le développement de services sociaux (tels que les soins de santé primaire en milieu rural), dont les coûts seraient directement financés par les communautés locales [18].

---

15. *Ibid.,* p. 3.

16. Entretiens à la Banque mondiale et au FMI, décembre 1991.

17. *Rapport sur le développement, op. cit.,* p.134.

18. Pour plus de détails, voir *Assistance Strategies to Reduce Poverty,* Banque mondiale, 1990 ; *Making Adjustment Work for the Poor,* Banque mondiale, 1990, et Peter Heller et *al., The Implications of Fund-Supported Adjustment Programs for Poverty,* FMI, 1988. Sur la pratique du démantèlement des services sociaux en Russie, Jean-Jacques Marie, « École et santé en ruines », *Le Monde diplomatique,* juin 1992.

Ainsi, sous prétexte de «favoriser les pauvres», les organisations financières internationales prennent maintenant en charge (toujours dans le contexte de l'austérité fiscale) l'ensemble du processus budgétaire, contribuant de la sorte à l'effondrement des institutions et à l'installation d'un gouvernement parallèle *de facto*...

L'établissement des fonds d'urgence sociale

L'établissement des fonds d'urgence sociale sanctionne en quelque sorte le retrait de l'État des secteurs sociaux. Diverses organisations non gouvernementales (ONG), financées par l'aide internationale, ont graduellement pris à leur compte de nombreuses fonctions des gouvernements locaux dont le financement fut gelé à la suite du Programme d'ajustement structurel. La petite production manufacturière et les projets artisanaux, la sous-traitance pour les firmes d'exportation, la formation dans les communautés et les programmes de mise au travail, etc., sont réalisés dans le cadre du «filet de sécurité sociale». On assure la fragile survie des communautés au niveau local tout en contenant les risques d'un soulèvement social.

Impact économique de l'ajustement structurel

L'ajustement structurel détruit l'économie nationale. L'ensemble des mesures provoque l'effondrement économique et social. Les mesures d'austérité conduisent à l'effondrement de l'État, l'économie nationale est remodelée et la production pour le marché intérieur est détruite par la compression du pouvoir d'achat.

La solution préconisée par les institutions de Bretton Woods devient la cause d'un endettement accru. Les mesures de stabilisation du FMI sont en théorie destinées à aider les pays à restructurer leurs économies en vue d'engendrer un surplus de leur balance commerciale, afin de leur permettre de rembourser la dette et de faire redémarrer le développement économique. En fait, l'ajustement contribue à faire augmenter la dette extérieure :

a) les nouveaux prêts à l'appui des réformes (accordés afin de rembourser les anciennes dettes) contribuent à augmenter le montant total de l'endettement ;

b) la libéralisation du commerce et la destruction concomitante de la production intérieure tendent à exacerber la crise de la balance des paiements, alors que la production intérieure est remplacée par des importations financées par les prêts à décaissement rapide;

c) selon les articles de l'OMC, une part beaucoup plus grande des importations sera désormais constituée de « services » comprenant des paiement de droits de propriété intellectuelle sans aucune entrée de marchandises;

d) le Programme d'ajustement structurel contribue au gel des investissements et des dépenses d'infrastructure dans tous les secteurs ne servant pas directement les intérêts de l'économie d'exportation.

L'échec du Programme d'ajustement structurel

L'échec du Programme d'ajustement structurel est incontestable. La thérapie proposée par le FMI détruit l'économie, disloque la société civile des pays endettés et entraîne le monde vers l'abîme. Elle est appliquée dans plus de 100 pays du tiers-monde, d'Europe orientale et dans les républiques nées de l'ancienne URSS. Les institutions de Washington admettent d'ailleurs qu'on ne peut citer aucun cas de succès brillant. Une étude récente du FMI, dont le but était de légitimer les orientations de l'organisation, indique que:

> On ne peut pas dire avec certitude si ces programmes [d'ajustement] ont « fonctionné » ou non [...]. Sur la base des études existantes, on ne peut pas dire avec certitude si les programmes soutenus par le Fonds ont abouti à une amélioration des performances en matière d'inflation et de croissance économique. En réalité, il apparaît souvent que la mise en œuvre des programmes [d'ajustement] s'est accompagnée d'une augmentation de l'inflation et d'une baisse des taux de croissance [19].

En dépit de cet échec flagrant, le FMI fait valoir que l'ajustement a tout de même réussi à éliminer «les grands déséquilibres macroéconomiques». Selon son directeur général, M. Michel Camdessus, les programmes d'ajustement «demeurent encore le meilleur moyen d'améliorer le niveau de vie [de la population] [20]». Aucune politique de rechange n'est proposée. Et, depuis l'effondrement de l'URSS, le dogme néolibéral est plus que jamais proclamé.

---

19. Voir Mohsin Khan, «The Macroeconomic Effects of Fund Supported Adjustement Programs», *IMF Staff Papers,* vol. 37, n° 2, 1990.

20. Cité dans Tom Redburn, «The IMF Diet : Room for Improvement», *International Herald Tribune,* 29 avril 1992.

Les conséquences sociales

Les conséquences sociales de ces réformes, y compris dans les domaines de la santé, de l'éducation, des droits sociaux des femmes et de l'environnement, ont fait l'objet de nombreuses études [21].

Les réformes du FMI et de la Banque mondiale démantèlent de manière brutale les secteurs sociaux des pays en voie de développement, annulant les efforts et le fruit des luttes de la période post-coloniale, rayant d'un trait de plume les réalisations du passé. Les établissements d'éducation ferment leurs portes et les enseignants sont congédiés faute de fonds. Dans le secteur de la santé, c'est l'effondrement des soins curatifs et préventifs : l'équipement médical fait défaut, les conditions de travail sont insatisfaisantes, le personnel est mal payé. Le manque de fonds est en partie « compensé » par l'exigence de frais de consultations et d'autres contributions : par exemple, le « programme de recouvrement des coûts des médicaments » selon l'Initiative de Bamako ; les frais de scolarité ainsi que les contributions des communautés locales au financement des écoles, autrefois assumé par le ministère de l'Éducation, etc... Ce processus, toutefois, implique la privatisation partielle des services sociaux essentiels et l'exclusion *de facto* de larges secteurs de la population qui sont incapables, surtout dans les régions rurales, de payer les divers frais rattachés aux services de santé et d'éducation [22].

Il faut souligner ici que le PAS n'a pas seulement pour résultat d'accroître le niveau de pauvreté urbaine et rurale. Il signifie aussi que les populations — y compris les classes moyennes — ne disposent pas de revenus suffisants pour payer les frais des services de santé et d'éducation reliés au plan de recouvrement des coûts.

---

21. Diverses études, notamment une étude majeure de l'UNICEF intitulée : *L'ajustement à visage humain,* ont analysé l'effet de la politique macroéconomique sur un certain nombre d'indicateurs sociaux tels que la morbidité et la fréquence des maladies contagieuses, la mortalité infantile, les taux de malnutrition chez les enfants et les niveaux d'instruction.

22. Il faut noter qu'en vertu d'un plan de recouvrement des coûts proposé par les Institutions financières internationales aux pays endettés, le ministère de la Santé réduirait ses dépenses et transférerait les coûts d'opération des dispensaires aux communautés rurales et urbaines appauvries. Le plan de recouvrement des coûts prévoit une « décentralisation de la prise de décision » et la « participation et le contrôle communautaires » : ce qui signifie que les communautés rurales et urbaines appauvries, tout en devenant officiellement « indépendantes », assumeraient le fardeau de subventionner le ministère de la Santé.

La Banque mondiale exige le gel du nombre des diplômés des Écoles normales ainsi que l'augmentation du nombre d'élèves par enseignant. Le nombre d'heures-contact que passent les enfants à l'école est diminué et le « système du double horaire » est instauré sous la surveillance de la Banque mondiale : un enseignant a maintenant la charge de travail de deux enseignants et les enseignants en surnombre sont congédiés.

Le démantèlement des écoles publiques

En Afrique subsaharienne, les bailleurs de fonds ont proposé une nouvelle formule visant le démantèlement des écoles publiques. Celle-ci consiste à fermer les écoles tout en octroyant un quelconque financement aux enseignants licenciés afin de leur permettre d'ouvrir, sur une base individuelle, leurs propres « écoles privées » en milieu rural ou dans les bidonvilles urbains. Le ministère de l'Éducation, tout en se retirant du financement des écoles, demeure néanmoins responsable du contrôle de la « qualité » de l'enseignement.

La restructuration du secteur de la santé

Une approche similaire prédomine dans le domaine de la santé : selon la Banque mondiale, les subventions de l'État « favorisent les riches ». Qui plus est, selon les normes de la Banque, une dépense annuelle de huit dollars par personne suffit amplement pour financer de manière satisfaisante les services médicaux [23].

Dans le cadre des objectifs de « justice sociale » et d'efficacité, la Banque recommande également l'imposition de frais aux usagers de soins de santé primaire dans les communautés rurales appauvries. Ces communautés devraient aussi participer à la gestion des dispensaires en remplaçant le personnel de santé jusqu'alors payé par le ministère de la Santé par des bénévoles sans formation professionnelle.

Résultat : à l'exception de quelques rares « vitrines » financées par l'aide internationale, les centres de santé en Afrique subsaharienne sont devenus, en fait, une source de maladies et de contagion. La rareté des fonds alloués aux fournitures médicales, y compris les seringues jetables, de même que les hausses de prix, recommandées par la Banque mondiale, de l'électricité, de l'eau et du combustible, nécessaires pour stériliser les seringues par exemple, augmentent la fréquence de la contagion, y compris la

---

23. Banque mondiale, *Rapport sur le développement dans le monde, 1993 : Investir dans la santé,* Washington, 1993, p. 106.

transmission du virus de l'immunodéficience humaine (VIH). En Afrique subsaharienne, l'incapacité de payer les médicaments d'ordonnance tend à réduire la fréquentation et l'utilisation des dispensaires à un point tel que le coût de l'infrastructure et du personnel de santé n'apparaissent plus rentables [24].

Si le recouvrement des coûts peut assurer la viabilité limitée de quelques dispensaires, on constate généralement :

a) une polarisation sociale au sein du système des services de santé ;

b) une augmentation du pourcentage déjà élevé de la population privée d'accès aux soins médicaux.

Réapparition des maladies contagieuses

En Afrique subsaharienne, on a vu ressurgir un certain nombre de maladies contagieuses que l'on croyait contrôlées. Elles incluent le choléra, la fièvre jaune et le paludisme. Également, en Amérique latine, la fréquence du paludisme et de la dengue se sont fortement accrues depuis le milieu des années 1980. Directement reliées aux compressions des dépenses publiques dues au PAS, les activités de contrôle et de prévention ont diminué de manière catastrophique. En Inde, les épidémies de peste bubonique et de peste pneumonique de 1994 ont été identifiées comme « la conséquence directe de la détérioration des conditions sanitaires urbaines et des infrastructures de santé publique qui a accompagné la compression des budgets nationaux et municipaux, lors de la mise en œuvre du PAS, parrainé par le FMI et la Banque mondiale en 1991... [25] »

Les conséquences sociales de l'ajustement structurel sont pleinement reconnues par les institutions de Washington. Cependant, dans la méthodologie du FMI et de la Banque mondiale, les « secteurs sociaux » et les « dimensions sociales » appartiennent à des domaines séparés, c'est-à-dire que, selon le dogme économique dominant, ces « indésirables effets secondaires » ne font pas partie des variables d'un modèle économique. Ils relèvent d'un « secteur » différent : le secteur social.

---

24. Sur la question du recouvrement des coûts, *voir* UNICEF, *Revitalising Primary Health Care/Maternal and Child Health, the Bamako Initiative*, Rapport du Directeur général, février 1989, p. 16.

25. Déclaration du Forum alternatif de Madrid, *Les autres voix de la planète*, Madrid, octobre 1994.

Chapitre III

LA MONDIALISATION DU CHÔMAGE

La mondialisation de la pauvreté s'accompagne d'une restructuration des économies nationales ainsi que d'une redéfinition de leur rôle dans le nouvel ordre économique mondial. Quand « la médecine économique » du FMI est appliquée simultanément et de manière uniforme dans un grand nombre de pays, elle aboutit en quelque sorte à une « mondialisation du chômage ». Cette création de réserves de main-d'œuvre favorise à son tour la délocalisation d'une partie importante de la base industrielle des pays développés vers les pays à faibles salaires.

L'économie d'exportation fondée sur une main-d'œuvre bon marché a vu le jour en Asie du Sud-Est pendant les années 1960, surtout dans les industries d'assemblage à forte densité de main-d'œuvre. D'abord limitée à quelques enclaves d'exportation — par exemple, Hong Kong, Singapour, Taiwan et la Corée du Sud — la délocalisation de la production industrielle a pris un essor considérable au cours des années 1970 et 1980.

Depuis la fin des années 1970, une « nouvelle génération » de zones franches s'est développée, dont les pôles de croissance se situent en Asie du Sud-Est et en Extrême Orient, en Chine, au Brésil, au Mexique et en Europe de l'Est. Cette mondialisation de la production industrielle recouvre un grand éventail de biens manufacturés. L'industrie du tiers-monde inclut aujourd'hui la plupart des secteurs industriels : industrie légère, industrie de l'automobile, construction navale, assemblage d'avions, armement, etc.[1]

Le tiers-monde continue néanmoins à jouer un rôle important en tant que producteur de matières premières, mais l'économie mondiale contemporaine n'est plus axée sur la division traditionnelle entre « industrie manufacturière » d'une part et « production primaire » d'autre part, comme ce fut le cas avant la Deuxième Guerre mondiale.

Ce développement mondial de la production industrielle repose sur la compression de la demande intérieure dans chacune des économies du tiers-monde et sur l'existence d'une réserve presque illimitée de travailleurs appauvris.

Ce phénomène est fondé sur la destruction dans chacun des pays du tiers-monde de l'industrie nationale destinée au marché intérieur, c'est-à-dire des industries de substitution à l'importation. La conclusion de l'*Uruguay Round* à Marrakech et la création de l'OMC en 1995 étendent les frontières de ces « zones franches » à main-d'œuvre bon marché à la totalité du territoire national des pays en voie de développement.

Les réformes macroéconomiques favorisent la délocalisation industrielle

Les réformes macroéconomiques contribuent à l'affaiblissement de l'industrie destinée au marché intérieur et voue à la faillite les entreprises nationales. Résultat du PAS, la contraction de la consommation intérieure sous-entend la réduction correspondante des coûts de main-d'œuvre ; la compression des salaires dans le tiers-monde et en Europe de l'Est favorise la délocalisation de l'activité économique des pays riches vers les pays pauvres.

De plus, les mesures de stabilisation économique, imposées dans le Sud comme dans le Nord, se répercutent sur l'économie des pays riches : la pauvreté dans le tiers-monde contribue à une contraction mondiale de la demande d'importations, qui affecte à son tour la croissance économique et le niveau d'emploi dans les pays de l'OCDÉ.

L'ajustement structurel transforme les pays en territoires (« réserves » de main-d'œuvre et de ressources naturelles). Mais, parce qu'elle est fondée

---

1. À l'origine, la délocalisation industrielle était confinée dans les champs plus « légers » de la fabrication et de l'assemblage en vue de l'exportation : par exemple, l'industrie du vêtement et le montage électronique.

sur la minimisation des coûts de main-d'œuvre et sur une compression mondiale de la demande, cette promotion des exportations ne peut réussir que dans un nombre restreint de pays à main-d'œuvre bon marché.

L'internationalisation des politiques macroéconomiques

Que se passe-t-il quand les réformes macroéconomiques sont appliquées simultanément dans un grand nombre de pays ? Dans une économie mondiale interdépendante, la « somme » des ajustements appliqués au niveau de chaque pays contribue en quelque sorte à « une mondialisation des réformes » ayant pour conséquence de pousser l'économie mondiale dans l'abîme.

L'effet de cet « ajustement mondial » est assez bien compris : l'application simultanée des politiques d'appui à l'exportation dans un grand nombre de pays contribue à créer une surproduction mondiale ainsi qu'un affaissement des prix des marchandises.

En d'autres termes, cet ajustement structurel mondial — fondé sur l'internationalisation des politiques macroéconomiques sous la houlette des institutions de Bretton Woods, contribue à une détérioration des termes de l'échange. Elle favorise le transfert de la richesse par l'entremise du commerce international des pays pauvres aux pays riches.

« Décomposition » des économies nationales

Le PAS joue un rôle primordial dans la « décomposition » de l'économie nationale d'un pays endetté ainsi que dans la « recomposition » d'un « nouveau rapport » à l'économie mondiale. C'est-à-dire que les réformes économiques sous-entendent la « décomposition/recomposition » des structures nationales de la production et de la consommation. La contraction des revenus réels provoque la baisse des coûts de main-d'œuvre et le déclin des niveaux de consommation. Par ailleurs, la « recomposition » de la consommation est caractérisée par l'élargissement de la consommation de luxe destinée aux couches sociales privilégiées. Cette « décomposition/recomposition » de l'économie nationale repose sur l'effondrement du niveau de vie : encore une fois, la pauvreté, les faibles salaires et la main-d'œuvre bon marché sont en quelque sorte des intrants dans le processus d'internationalisation de la production. La pauvreté et la réduction des coûts de production deviennent les instruments (du côté de l'offre) qui permettent de réactiver la production destinée au marché extérieur.

L'application simultanée du PAS dans les pays endettés déprime les coûts de main-d'œuvre et accélère la délocalisation de l'industrie des pays développés vers les zones manufacturières du tiers-monde et de l'Europe de l'Est. Pourtant, cette nouvelle capacité de production en vue de l'exportation se développe alors que la demande mondiale est en déclin. En d'autres mots, ce processus engendre la surproduction mondiale : cet « engagement » positif dans la création d'une nouvelle capacité de production dans un ou plusieurs pays s'accompagne du « désengagement des ressources productives » et d'un déclin ailleurs dans le système économique mondial. Cette surproduction engendre à son tour une concurrence effrénée entre pays producteurs qui contribue à comprimer l'emploi et les salaires.

La décomposition n'est pas garante d'une recomposition « réussie ». La disparition progressive de l'industrie nationale destinée au marché intérieur n'assure pas le développement d'un nouveau rapport « viable » et stable au marché mondial. C'est-à-dire que la compression des coûts de main-d'œuvre — favorable à l'offre — n'assure pas en soi la croissance du secteur des exportations et l'insertion de l'économie nationale du tiers-monde dans le marché international, pas plus d'ailleurs qu'elle ne garantit le développement d'exportations industrielles.

La formation de nouveaux pôles dynamiques d'économies à main-d'œuvre bon marché au Mexique, en Europe de l'Est et en Asie du Sud-Est offre un contraste frappant avec la situation qui prévaut dans presque toute l'Afrique subsaharienne et dans une partie de l'Amérique latine et du Moyen-Orient.

Réserves de main-d'œuvre

Bien qu'elles ne soient pas « activement » insérées dans l'économie mondiale à main-d'œuvre bon marché, plusieurs régions du monde n'en contiennent pas moins d'importantes « réserves de main-d'œuvre » qui jouent un rôle majeur dans la réglementation des coûts de main-d'œuvre à l'échelle mondiale. Si, dans une région du tiers-monde, les travailleurs revendiquent de meilleurs salaires, le capital multinational peut déménager ou faire produire en sous-traitance dans une autre région du tiers-monde. C'est-à-dire que l'existence même de « pays de réserve » pouvant offrir une main-d'œuvre abondante contribue à endiguer les demandes salariales dans les économies d'exportation les plus actives, par exemple, en Asie du Sud-Est, au Mexique, en Chine et en Europe de l'Est.

Autrement dit, la détermination du niveau des salaires dans chaque pays en développement ne dépend pas seulement de la structure du marché du travail national, mais aussi du niveau des salaires dans d'autres pays qui lui font concurrence. Les coûts de main-d'œuvre sont ainsi conditionnés par l'existence d'un « réservoir mondial de main-d'œuvre bon marché » formé par les « armées de réserve » de travailleurs dans différents pays. Cette « réserve mondiale » de travailleurs en surnombre joue un rôle dans la détermination des salaires aux niveaux national et international. La mondialisation du chômage permettra au capital (acheteur direct ou indirect de la main-d'œuvre) de se déplacer d'un pays à l'autre. Du point de vue du capital, les « réserves nationales de main-d'œuvre » sont en quelque sorte intégrées dans un seul réservoir international au sein duquel les travailleurs de différents pays sont placés en concurrence ouverte les uns avec les autres.

Le chômage mondial devient de la sorte le « levier » de l'accumulation mondiale du capital. L'existence de travailleurs appauvris en surnombre « réglemente » le coût de la main-d'œuvre dans chaque économie nationale. La pauvreté généralisée contribue à la minimisation des coûts de la main-d'œuvre à l'échelle planétaire.

Les salaires sont aussi régis à l'échelle nationale par le rapport ville/campagne. La pauvreté rurale et l'existence d'une grande masse de chômeurs et de paysans sans terre tendent à promouvoir les faibles salaires dans l'industrie manufacturière urbaine.

Dans plusieurs économies d'exportation à main-d'œuvre bon marché, la part des salaires dans le PIB a considérablement chuté depuis le début des années 1980. En Amérique latine, par exemple, les programmes d'ajustement ont provoqué une importante contraction de la participation des salaires dans le PIB. Alors que les revenus des salariés dans les pays développés comptent pour environ 40 % de la valeur ajoutée, le pourcentage correspondant en Amérique latine et en Asie du Sud-Est est de l'ordre de 15 %.

Fermetures d'usines et délocalisation industrielle

Le développement de l'industrie d'exportation à main-d'œuvre bon marché dans le tiers-monde est accompagné de fermetures d'usines dans les pays développés. La première vague de fermetures a surtout frappé l'industrie légère (transformation et assemblage à forte densité de main-d'œuvre). Depuis les années 1980, cependant, tous les secteurs de l'économie occidentale ainsi que toutes les catégories de travailleurs sont affectés par la délocalisation : restructuration de l'industrie lourde et des secteurs de haute technologie, relocalisation de la production d'automobiles en Europe de l'Est et dans le tiers-monde, fermeture des aciéries, etc.

Le développement des *maquilas* (zones de production en sous-traitance) situées au sud du Rio Grande, le long de la frontière américano-mexicaine, fut caractérisé tout au long des années 1980 par des mises à pied et le chômage dans les centres industriels des États-Unis et du Canada. Avec l'Accord de libre-échange (entre le Canada, le Mexique et les États-Unis) (ALÉNA), la délocalisation de l'industrie s'étend désormais à l'ensemble du territoire mexicain. De la même façon, les multinationales japonaises délocalisent une part importante de leur industrie manufacturière en Thaïlande et aux Philippines, où les salaires sont environ de trois ou quatre dollars par jour [2]. Le capitalisme allemand s'étend au-delà de l'Oder-Neisse, dans son *Lebensraum* d'avant-guerre. Dans les usines de montage en Pologne, en Hongrie et dans les républiques tchèques et slovaques, le coût de la main-d'œuvre — de l'ordre de 120 dollars par mois — est de beaucoup inférieur à celui de l'Union européenne. En Allemagne, les ouvriers des usines d'automobiles reçoivent des salaires de l'ordre de 28 dollars l'heure.

Dans ce contexte, les anciens pays «socialistes» sont intégrés dans l'économie mondiale de main-d'œuvre bon marché. En dépit des taux élevés du chômage, notamment en Allemagne orientale, il est plus avantageux pour le capitalisme allemand d'étendre sa base industrielle en Europe de l'Est.

Les médias présentent généralement les nombreuses fermetures d'usines en Occident ainsi que les licenciements comme des cas isolés de «restructuration». Pourtant, l'impact combiné de ces actions microéco-

---

2. En 1991, à Bangkok, les usines modernes n'appliquaient pas le salaire minimum industriel de quatre dollars par jour.

nomiques sur les salaires réels et l'emploi est dévastateur. Chaque emploi perdu et transféré dans le tiers-monde entraîne une baisse correspondante du pouvoir d'achat dans les pays développés.

La demande (ainsi que les marchés de la consommation) s'effondrent parce qu'un grand nombre d'entreprises dans plusieurs pays décident simultanément de réduire l'emploi et les salaires. À son tour, la chute de la demande se répercute sur la production, contribuant à une nouvelle vague de fermetures d'usines et de faillites, et ainsi de suite.

Déréglementation du marché du travail

En Occident, les politiques gouvernementales favorisent la déréglementation du marché du travail, qu'il s'agisse de la désindexation des salaires, de la généralisation de l'emploi à temps partiel, des mises à la retraite anticipée ou des prétendues réductions «volontaires» des rémunérations. La montée du chômage ainsi que la baisse des salaires contribue à son tour à contrecarrer le développement des exportations des pays du tiers-monde vers un marché occidental où le pouvoir d'achat est en déclin. C'est un cercle vicieux: la délocalisation de l'industrie vers le tiers-monde et l'Europe de l'Est combinée à la chute du pouvoir d'achat conduit à la dislocation économique et au chômage dans les pays développés.

Délocalisation au sein des accords de libre-échange

À partir des années 1990 une nouvelle tendance se dessine: l'Union européenne et l'Amérique du Nord développent respectivement leurs réserves de main-d'œuvre bon marché à proximité de leurs frontières. Dans le contexte européen, la «ligne Oder-Neisse» est à la Pologne ce que le Rio Grande est au Mexique. L'ancien «rideau de fer» joue le même rôle que le Rio Grande. Il sépare l'économie à salaires élevés de l'Europe de l'Union européenne des économies à faibles salaires de l'ancien bloc soviétique.

Dans le cadre de l'ALÉNA, le Rio Grande sépare deux marchés du travail distincts: les unités de production sont fermées aux États-Unis et au Canada, et déménagées au Mexique où les salaires sont 10 fois inférieurs. (*Voir graphiques 3.1 et 3.2.*) «L'immobilité de la main-d'œuvre» mexicaine, plutôt que le «libre-échange», et l'abolition des barrières tarifaires constituent des pierres angulaires de l'Accord de libre-échange nord-américain.

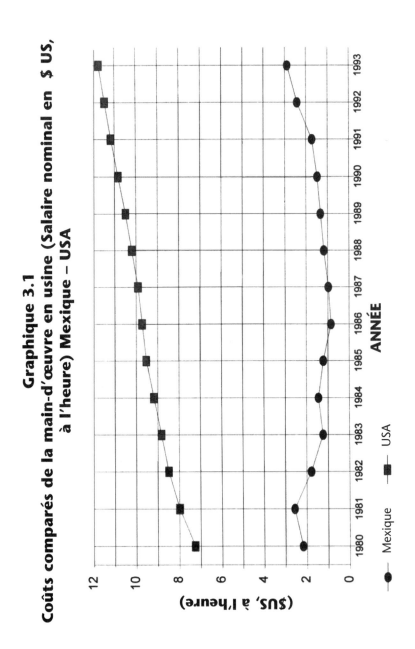

Graphique 3.1
Coûts comparés de la main-d'œuvre en usine (Salaire nominal en $ US, à l'heure) Mexique – USA

Source : BIT, *Annuaire des statistiques de la main-d'œuvre,* Genève, 1980–1994 ; FMI, *Statistiques financières internationales,* Washington, 1995.

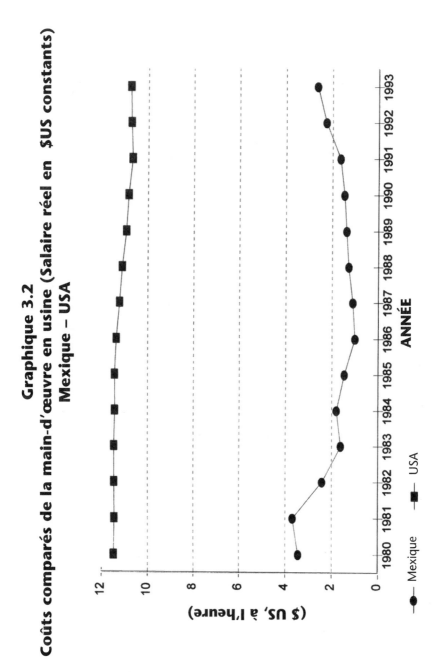

Graphique 3.2
Coûts comparés de la main-d'œuvre en usine (Salaire réel en $US constants)
Mexique – USA

Source : BIT, *Annuaire des statistiques de la main-d'œuvre*, Genève, 1980–1994 ; FMI, *Statistiques financières internationales*, Washington, 1995.

Dans le cadre de l'ALÉNA, les compagnies américaines peuvent réduire leurs coûts de main-d'œuvre de plus de 80 % en se localisant ou en produisant au Mexique en sous-traitance. Ce mécanisme n'est pas limité aux manufactures ou aux activités utilisant une main-d'œuvre non qualifiée : rien n'empêche la migration des industries américaines de haute technologie vers le Mexique, où ingénieurs et scientifiques sont engagés par les sociétés étrangères pour quelques centaines de dollars par mois. La délocalisation peut affecter une grande partie des économies américaine et canadienne, y compris le secteur des services.

L'ALÉNA contribue directement à la baisse de l'emploi et des salaires réels. La relocalisation industrielle au Mexique détruit des emplois et comprime les revenus réels aux États-Unis et au Canada. L'ALÉNA exacerbe la récession économique : les travailleurs licenciés aux États-Unis et au Canada ne sont pas employés ailleurs dans l'économie et aucune nouvelle avenue de croissance économique n'apparaît comme résultat de la délocalisation de l'industrie. La contraction des dépenses de consommation qui résulte des mises à pied et des fermetures d'usines mène à la contraction des ventes et de l'emploi, et à de nouveaux congédiements dans les industries.

Qui plus est, alors que l'ALÉNA permet aux compagnies américaines et canadiennes de pénétrer dans le marché mexicain, ce processus implique dans une large mesure le déplacement des entreprises mexicaines. La tendance est à une plus grande concentration industrielle, à l'élimination des PME, de même qu'à la mainmise sur une partie de l'économie de services du Mexique par le système des franchises. Les États-Unis exportent leur récession au Mexique. À l'exception d'un marché restreint orienté vers les groupes à revenus élevés, la pauvreté et les faibles salaires au Mexique ne favorisent guère l'accroissement de la demande. Au Canada, l'Accord de libre-échange avec les États-Unis de 1989 a provoqué la disparition progressive de l'économie des succursales. Les filiales canadiennes sont fermées et remplacées par des bureaux de vente.

Les conséquences de la surproduction

Le système global de production est ainsi dirigé vers l'approvisionnement de marchés restreints, c'est-à-dire les marchés de consommateurs à revenu élevé du Nord et quelques enclaves de consommation de luxe dans le Sud et dans l'Est. Dans ce contexte, faibles salaires et faibles coûts de la main-d'œuvre égalent pouvoir d'achat comprimé et déficience de la demande. Ce rapport contradictoire est un des éléments essentiels de l'économie mondiale de la main-d'œuvre bon marché : ceux qui produisent ne sont pas ceux qui consomment.

Le rôle de la révolution scientifique

L'extraordinaire développement de l'informatique, des télécommunications et de la production numérique dans les années 1980 sert à merveille le processus de délocalisation de la production, car les centres de décision sont instantanément reliés aux sites industriels et aux ateliers de montage dispersés à travers le monde. Le système capitaliste peut ainsi organiser et contrôler l'économie de la planète tout entière. Pour minimiser les coûts salariaux, il suffit de transférer les sites de production des pays où le travail est bien rémunéré dans ceux où il ne l'est pas. Par ailleurs, la révolution technologique, tout en créant de nouveaux genres d'emplois dans les pays industrialisés, réduit considérablement le besoin de main-d'œuvre de l'industrie grâce, entre autres, à la robotisation. Le changement technologique se combine aux délocalisations et aux restructurations d'entreprises pour favoriser une nouvelle vague de fusions dans les industries clés.

Une économie de rente

Autrement dit, les pôles de croissance dans les pays développés se trouvent désormais dans les « secteurs non matériels » : haute technologie, économie de services, infrastructures commerciales et financières, etc. plutôt que dans le montage et la transformation industriels. Cette « désindustrialisation » apparente des pays industrialisés doit être bien comprise : le sens du mot *industrie* a profondément changé. Les pôles de croissance de la haute technologie connaissent un développement rapide aux dépens des industries traditionnelles.

Avec le déclin de l'industrie manufacturière en Occident, *« une économie de rente »* s'installe dans les pays riches. Le secteur des services s'approprie la plus-value engendrée par les industries d'assemblage et de transformation : en plus du paiement de redevances et de droits d'utilisation de la technologie, une partie importante des revenus des producteurs du tiers-monde est appropriée par les grandes sociétés commerciales, les distributeurs, les grossistes, les chaînes de détaillants, etc. des pays développés. La « production non matérielle » subordonne la « production matérielle ».

L'application des réformes macroéconomiques simultanément dans un grand nombre de pays contribue à la consolidation de l'économie de rente : chaque pays est forcé d'offrir au marché mondial — en concurrence avec d'autres pays en développement — le même éventail de matières premières et de biens manufacturés.

Mais si la concurrence caractérise la production matérielle dans les pays en développement, les canaux du commerce international, tout comme les marchés de distribution des produits dans les pays avancés, sont contrôlés par des sociétés multinationales. Cette dualité « concurrence-monopole » constitue un élément fondamental du système commercial mondial : la concurrence sans frein entre les « producteurs directs », souvent situés dans des pays différents, dans un marché mondial caractérisé par la surproduction.

L'appropriation de la plus-value par les non-producteurs

Les industries d'exportation ne contribuent que très faiblement au développement économique des pays producteurs. L'« économie de rente » des pays riches s'approprie les revenus des producteurs directs. Alors que la production matérielle a lieu dans un pays du tiers-monde, la plus forte augmentation du PIB est enregistrée dans les pays importateurs.

Parce que les biens produits dans les pays en voie de développement sont importés à des prix FAB extrêmement bas, la « valeur » enregistrée des importations des pays de l'OCDÉ en provenance de ces pays est relativement faible. Pourtant, dès que ces marchandises importées entrent dans le circuit de la distribution et de la commercialisation au détail, leur prix se multiplie plusieurs fois. Le prix de détail des biens produits dans le tiers-monde est souvent plus de 10 fois supérieur au prix payé au producteur. Une « valeur ajoutée » correspondante est ainsi créée artificiellement au sein de l'économie de services des pays riches, sans qu'aucune production matérielle n'ait eu lieu. Cette « valeur » s'ajoute au PIB des pays riches. Par exemple, le prix de détail du café est de 7 à 10 fois plus élevé que le prix FAB et environ 20 fois le prix payé au fermier du tiers-monde. (*Voir le Tableau 3.1.*) Autrement dit, la plus grande partie des revenus des producteurs est appropriée par des marchands, intermédiaires et distributeurs.

Tableau 3.1 : Café — hiérarchie des prix		
	Prix (en $)	Part cumulative de la valeur ajoutée (%)
Prix à la ferme	0,25 – 0,50	4
Prix FAB international	1,00	10
Prix de détail	10,00	100
SOURCE : Illustration à partir des prix FAB approximatifs du début des années 1990 et des prix au détail sur le marché nord-américain pendant la même période. Le prix à la ferme varie considérablement d'un pays à l'autre.		

Le cas de l'industrie du vêtement

Dans le commerce international du vêtement, par exemple, une maison de haute couture achète pour trois ou quatre dollars au Bangladesh, au Viêt-nam ou en Thaïlande, une chemise dessinée à Paris[3]. Ce produit est alors vendu sur le marché européen à un prix 5 à 10 fois plus élevé : le PIB du pays importateur occidental augmente sans qu'aucune production matérielle n'ait eu lieu.

Les données recueillies dans les manufactures du Bangladesh nous permettent d'identifier *grosso modo* la structure des coûts au sein de l'industrie de l'exportation du vêtement ainsi que la distribution des revenus : le prix FAB payé à l'usine pour une douzaine de chemises est de 36 à 40 dollars[4]. Tout l'équipement ainsi que les matières premières sont importés. Les chemises se vendent au détail aux États-Unis à environ 22 dollars l'unité ou 266 dollars la douzaine. *(Voir le Tableau 3.2.)* Le travail des femmes et des enfants dans les usines de vêtements au Bangladesh est payé environ 20 dollars par mois, au moins 50 fois moins que les salaires payés dans ce secteur en Amérique du Nord. Moins de 2 % de la valeur totale du produit est payée sous forme de salaires aux travailleurs du vêtement ; 1 % additionnel revient sous forme de profit industriel à l'entreprise du tiers-monde.

L'écart entre le prix à l'usine et le prix au détail est de $228 (266 – 38 = 228 dollars). Cet écart se divise principalement en trois éléments :

---

3. En janvier 1991, le prix payé à Hô Chi Minh-Ville au fabricant en vue de l'exportation est de 80 cents la chemise.

4. Enquête de l'auteur sur l'industrie du vêtement au Bangladesh, 1992.

Tableau 3.2 : Structure des coûts Exportateur de vêtements du tiers-monde ($US)	
Tissus et accessoires (importés)	27
Dépréciation de l'équipement	3
Salaires	5
Profit industriel net	3
Prix à l'usine (1 dz de chemises)	38
Majoration brute	228
Prix de détail (la douzaine)	266
Prix de détail incluant la taxe de vente (10 %)	292,60

SOURCE : Fondé sur la structure des coûts et les prix de vente des usines de vêtements du Bangladesh, 1992.

1) le profit marchand des distributeurs internationaux, des grossistes et des détaillants, y compris les propriétaires de centres commerciaux, etc. c'est donc dire la part la plus importante de la valeur ajoutée ;

2) les coûts réels de transport, d'entreposage, de commercialisation, etc. ;

3) les frais de douane exigés lors de l'entrée du produit sur les marchés des pays développés ainsi que les taxes indirectes (taxe à la valeur ajoutée).

Si le prix au détail est sept fois plus élevé que le prix payé à l'usine, le profit ne revient pas pour autant aux petits détaillants des pays développés. Une large part de la valeur ajoutée engendrée dans la distribution de la marchandise est appropriée (sous forme de loyers, de paiements d'intérêt, etc.) par des institutions commerciales, immobilières et bancaires.

Notons que l'arrivée des importations en provenance du tiers-monde est également une source de revenus fiscaux pour les gouvernements des pays riches, sous forme de taxes de vente. En Europe de l'Ouest, la TVA dépasse de beaucoup 10 % du prix de détail. Dans le cas du commerce du vêtement, par exemple, le Trésor des pays riches s'approprie presque autant que le pays producteur et environ quatre fois le montant revenant aux ouvriers du pays producteur. (*Voir le Tableau 3.3.*)

Tableau 3.3 : Fabrication au tiers-monde Distribution des revenus		
Distribution des revenus : (1 dz de chemises fabriquées dans une usine à main-d'œuvre bon marché du tiers-monde	**Montant ($US)**	**% du prix de vente**
1. Revenus revenant au pays du tiers-monde :	8,00	2,7
1.1 Salaires	5,00	1,7
1.2 Profit industriel net	3,00	1,0
2. Revenus revenant aux pays développés :	284,60	97,3
2.1 Tissus, accessoires et équipement importés des pays riches	30,00	10,2
2.2 Transport et commissions	4,00	1,4
2.3 Frais de douane sur le prix FAB	4,00	1,4
2.4 Salaires du personnel des grossistes et des détaillants	10,00	3,4
2.5 Profit commercial brut, loyer et autres revenus des distributeurs	210,00	71,8
2.6 Taxes de vente (10 % du prix de détail revenant au Trésor des pays développés)	26,60	9,1
3. Prix de détail total (incluant la taxe de vente)	292,60	100

NOTE : Pour les fins de ce tableau, les marges du transport et des commissions, des frais de douane et des taxes de ventes sont fixées à des niveaux réalistes (selon l'information disponible). Aucune information n'existe cependant sur la structure des coûts de commercialisation des produits. Dans notre exemple, les coûts de commercialisation d'une douzaine de chemises sont évalués à environ 25 % du prix FAB (10 $US).

Salaires et coûts de la main-d'œuvre dans les pays développés

Une partie des coûts de la main-d'œuvre associée au transport, à l'entreposage, au commerce de gros et de détail est encourue sur le marché de la main-d'œuvre (à salaires élevés) des pays riches. Par exemple, les employés des grands magasins dans les pays développés reçoivent un salaire quotidien au moins 40 fois plus élevé que celui de l'ouvrier du Bangladesh. Une partie comparativement beaucoup plus grande du total des coûts de la main-d'œuvre revient donc aux travailleurs du secteur des services dans les pays à salaire élevé.

Cependant, il n'y a pas de rapport « d'échange inégal » entre les ouvriers du Bangladesh et les employés impliqués dans la vente au détail aux États-Unis : l'information disponible confirme que les travailleurs dans le secteur des services des pays riches sont fortement sous-payés. Qui plus est, leurs salaires — une véritable valeur ajoutée, c'est-à-dire un coût réel — représentent un pourcentage relativement faible de la valeur totale des ventes.

Dans notre exemple, les coûts de main-d'œuvre associés à la production d'une douzaine de chemises au Bangladesh sont de 5 dollars, ce qui correspond à 25 ou 30 heures de travail, à 15 ou 20 cents l'heure. Si l'on suppose que le vendeur aux États-Unis est payé 5 dollars l'heure et qu'il vend 6 chemises à l'heure, le coût de la main-d'œuvre pour la fabrication de 12 chemises (5 dollars) équivaut à la moitié du coût de vente (10 dollars). Cependant, celui-ci représente encore un pourcentage relativement faible du prix total (292,60 dollars, taxes incluses) ; c'est-à-dire que la majeure partie de la plus-value est appropriée par des non-producteurs dans les pays riches sous la forme de profits marchands, de rentes, d'intérêts, etc. (*Voir le Tableau 3.2.*)

Alors que les entreprises du tiers-monde opèrent dans un régime concurrentiel, les grandes sociétés commerciales, les distributeurs, etc. qui achètent leurs produits, se comportent en monopoles. Le profit industriel net revenant à l'entrepreneur du tiers-monde (trois dollars) est de l'ordre de 1 % de la valeur ajoutée totale.

Les usines du tiers-monde sont ainsi obligées de vendre leurs produits dans un marché mondial caractérisé par la surproduction. Dans ces circonstances, le prix à l'usine couvre à peine les coûts de production. La majeure partie des profits sera appropriée par le grand capital dans les réseaux de commercialisation et de distribution.

Secteurs mobiles et immobiles

La délocalisation de la production n'est pas limitée aux industries de transformation et de montage. Elle touche désormais tous les « secteurs mobiles », c'est-à-dire toutes les activités pouvant être délocalisées vers un pays à main-d'œuvre bon marché. En revanche, les « secteurs immobiles » des pays avancés comprennent les activités qui, par leur nature même, ne peuvent pas être délocalisées : la construction, les travaux publics, l'agriculture et la majeure partie de l'économie des services.

Il existe une dualité, d'une part, entre la production « matérielle » et « non matérielle » et, d'autre part, entre les secteurs « mobiles » et « immobiles ». La production « non matérielle » (concentrée dans le secteur des services) subordonne la « production matérielle ». Le surplus créé par la production matérielle est approprié par les secteurs non matériels.

Le « capital mobile » se dirige vers les « réserves de main-d'œuvre immobile ». Alors que le capital se déplace « librement » d'un marché du travail à un autre, les travailleurs des pays pauvres ne peuvent franchir les frontières internationales. Les travailleurs sont en quelque sorte enfermés à l'intérieur de leurs frontières respectives. Les marchés nationaux du travail forment des compartiments étanches. Le système est fondé sur les réserves nationales de main-d'œuvre.

Avec l'ALÉNA, par exemple, le mouvement des Mexicains de l'autre côté de la frontière américaine est strictement limité de manière à retenir la main-d'œuvre au Mexique à l'intérieur des limites de l'économie à main-d'œuvre bon marché. Cependant, dans les activités économiques telles que la construction, les travaux publics et l'agriculture qui, par leur nature même, ne sont pas « mobiles » internationalement, l'Accord permet le mouvement sélectif d'une main-d'œuvre saisonnière. L'exportation de la force ouvrière du Mexique et des Antilles vers ces activités « immobiles » sert l'objectif d'abaisser les salaires payés aux travailleurs américains et canadiens tout en sapant le rôle des syndicats.

La délocalisation de l'économie des services

Dans le secteur des services aussi, la robotisation des systèmes de distribution et la bureautique permettent aux employeurs de réduire considérablement leurs effectifs : les réceptionnistes sont remplacés par des répondeurs digitaux, les guichets automatiques se substituent aux employés de banque... Certes, grâce aux nouvelles technologies, l'ancienne division du travail de type fordiste est en voie de transformation. Il reste que les patrons y trouvent le moyen d'exiger de leur personnel une mobilité qui favorise les licenciements, quand un travailleur peut être si facilement rem-placé par un autre.

De la même manière, la révolution de l'information et des télécommunications facilite le transfert de certaines activités de service dans des localités du tiers-monde ou d'Europe de l'Est, où la main-d'œuvre est sous-payée. Les institutions commerciales et financières, par exemple, sont en mesure de réduire leurs effectifs administratifs : les systèmes comptables des grandes firmes peuvent, grâce aux réseaux informatiques ou au courrier électronique, être organisés dans les pays en voie de développement, où les comptables qualifiés et les informaticiens se paient moins de 100 dollars par mois. En 1993, Swissair transférait son système comptable en Inde, se débarrassant ainsi de plusieurs centaines d'employés bien payés en Suisse. Aux Philippines, des employés de bureau payés deux à trois dollars par jour assurent des tâches de traitement de données et de traitement de texte, grâce au courrier électronique. On imagine l'impact foudroyant d'une telle évolution sur les salaires et sur l'emploi : 70 % de la force de travail dans les pays industrialisés appartient au secteur des services.

DEUXIÈME PARTIE
AFRIQUE SUBSAHARIENNE

CHAPITRE IV
FAMINE ET GUERRE CIVILE EN SOMALIE

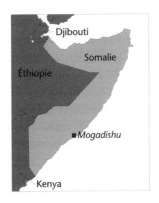

LA SOMALIE, où les pasteurs constituaient autrefois 50 % de la population, avait une économie fondée sur l'échange entre éleveurs nomades et petits agriculteurs. En dépit des sécheresses, elle demeura presque autosuffisante en denrées alimentaires durant les années 1960 et 1970. Au cours de la décennie 1970, des programmes de transfert de populations permirent le développement d'un important secteur commercial dans le domaine de l'élevage : jusqu'en 1983, le bétail a représenté 80 % des recettes d'exportation du pays.

Au début des années 1980, le Fonds monétaire international et la Banque mondiale imposèrent au gouvernement un programme de réformes qui mit en péril le fragile équilibre entre les secteurs nomade et sédentaire. L'une des fonctions de ce plan d'austérité était de dégager les fonds destinés à rembourser la dette contractée par Mogadishu auprès des membres du Club de Paris et, surtout, auprès du... FMI lui-même [1].

Comme le notait un rapport de mission de l'Organisation internationale du travail : « Seul parmi les principaux créanciers de la Somalie, le Fonds refuse un rééchelonnement [...]. Il aide *de facto* à financer un programme d'ajustement, dont l'un des objectifs majeurs est le remboursement du FMI lui-même [2]. »

Le programme d'ajustement structurel a accru la dépendance alimentaire, notamment dans le domaine céréalier. Entre 1975 et 1985, l'aide alimentaire a été multipliée par 15, soit un rythme d'accroissement annuel moyen de 31 % [3]. Cet afflux de blé et de riz vendus sur le marché local, s'ajoutant à l'augmentation des importations, a provoqué la ruine des producteurs ainsi que des modifications majeures dans les habitudes de consommation, au détriment des produits traditionnels, maïs et sorgho.

La dévaluation du shilling somalien, imposée en juin 1981 par le FMI et suivie périodiquement par d'autres baisses de parité, entraîna des hausses des prix de tous les intrants de l'agriculture : carburants, engrais, etc. L'impact fut immédiat et désastreux sur les cultures pluviales, mais aussi dans les zones irriguées. Dans les villes, le pouvoir d'achat chuta de façon dramatique, les plans de développement du gouvernement furent victimes de coupes claires, les infrastructures s'effondrèrent, les flux d'« aide alimentaire » provoquèrent l'appauvrissement des communautés agricoles [4].

---

1. Pendant la période 1983–1985, la dette somalienne était due à raison de 20 % au FMI et à la Banque mondiale. Cf. *Generating Employment and Incomes in Somalia, Jobs and Skills Programme for Africa*, Organisation internationale du travail, Addis-Abeba, 1989, p. 5.

2. Organisation internationale du travail, *op. cit.*, p. 16.

3. Au milieu des années 1980, cette aide excédait la consommation de 35 %. Lire Hossein Farzin, « Food Aid : Posititive and Negative Effects in Somalia ? », *The Journal of Developing Areas*, janvier 1991, p. 265.

4. Selon l'OIT, la Société publique pour le développement agricole (*State Agricultural Development Corporation*, ADC) a joué un grand rôle dans le soutien aux prix élevés payés aux agriculteurs : « L'ADC a trop — et non trop peu — encouragé la production de maïs et de sorgho » (OIT, *op. cit.*, p. 9). Les données de la Banque mondiale, de leur côté, laissent entendre qu'il y a eu augmentation de la production de maïs et de sorgho après la déréglementation des prix en 1983.

Au cours de la même période, une bonne partie des meilleures terres cultivables furent accaparées par des fonctionnaires, des militaires et des commerçants liés au gouvernement[5]. Plutôt que de promouvoir la production alimentaire au profit du marché local, les bailleurs de fonds encouragèrent celle, dotée d'une prétendue «haute valeur ajoutée», des fruits, des légumes, des oléagineux et du coton destinés à l'exportation et récoltés sur les plus fertiles terres irriguées.

Dès le début des années 1980, les prix des médicaments pour bétail augmentèrent en raison de la dévaluation. La Banque mondiale encouragea les responsables à faire payer les services vétérinaires fournis aux nomades (notamment la vaccination des animaux). Un marché privé des médicaments fut institué. Le ministère de l'Élevage fut dévitalisé, ses services vétérinaires devant être totalement financés par le paiement intégral de ses prestations. Selon la Banque mondiale, «les services vétérinaires jouent un rôle essentiel dans le développement du cheptel dans toutes les régions et ils peuvent être dispensés principalement par le secteur privé [...]. Étant donné que peu de vétérinaires privés choisiront de travailler dans les zones pastorales éloignées, l'amélioration des soins du bétail dépendra aussi de "paravétérinaires" payés pour vendre les médicaments[6].»

Cette privatisation des soins s'est accompagnée d'une absence de programmes alimentaires d'urgence pour les périodes de sécheresse, tandis que l'eau devenait objet de commerce, que sa conservation était négligée, de même que celles des pâtures. Conséquences fort prévisibles : les troupeaux furent décimés, tout comme la population pastorale. L'objectif «caché» de cette politique était d'éliminer les éleveurs nomades insérés dans un système traditionnel d'échanges. Selon la Banque mondiale, il est de toute façon bénéfique d'«ajuster» la taille des troupeaux, car les pasteurs nomades de l'Afrique subsaharienne sont accusés de contribuer à la dégradation de l'environnement[7].

L'effondrement des services vétérinaires a indirectement bénéficié aux pays riches : en 1984, les exportations de bétail somalien vers l'Arabie

---

5. Lire *Somalia, Operation Restore Hope : A Preliminary Assessment,* African Rights, Londres, mai 1993, p. 18.

6. *Sub-Saharan Africa, From Crisis to Sustainable Growth,* Banque mondiale, Washington DC, 1989, p. 98.

7. *Ibid.,* p. 98 à 101. Le surpâturage nuit à l'environnement, mais le problème ne saurait être résolu en frappant de plein fouet le mode de vie des éleveurs.

Saoudite et les pays du Golfe baissèrent radicalement et les achats saoudiens se firent en Australie et dans la Communauté européenne.

La restructuration du budget gouvernemental, sous la supervision des institutions internationales, a aussi beaucoup contribué à la mise à sac de l'agriculture. Les infrastructures cédèrent et les dépenses pour l'agriculture baissèrent d'environ 85 % par rapport au milieu des années 1970[8]. Le gouvernement fut empêché par le FMI de mobiliser les ressources nationales ; des objectifs sévères furent fixés pour réduire le déficit budgétaire. Les pays «donateurs» fournirent de plus en plus leur aide sous forme de denrées alimentaires plutôt qu'en apport financier ou en équipement. Cette aide était ensuite vendue par le gouvernement sur le marché local et les revenus ainsi dégagés (les «fonds de contrepartie») devaient financer les projets de développement. Dès le début des années 1980, ces opérations représentèrent la principale source de revenus de l'État, ce qui permit aux donateurs de contrôler de fait l'ensemble du budget[9].

Les réformes économiques ont aussi signifié la désintégration des programmes de santé et d'éducation[10]. En 1989, les dépenses de santé étaient de 78 % inférieures à celles de 1975. Selon la Banque mondiale, le budget courant pour l'éducation était en 1989 d'environ quatre dollars par an pour un élève du primaire, contre environ 82 dollars en 1982. Entre 1981 et 1989, les inscriptions scolaires ont chuté de 41 % (en dépit d'une forte augmentation de la population d'âge scolaire), livres et matériel disparurent des classes, les écoles se détériorèrent et près d'un quart des établissements primaires durent fermer leurs portes.

Ruine de l'économie et désintégration de l'État

L'économie dans son ensemble fut ainsi prise dans un cercle vicieux : les dégâts subis par les troupeaux furent cause de famine chez les pasteurs nomades qui se retournèrent vers les agriculteurs ; ceux-ci vendirent ou troquèrent leurs céréales contre du bétail. Toute l'économie pastorale fut de ce fait socialement désarticulée. De même, la chute des rentrées de

---

8. De 1975 à 1989.

9. Les fonds de contrepartie furent les seules sources de financement des projets de développement, la plupart des dépenses courantes dépendant elles aussi des donateurs.

10. Le pourcentage des dépenses militaires demeura élevé mais ce poste budgétaire baissa en termes réels.

devises due aux baisses des exportations de bétail et des envois de fonds par les Somaliens travaillant dans les pays du Golfe eut de graves conséquences sur la balance des paiements et les finances publiques, ce qui rendit impossible l'application des programmes gouvernementaux.

Les petits paysans furent ruinés en raison des prix de *dumping* des céréales américaines subventionnées et de la hausse des prix des intrants. L'appauvrissement de la population urbaine provoqua elle aussi une baisse de la consommation alimentaire. Le soutien de l'État aux zones irriguées fut gelé et la production déclina dans les fermes d'État, promises à la fermeture ou à la privatisation sous les auspices de la Banque mondiale.

Selon les estimations de cette dernière, les salaires réels du secteur public étaient en 1989 inférieurs de 90 % à leur niveau du milieu des années 1970. Le revenu mensuel moyen était tombé à trois dollars, accélérant la désintégration de l'administration [11]. Un plan de remise à niveau des salaires du service public fut proposé par la Banque mondiale, mais cela devait se faire à l'intérieur de la même enveloppe budgétaire, grâce au licenciement d'environ 40 % des fonctionnaires — l'administration n'aurait plus compté que 25 000 salariés en 1995 pour une population de six millions d'habitants — et à la suppression des diverses primes. Plusieurs pays donateurs se sont déclarés prêts à financer le coût de ces suppressions de postes [12]...

Le désastre était déjà inscrit dans toutes ces mesures qui réduisaient à néant l'État somalien. Pourtant, la communauté internationale des bailleurs de fonds ne fit rien pour redonner vie aux infrastructures économiques et sociales, élever le niveau de vie, reconstruire l'administration : un an avant la chute du régime du général Syad Barre, en janvier 1991, alors que la guerre civile faisait déjà rage, les créanciers proposaient de nouvelles mesures d'ajustement qui visaient à réduire encore plus les dépenses publiques, à restructurer la Banque centrale, à liquider la presque totalité des entreprises d'État et à libéraliser le crédit (ce qui ne pouvait qu'asphyxier le secteur privé !).

En 1989, le service de la dette représentait 194,6 % des recettes d'exportation. Cette année-là, le prêt du FMI fut annulé pour cause d'arriérés et la Banque mondiale gela pendant plusieurs mois un prêt d'ajustement

---

11. Les salaires du secteur public équivalaient à 0,5 % du PNB en 1989.

12. Une diminution de 40 % des effectifs du secteur public sur cinq ans (1991–1995). Selon la Banque mondiale, il y aurait 27 000 fonctionnaires en 1995.

structurel de 70 millions de dollars : selon la Banque mondiale, les performances économiques de la Somalie étaient déficientes[13]. La renégociation de la dette ainsi que toute nouvelle avance étaient conditionnelles au paiement des arriérés ! Ainsi le pays était tenu prisonnier de la camisole de force de l'ajustement structurel pour le contraindre à assurer le service de la dette. On connaît la suite : l'effondrement de l'État, la guerre civile, la famine et, finalement, « Rendre l'espoir », l'opération militaire américaine.

La Somalie est une expérience exemplaire, d'abord pour l'Afrique, où il existe d'autres sociétés pastorales nomades que les programmes du FMI et de la Banque mondiale s'emploient à éliminer. Plus largement, l'histoire récente de la corne de l'Afrique confirme le danger pour le tiers-monde de politiques d'ajustement qui affaiblissent l'État et conduisent à l'implosion et à la guerre civile.

---

13. La première tranche de ce prêt fut versée par l'Association internationale de développement (AID), filiale de la Banque mondiale. La seconde fut gelée en 1990. Le prêt fut annulé en janvier 1991, après la chute du gouvernement Syad Barre.

Chapitre V

LE GÉNOCIDE ÉCONOMIQUE
AU RWANDA

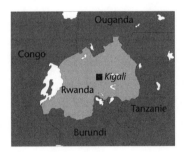

Avant même l'éclatement de la guerre civile en octobre 1990, le Rwanda était ravagé par une crise économique dont ont peu parlé les médias, pourtant de plus en plus attentifs aux souffrances humaines. Une restructuration de l'agriculture, l'effondrement des cours du café, qui fournit à ce pays plus de 80 % de ses recettes d'exportation — c'est là le legs colonial de la Belgique —, et l'imposition d'un programme de réformes macroéconomiques par les institutions de Bretton Woods auront, en exacerbant les difficultés de la vie et les tensions ethniques, contribué à l'effondrement politique.

En juillet 1989, à l'issue d'une réunion historique en Floride, les pays producteurs de café décidaient, sous la pression des grands négociants américains, de supprimer les quotas à l'exportation. En quelques mois, les prix chutèrent de plus de 50 %[1]. Une ruine pour les producteurs africains, et notamment pour le Rwanda. Malgré ses efforts de diversification depuis l'indépendance en 1962, cet État restait encore trop dépendant de ses cultures d'exportation. Une classe de rentiers tirant leurs revenus du commerce du café avait noué des liens étroits avec un pouvoir resté autoritaire. Il en résultait une fragilité extrême de l'État postcolonial, à la merci d'un effondrement des cours.

Malgré la persistance d'une extrême pauvreté jusqu'au milieu des années 1980, des progrès furent accomplis : stabilité de la monnaie, croissance réelle du PIB de l'ordre de 4,9 % l'an (de 1965 à 1989), inflation parmi les plus faibles du continent (moins de 4 % l'an), développement de la scolarité[2]. En dépit d'une forte pression démographique (croissance de la population de 3,2 % l'an), les importations de céréales étaient minimes par rapport à celles de certains États voisins. Des restrictions aux importations de denrées alimentaires protégeaient les producteurs locaux[3].

En novembre 1988, une mission de la Banque mondiale vint examiner le programme de dépenses publiques. Les recettes habituelles furent prescrites : libéralisation du commerce, dévaluation de la monnaie, suppression des subventions aux agriculteurs, élimination progressive du Fonds d'égalisation (qui achetait le café aux planteurs), privatisation des entreprises et services publics, licenciement de fonctionnaires...

La dévaluation

Une dévaluation du franc rwandais survint en novembre 1990, six semaines à peine après l'incursion de l'armée rebelle du Front patriotique rwandais (FPR) à partir de l'Ouganda. Une telle mesure, qui était destinée à restaurer une économie ravagée par la guerre, produisit un effet contraire : l'inflation prit de la vitesse et les revenus réels s'effondrèrent. En quelques jours, les prix des carburants et des produits essentiels furent

---

1. Le prix du café FAB à Mombasa chuta de 1,31 dollar la livre en mai 1989 à 0,60 dollar en décembre 1989 (cf. *Marchés tropicaux*, 18 mai 1990, p. 1369 et 29 juin 1990, p. 1860).

2. Voir *Conférence des Nations unies sur les pays les moins avancés, Country Presentation by the Government of Rwanda*, Genève, 1990, p. 5 et République rwandaise, ministère des Finances et de l'Économie, *L'Économie rwandaise, vingt-cinq ans d'efforts (1962–1987)*, Kigali, 1987.

3. *Conférence des Nations unies sur les pays les moins avancés, op. cit.*, p. 2.

sensiblement relevés. Le taux de l'inflation passa de 1 % en 1989 à 19,2 % en 1991 [4]. Détérioration de la balance des paiements, croissance économique négative, dette extérieure accrue de 34,3 % entre 1989 et 1992... L'appareil de l'État était plongé dans le désarroi, les entreprises publiques acculées à la faillite, les services publics s'effondrèrent [5]. Désespérés, les fermiers déracinèrent 300 000 caféiers en 1992 [6]. La crise économique était à son comble. Le prix d'achat du café avait été gelé, malgré l'inflation [7]. En pleine guerre civile — c'était en juin 1992 — survint une seconde dévaluation, sur le conseil du FMI, suivie d'une nouvelle augmentation des prix. La production de manioc, de haricots et de sorgho, aliments de base, chuta à son tour, et le système coopératif d'épargne et de crédit, qui aidait les petits paysans, se désintégra. L'« aide alimentaire » et les importations de denrées à bon marché en provenance des pays riches se déversèrent, avec tous leurs effets déstabilisateurs. Du coup, ni les cultures de rente ni l'économie vivrière n'étaient plus viables.

Austérité du budget, gonflement de l'armée

Le Comité international de la Croix-Rouge (CICR) et l'Organisation des Nations unies pour l'alimentation et l'agriculture (FAO) attirèrent l'attention sur une famine dans les provinces du Sud [8]. En 1994, un rapport fit état de l'effondrement complet de la production caféière à cause

---

4. Voir *Economist Intelligence Unit, Country Profile, Rwanda and Burundi, 1993–1994*, Londres, 1994, p. 9.

5. Voir, notamment, Banque mondiale, *World Debt Tables, 1993–1994*, Washington DC, p. 383. La dette s'est accrue de plus de 400 % depuis 1980 (de 150,3 millions de dollars en 1980, elle atteignait 804,3 millions en 1992).

6. Ce chiffre correspond à une estimation prudente. *Economist Intelligence Unit, Country Profile, op. cit.,* p. 10.

7. En 1990–1991, le prix (réel) du café au producteur (exprimé en dollars des Etats-Unis) avait déjà décliné de 60 % par rapport à son niveau de 1986. Une nouvelle chute se produisit en 1992.

8. Le CICR estimait en 1993 que plus d'un million de personnes étaient frappées par la famine (cf. *Marchés tropicaux*, 2 avril 1993, p. 898). En mars 1994, un communiqué de la FAO signalait une chute de 33 % de la production alimentaire en 1993 (cf. *Marchés tropicaux*, 25 mars 1994, p. 594).

de la guerre, mais aussi de la restructuration du système de commercialisation de l'État. L'entreprise mixte Rwandex, chargée du traitement et de l'exportation du café, était devenue pratiquement inopérante[9].

Intervenue en novembre 1990, la première dévaluation avait en fait été décidée dès le 17 septembre 1990, avant l'éclatement des hostilités, lors d'une réunion à Washington entre le FMI et une mission dirigée par le ministre rwandais des Finances, M. Benoît Ntigurirwa. En octobre, lorsque les hostilités se déclenchèrent, des millions de dollars d'« aide à la balance des paiements » affluèrent, destinés à des importations de marchandises. Une bonne part de ces fonds furent détournés par le régime (et par ses diverses factions politiques) pour l'achat de matériel militaire. Kalachnikovs, artillerie lourde et mortiers vinrent compléter les fournitures militaires de la France, incluant des missiles Milan et Apila (sans parler du Mystère Falcon mis à la disposition personnelle du président Habyarimana)[10].

L'ancien régime avait à sa disposition un arsenal incluant des lance-missiles 83 mm « Blindicide » de fabrication française, des armes légères de fabrication belge et allemande, ainsi que des armes automatiques kalachnikov de fabrication égyptienne, chinoise et sud-africaine.

À partir d'octobre 1990, l'armée se gonfla en un éclair, ses effectifs passant de 5 000 hommes à 40 000, ce qui, en période d'austérité budgétaire, supposait l'afflux d'argent étranger... Les nouvelles recrues provenaient des rangs des chômeurs venus s'agglutiner dans les villes après l'effondrement des prix du café en 1989. De jeunes délinquants, produits d'une société appauvrie, furent enrôlés par milliers dans les milices civiles responsables des massacres. Une partie des fonds provenant de l'extérieur avait donc permis à l'armée d'organiser et d'équiper les milices inter-hamwé[11]. En plus des achats d'armes, ces importations incluaient un approvisionnement continu de produits agroalimentaires, de vêtements, de carburant, de boissons alcooliques, etc., destinés aux membres de l'armée et des milices ainsi qu'aux membres de leurs familles.

---

9. Voir *Marchés tropicaux,* 13 mai 1994, p. 974.

10. Voir *New African,* juin 1994, p. 15, ainsi que l'entretien avec Colette Braeckman sur l'aide militaire de la France, dans *Archipel,* n° 9, juillet 1994, p. l.

11. En tout, depuis le début des hostilités en octobre 1990, le déboursement de quelque 260 millions de dollars au total avait été approuvé (comprenant de substantielles contributions bilatérales de la France, de l'Allemagne, de la Belgique, de la Communauté européenne et des États-Unis).

Tables rondes des pays donateurs ; accords de cessez-le-feu ; pourparlers de paix... L'octroi de crédits multilatéraux et bilatéraux à partir d'octobre 1990 avait été soumis à la condition que l'État s'emploie à « démocratiser » le pays. Le soutien de l'Occident dépendait aussi de la conclusion d'un accord avec le FMI. Cependant, l'évolution en faveur de la démocratie se heurta aux effets de la crise économique et, dès que les négociations de paix s'enlisèrent, la Banque mondiale annonça l'interruption de ses versements au titre de l'accord de prêt [12].

Le financement des dépenses militaires [13]

Les « mesures d'austérité » exigées par les bailleurs de fonds dans le cadre du Programme d'ajustement structurel négocié avec le gouvernement Habyarimana ont porté exclusivement sur les dépenses civiles alors que les dépenses militaires absorbaient une partie croissante des revenus de l'État et du financement extérieur.

Les dépenses militaires absorbaient déjà, en 1991, 51 % des recettes de l'État et 71 % des dépenses totales des biens et services. Ces dépenses militaires se reflètent dès 1990 dans la structure de la balance commerciale. Pendant que les dépenses d'importation de matériel militaire suivaient une courbe ascendante, y compris en 1992, 1993 et jusqu'en avril 1994, la part des importations civiles ne cessait de baisser. En outre, une part importante des importations civiles étaient des importations militaires déguisées [14].

Les bailleurs de fonds, pleinement au courant de cette situation, couvraient un déficit attribuable au gonflement des dépenses militaires. Selon les chiffres du gouvernement, 96 % du déficit budgétaire du Rwanda était couvert par l'aide extérieure. Par ailleurs, le financement extérieur contribuait également à atténuer le déséquilibre croissant de la balance des paiements attribuable aux importations tant militaires que civiles destinées à l'armée et aux milices.

---

12. Cf. *New African,* juin 1994, p. 16.

13. L'analyse ci-après est basée sur le texte d'un rapport sur la dette extérieure du Rwanda (1990–1994) réalisé en collaboration avec Pierre Galand. Pour de plus amples détails voir Michel Chossudovsky et Pierre Galand, *L'usage de la dette extérieure du Rwanda (1990–1994), la responsabilité des bailleurs de fonds,* rapport soumis à la Présidence du Rwanda, Ottawa et Bruxelles, novembre 1996.

14. *Ibid.,* p. 6. Les dépenses militaires étaient de 25,1 millions $US en 1990 et de 37,6 millions $US en 1991.

Les compressions décidées ont porté sur les dépenses d'éducation, de santé, d'infrastructures et d'appui à la production. Les réformes économiques parrainées par le FMI et la Banque mondiale ont abouti à l'effondrement des services publics, la famine affectant à partir de 1992 plusieurs régions du pays, l'augmentation en flèche du chômage et un climat d'instabilité sociale.

Cette évolution de la structure budgétaire est confirmée dans une lettre confidentielle du ministre des Finances au président Habyarimana relative à l'exécution du budget prévisionnel de l'exercice 1991 du ministère de la Défense nationale :

> Les dépenses militaires occasionnées par la guerre ont largement contribué au creusement du déficit budgétaire. Les dépenses militaires sont passées de 3,4 milliards de FRW en 1989, à 7,9 milliards de FRW en 1990 et à 12,7 milliards de FRW en 1991, soit un accroissement respectif de 132 % et 274 %.

> Le ratio des biens et services militaires sur biens et services totaux passe de 28 % en 1989, à 60 % en 1990 et à 71 % en 1991. Au même moment, les biens et services civils passaient de 4,013 milliards de FRW en 1989, à 3,900 milliards de FRW, soit une baisse nominale de 2,8 %, après une dévaluation de 66,7 %.

> Le ratio des dépenses militaires totales sur les dépenses courantes totales passe de 14 % en 1989, à 26 % en 1990 et à 38 % en 1991. Ceci démontre que les autres services de l'Administration centrale n'ont pas eu de moyens suffisants et ont eu de la peine à fonctionner.

> Comparées aux recettes totales, les dépenses militaires normales utilisaient 14 % des recettes. Avec la guerre, elles ont respectivement représenté 37 % en 1990 et 51 % en 1991 des recettes totales de l'État [15].

Les détournements de fonds

La correspondance confidentielle met clairement en relief les divers mécanismes de détournement de fonds en faveur du ministère de la Défense [16]. Ces détournements de fonds (connus des bailleurs de fonds) combinés à la manipulation flagrante des comptes publics n'ont guère modifié les engagements des bailleurs de fonds auprès de l'ancien gouvernement.

---

15. Cité dans Chossudovsky et Galand, *op. cit.*, p. 4.

16. *Ibid.*, p. 7.

Par ailleurs, le gel des salaires et les licenciements dans les services civils exigés dès 1991 par les institutions de Bretton Woods dans le cadre du PAS ont permis au gouvernement Habyarimana d'effectuer des transferts de ressources en faveur de l'armée et des milices. Les bailleurs de fonds internationaux, par leurs interventions financières, dons et prêts, ont accepté de combler le déficit budgétaire de la Défense nationale et donc de financer la guerre et finalement aussi, les miliciens.

Si le gouvernement Habyarimana a manipulé les chiffres, les bailleurs de fonds internationaux ont accepté des détournements qualifiés de l'aide au développement. Il en est résulté une dégradation grave des conditions sociales de la majorité de la population. Les milices privées devenaient, dès lors, un élément clé du contrôle social et de la manipulation des groupes sociaux.

Les importations d'armes et de machettes

L'ancien régime aurait acheté (selon les données disponibles), pour au moins 112 millions de dollars en équipement militaire, machettes et articles divers : cette somme inclut les dépenses de 83 millions de dollars encourues entre 1990 et 1994 en équipement militaire, près de 5 millions de dollars en machettes, bêches, houes et autres articles utilisés dans le génocide et les massacres, et un montant de plus de 24 millions de dollars emporté ou prélevé par l'ancien régime après le 4 avril 1996 à partir des comptes correspondants de la Banque nationale du Rwanda (BNR) à l'étranger. Il est probable que le montant réel de ces importations soit considérablement plus élevé : de nombreuses transactions ne furent pas enregistrées et les données relatives aux importations d'armes sont incomplètes.

Entre 1992 et 1994, furent importés plus de trois millions de kg de machettes, houes, pioches, bêches et autres article utilisés dans le génocide [17].

La « fongibilité des devises »

Selon les termes des protocoles et des accords de prêt, les fonds à décaissement rapide constituaient un appui à l'économie civile. Il s'agissait

---

17. Pour plus de détails, voir Chossudovsky et Galand, *op. cit.,* p. 18.

d'un soutien à la balance des paiements afin d'appuyer, en principe, le redressement économique du pays et de permettre aux autorités d'importer des biens de première nécessité (intrants, produits agroalimentaires, équipement, etc.).

Les accords de prêt spécifiaient explicitement la liste des «importations éligibles». Dans la majorité des accords de prêt à décaissement rapide les dépenses d'armes, de munitions et d'autres équipements militaires faisaient partie intégrante de «la liste négative»[18].

Le mécanisme de la «fongibilité des devises» permit néanmoins à l'ancien régime de détourner des fonds extérieurs vers des achats militaires et paramilitaires. Les justificatifs (*invoices*) relatifs aux importations de produits de première nécessité (biens civils) furent utilisés par le gouvernement afin de débloquer des fonds au titre des protocoles et des accords de prêt. Les procédures de décaissement étaient les suivantes : le bailleur de fonds déposait l'argent (tranches du prêt à décaissement rapide) dans un compte de crédit (*Credit Account*) et le gouvernement pouvait retirer des fonds à partir du compte de crédit, par l'entremise de la BNR, en présentant des justificatifs ou des factures relatifs à des «importations de biens éligibles». Ces retraits en devises à partir du compte de crédit étaient ensuite déposés dans un compte spécial (*Special Account*) auprès d'une institution financière reconnue et approuvée par le créancier[19].

Une fois déposés dans le compte spécial, le gouvernement pouvait dépenser librement ces montants tout en respectant (à la lettre) les clauses des accords. Ces montants en devises devenaient totalement «fongibles», permettant à l'ancien régime d'allouer les sommes requises à l'importation d'équipement militaire.

Alors que cette pratique respectait (*de jure*) les clauses relatives à la liste négative de marchandises, elle violait de manière flagrante l'objectif du prêt à l'ajustement structurel dont le but consistait à appuyer le développement économique et social du pays. Les bailleurs de fonds ont fermé les yeux ; selon un interlocuteur, «on ne pouvait rien faire pour modifier le mécanisme de la fongibilité des devises».

Ce mécanisme de la fongibilité fut appliqué afin de transférer d'énormes sommes (au titre du budget ordinaire de l'État) au ministère de la Défense nationale. Par ailleurs, dans la mesure où les importations

---

18. Selon les rubriques du CITIC (système de classification internationale des marchandises).

19. Chossudovsky et Galand, *op. cit.,* p. 20–21.

furent financées par l'endettement, le régime pouvait également allouer une partie importante de ses recettes d'exportation, notamment celles du café, à l'achat d'armes.

Il ne suffisait pas à l'ancien régime de se servir de la fongibilité des devises pour financer ses dépenses militaires; dans plusieurs cas, notamment concernant l'importation de machettes, les clauses des accords ne furent guère respectées. Selon les témoignages de la direction de la BNR, il semblerait que des justificatifs relatifs à des importations de nature civile (machettes) mais destinées aux milices interhamwé avaient été approuvés par les bailleurs de fonds. Ces importations ont été jugées éligibles alors qu'elles étaient en contradiction avec une clause de l'Accord AID. Cette clause se référait à *l'usage* des biens et non pas à leur catégorisation, elle excluait les biens « destinés à un usage militaire ou paramilitaire »[20].

Plusieurs centaines de milliers de machettes, houes, pioches, lames de rasoir et autre matériel (classifiés comme étant des biens civils) furent importés entre 1992 et 1994 par différents agents économiques dont *Radio Mille Collines.*

Nécessité d'annuler une dette odieuse

Aujourd'hui, les perspectives d'une reconstruction de l'économie rwandaise hors des sentiers tracés par les créanciers internationaux semblent très limitées. La reconstruction exigerait un programme d'économie alternative, sous la direction d'un gouvernement démocratique fondé sur la solidarité interethnique et à l'abri des interférences étrangères; cela suppose une annulation de la dette de la période 1990–1994 et un afflux d'aide internationale sans conditions. Mais encore faudrait-il desserrer le carcan de l'ajustement structurel, protéger la production alimentaire et organiser la sécurité du monde paysan.

La responsabilité des bailleurs de fonds

Le processus d'endettement durant cette période (1990–1994) est exceptionnel par rapport aux dettes antérieures. Celles engagées par l'ancien gouvernement Habyarimana (1990–1994) ont principalement servi

---

20. Pour de plus amples détails, voir Chossudovsky et Galand, *op. cit.,* p. 23.

à financer l'armée et les milices interhamwé. Il y a eu un alourdissement du fardeau de cette dette durant les années qui ont directement précédé le génocide et les massacres.

La question du partage des responsabilités se pose : les bailleurs de fonds n'ont-ils pas une responsabilité envers les victimes du génocide et des massacres ? Cette responsabilité ne relève pas exclusivement de la légitimité formelle de la dette extérieure engagée par l'ancien régime entre 1990 et 1994 et de son annulation, elle pose également l'obligation des bailleurs de fonds et de la communauté internationale de contribuer à un programme spécial de réparation post-génocidaire visant la compensation des familles des victimes et des survivants ainsi que la reconstruction économique et sociale du pays.

Sans annulation préalable et inconditionnelle des dettes de la période de 1990 à 1994, les nouveaux prêts ne pourront guère servir à la reconstruction du pays. Ces nouveaux engagements contribueront au contraire à maintenir le pays dans son état actuel ainsi qu'à faire augmenter le fardeau de cette dette.

Chapitre VI

APARTHEID ET NÉOLIBÉRALISME EN AFRIQUE AUSTRALE

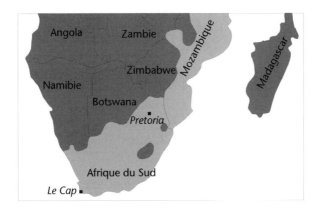

Forcés de renoncer à l'odieux régime qui les avait mis au ban des nations, les fermiers blancs sud-africains se redéploient en direction du Mozambique et de l'Angola. Fer de lance de la nouvelle puissance régionale, ils prétendent s'emparer des meilleures terres agricoles et mettent en danger, avec l'aide de la communauté internationale, la survie des communautés locales.

Créer un « couloir agroalimentaire » de l'Angola au Mozambique, tel est le projet d'une organisation de la droite sud-africaine blanche, le Front de la liberté. Avec le soutien de la Chambre sud-africaine pour le développement de l'agriculture, la Sacada, l'*agrobusiness* afrikaner voudrait ainsi étendre sa mainmise sur les pays voisins en investissant massivement dans l'agriculture commerciale, l'industrie alimentaire et l'écotourisme. Objectif : mettre sur pied, au-delà des frontières de l'Afrique du

Sud, des exploitations agricoles gérées par des Blancs. Car ce «couloir agroalimentaire» n'est nullement destiné à satisfaire les besoins de la population locale — au contraire: des paysans perdront leurs terres et les petits propriétaires se transformeront en métayers ou en ouvriers agricoles travaillant pour le compte des Boers, propriétaires des grandes plantations.

Le Front de la liberté est dirigé par le général Constand Viljoen: cet ancien commandant en chef de l'armée au temps de l'apartheid fut jadis impliqué dans l'assassinat de militants antiapartheid; il était responsable d'une organisation secrète (Stratcom) mise en cause dans des attentats, des actes de torture et la diffusion de propagande extrémiste [1]. Si son parti semble modéré, comparé au groupe d'extrême droite d'Eugène Terreblanche, l'*Afrikaner Weerstandebeweging* (AWB), il n'en est pas moins un mouvement politique raciste fidèle à l'idée d'un État afrikaner [2]. Paradoxalement, l'initiative commune de la Sacada et du Front de la liberté bénéficie du soutien politique de l'ANC, notamment de la bénédiction du président Nelson Mandela. Ce dernier a délégué au conseil d'administration de la Sacada le premier ministre de la province de Mpumalanga (Transvaal de l'Est), M. Matthews Phosa, l'un des hommes d'affaires noirs les plus prospères de la province, qui a préparé l'extension aux pays voisins des intérêts des hommes d'affaires blancs [3].

Au cours des discussions avec le président sud-africain, le général Viljoen a soutenu que «l'installation des fermiers afrikaners dans des pays voisins stimulera les économies de ces pays, procurera à la population locale de la nourriture et des emplois, ce qui endiguera le flux de l'immigration illégale vers l'Afrique du Sud [4]». Approuvant ce projet, le président Mandela a invité les autres pays africains à «considérer ces immigrants comme une sorte d'aide étrangère [5]». Et Pretoria négocie

---

1. «Ten Years Ago», *Weekly Mail and Guardian,* Johannesburg, 23 juin 1995.

2. M. Viljoen a renoncé à ses menaces de résistance armée peu avant les élections de 1994.

3. «Trade Block Planned for Eastern Regions», *Weekly Mail and Guardian,* Johannesburg, 12 mai 1995.

4. «EU Backs Boers Trek to Mozambique», *Weekly Mail and Guardian,* Johannesburg, 1er décembre 1995.

5. «The Boers are Back», *South Africa: Programme Support Online,* n° 4, 1996. Voir aussi «Boers Seek Greener Pastures», *Los Angeles Times,* 2 septembre 1995.

d'ores et déjà avec plusieurs d'entre eux — 12 pays «intéressés par les fermiers blancs sud-africains» se sont adressés à la Sacada[6].

Mais le «couloir agroalimentaire» en question perturbera le système agricole existant. L'*agrobusiness* sud-africain va non seulement s'approprier des millions d'hectares des meilleures terres, mais aussi s'emparer des infrastructures économiques et sociales du pays d'accueil — les Boers dirigeront ainsi de grandes exploitations utilisant la population rurale locale comme métayers ou comme saisonniers. Bref, ce projet portera un coup fatal tant à l'agriculture de subsistance qu'à l'agriculture commerciale des paysans et se substituera au marché agricole local, entretenant une famine déjà endémique dans cette région.

Les concessions agricoles au Mozambique

La Sacada a l'intention d'investir au Congo (ex-Zaïre), en Zambie, en Angola et de mener «une expérience pilote au Mozambique[7]». À cet effet, en mai 1996, les présidents mozambicain et sud-africain, MM. Joaquim Chissano et Nelson Mandela, ont signé un accord intergouvernemental autorisant l'agroalimentaire afrikaner à investir dans au moins six provinces du Mozambique et à y créer un ensemble de concessions. «Le Mozambique a besoin de notre compétence technique et de notre argent, et nous avons les personnes indiquées, déclarait alors un responsable sud-africain. Nous préférons avoir une région peu peuplée. [...] Pour les Boers, la terre est à ranger avec Dieu et la Bible.» Quant aux petits propriétaires ruraux et aux agriculteurs qui ne produisent que le minimum vital et sont en général dans l'impossibilité de fournir des titres de propriété, ils connaîtront l'expulsion ou le déplacement vers des terres à moindre rendement[8].

Pour 0,15 dollar l'hectare, les fermiers afrikaners se verront en particulier concéder les meilleures terres agricoles de la province mozambicaine de Niassa: un véritable cadeau. Grâce à une forme de co-entreprise, baptisée projet Mosagrius, la Sacada a pu s'établir dans la vallée fertile du Luganda. Les Boers convoitent de surcroît les terres agricoles qui

---

6. Cité dans «EU Backs Boers Trek to Mozambique», *op. cit.*

7. *Ibid.*

8. Voir les documents de la *Land Conference, Conferencia nacional de terras, documento de trabalho,* Maputo, juillet 1996.

bordent deux autres fleuves, le Zambèze et le Limpopo, ainsi que le réseau routier et ferroviaire liant Licinga, la capitale de Niassa, au port maritime de Nagala — la ligne de chemin de fer a été modernisée et réhabilitée par une entreprise française avec les crédits au développement fournis par Paris.

Un premier pas a été franchi, en 1996, dans la mise en œuvre de cet accord, avec la cession à la Sacada de concessions où 500 exploitations agricoles blanches doivent s'installer sur des terres destinées à l'exploitation commerciale[9]. La gestion des nouvelles propriétés boers sera entièrement intégrée à celle de leurs entreprises en Afrique du Sud, qui enverront au Mozambique directeurs et surveillants afrikaners blancs, mais aussi hommes de main, chauffeurs de tracteurs et techniciens noirs. « Chaque fermier afrikaner emmènera son cadre de service noir » pour contrôler et commander la population locale, affirme le chargé de liaison à la Commission sud-africaine de Maputo. En revanche, peu de colons blancs se rendront eux-mêmes dans les concessions de Niassa.

D'après le projet de la Sacada, les communautés locales vivant sur les futures concessions seront regroupées dans des « *townships* rurales » similaires à celles qui existaient sous le régime d'apartheid. « On installera des villages le long des routes proches des fermes [blanches], à proximité des champs — pour que les ouvriers agricoles puissent facilement se déplacer entre leur domicile et leur lieu de travail. On établira un minimum d'infrastructures, et un lopin de terre sera alloué à chaque ménage pour subvenir à ses besoins[10]. » À moins de se voir assurer un droit à la terre dans les concessions ou les zones limitrophes, les paysans deviendront ainsi rapidement des travailleurs agricoles sans terre ou des métayers, selon le système cher aux Boers depuis le XIXe siècle. Celui-ci consiste à accorder aux Noirs une parcelle de terre en échange de leur corvée sur les

---

9. Selon les rapports de presse et les responsables de la *South African High Commission.* L'accord lui-même fait explicitement référence à 170 000 hectares et à la perspective de droits d'exploitation sur le lac Niassa. Cf. *The Agreement on Basic Principles and Understanding Concerning the Mosagrius Development Program* (L'accord sur les principes de base concernant le programme de développement Mosagrius), Maputo, mai 1996.

10. Entretien avec le responsable du haut-commissariat d'Afrique du Sud à Maputo, juillet 1996.

plantations blanches. Bien qu'illégal en Afrique du Sud depuis 1960, il reste en vigueur notamment dans l'est du Transvaal et au Kwazulu Natal[11].

La réforme agraire parrainée par la Banque mondiale

Les grandes banques sud-africaines, la Banque mondiale et l'Union européenne soutiennent cette entreprise. Le « couloir agroalimentaire » fait partie des programmes d'ajustement structurel appuyés par les institutions de Bretton Woods. Les investissements afrikaners dans le domaine agricole vont de pair avec la réforme agraire parrainée par la Banque mondiale. Les bailleurs de fonds considèrent même l'expropriation des paysans comme la condition préalable au rééchelonnement des dettes accordées par le Club de Paris. « La Sacada, explique son secrétaire, M. Willie Jordan, a décidé d'aligner sa politique sur celle de la Banque mondiale et du Fonds monétaire international, et entend devenir une agence internationale pour le développement» autorisée à conclure des accords pour réaliser «des programmes de coopération et d'aide au développement[12]».

Si la communauté internationale a soutenu (tardivement) le combat de l'ANC contre l'apartheid, elle aide maintenant financièrement les organisations racistes afrikaners impliquées dans des projets de développement. Autrement dit, les pays occidentaux donateurs contribuent à l'extension de l'apartheid aux pays voisins de l'Afrique du Sud. L'Union européenne a ainsi financé la Sacada dans le cadre d'aides octroyées à Pretoria au titre du programme de reconstruction et de développement. Un responsable de Bruxelles considère l'initiative de la Sacada comme «la meilleure nouvelle pour ce continent depuis 30 ans[13]».

Une grande partie du littoral mozambicain du lac Niassa — dont 160 kilomètres à travers la vallée du Rif, de Meponda jusqu'à Metangula, et au nord, jusqu'à la frontière tanzanienne — est incluse dans un projet de «tourisme et autres activités complémentaires et écologiquement

---

11. «Hanekom's Bill to Bury Slavery», Eddie Koch et Gaye Davis, *Weekly Mail and Guardian,* Johannesburg, 2 juin 1995.

12. Cité dans «EU Backs Boers Trek to Mozambique», *op. cit.* Pour le rôle du FMI au Mozambique, voir «FMI nao concorda», *Mediafax,* Maputo, 26 septembre 1995, page 1.

13. «EU Backs Boers Trek to Mozambique», *op. cit.*

durables[14]», qui prévoit également l'attribution à des fermiers afrikaners de zones de pêche et d'aquaculture au détriment de la pêche locale. Les Boers auront en outre le droit d'exploiter les 20 000 hectares de la réserve du *Niassa Game*, située sur la frontière avec la Tanzanie, toujours au nom du «tourisme écologiquement durable».

M. James Ulysses Blanchard III s'est lancé dans une entreprise plus importante encore. Durant la guerre civile qui a longtemps sévi au Mozambique, ce magnat texan avait financé le mouvement rebelle Renamo, alors soutenu par le régime de l'apartheid et entraîné par l'armée sud-africaine. Cela n'a pas empêché le gouvernement du Frelimo de lui accorder une vaste concession comprenant la réserve d'éléphants de Maputo et, au sud, un vaste territoire, la péninsule de Machangula. M. Blanchard III a l'intention d'y créer un parc de loisirs, l'*Indian Ocean Dream Park*, avec hôtel lacustre, chambres de luxe pour touristes facturées à 600 ou 800 dollars la nuit et casino. Évidemment, les communautés locales vivant sur cette concession seront expropriées: «Nous allons venir et leur dire: "Désormais vous vivez dans un parc national. Vous avez le choix entre enclore vos villages ou voir se balader dans votre rue principale des animaux sauvages" », explique tranquillement le directeur général du parc, M. John Parrot.

À terme, cette évolution pourrait déboucher sur un morcellement du territoire national en différentes concessions. Au Mozambique, on l'a vu, un territoire autonome, véritable État dans l'État, est en train d'émerger dans la province de Niassa. Le projet Mosagrius — que contrôlent les Boers et qui échappe à l'autorité des gouvernements national et provinciaux — est la seule autorité compétente et reconnue en matière de droit d'exploitation de la terre. De plus, il constitue une zone franche bénéficiant de la libre circulation des personnes — des Afrikaners, s'entend —, des marchandises et des capitaux, les investissements étant «dispensés de droits de douane et de toute autre imposition». Des concessions semblables étant accordées à des investisseurs étrangers dans différentes régions du pays, le territoire national sera bientôt partagé en «couloirs». Voilà qui, en fin de compte, pourrait annoncer la naissance d'une nouvelle ère coloniale.

---

14. Addendum 1, art. 1 de l'accord de Mosagrius.

Troisième partie
ASIE

CHAPITRE VII

FAMINE ET IMPLOSION SOCIALE EN INDE

À PREMIÈRE VUE, le plan imposé par le FMI au gouvernement de Nara-simha Rao n'était pas porteur de ces séismes économiques ni de ces phéno-mènes de désintégration sociale qui ont secoué nombre de pays latino-américains et est-européens soumis à pareil choc. Il reste que si l'Inde n'a pas, à ce jour, connu une hyperinflation ni un écroulement de sa monnaie, les conséquences d'un tel programme sont dévastatrices pour une population de près d'un milliard de personnes.

Ce plan fut mis en application après la chute, en 1990, du cabinet de gauche dirigé par Singh, chef du parti Janata Dal, et l'assassinat de Rajiv Gandhi en mai 1991. En juillet 1991, le gouvernement fut contraint de déposer environ 47 tonnes d'or dans les coffres de la Banque d'Angleterre pour satisfaire aux demandes des créanciers extérieurs [1]. L'accord intervenu peu de temps après avec le FMI ne pouvait, au mieux, que procurer à l'Inde une bouffée d'oxygène : l'endettement dépassant les 80 millions de dollars, les prêts du FMI et de la Banque mondiale, déjà affectés au remboursement des emprunts, permettaient tout juste d'assurer pendant six mois le service de la dette.

 ## La chirurgie économique du FMI

La « chirurgie économique » du FMI imposait au gouvernement de réduire les dépenses sociales et d'infrastructure, d'éliminer les subventions (y compris aux produits alimentaires), et de vendre les entreprises publiques les plus rentables, et ce à « bon prix », à de grandes firmes locales ou étrangères. Il lui fallait aussi fermer un grand nombre de sociétés publiques qualifiées de « malades », libéraliser le commerce, s'ouvrir aux investissements étrangers et procéder à des réformes profondes du système bancaire, des institutions financières et de la fiscalité.

L'accord avec le FMI tout comme le prêt accordé en décembre 1991 par la Banque mondiale (modalités et conditions demeurant secrètes) étaient officiellement destinés à aider l'Inde à alléger ses difficultés de paiements, à réduire son déficit budgétaire et à combattre l'inflation. Les résultats sont à l'opposé du but recherché : stagflation (le prix du riz a augmenté de plus de 50 % entre 1991 et 1993) et aggravation de la crise de la balance des paiements, en raison du coût accru des matières premières importées et de l'augmentation des achats de produits de luxe étrangers. La libéralisation du commerce, combinée avec la baisse du niveau de vie et la libre entrée des capitaux extérieurs, tend à mettre en faillite les producteurs locaux. Les coupes dans les programmes sociaux et d'infrastructure sapent la production et les exportations : le service de la dette s'alourdit, la nécessité d'emprunter davantage s'impose.

Un Fonds de renouveau national (*National Renewal Fund,* NRF) a été créé en juillet 1991. Mais il est peu probable que ce prétendu « filet de sécurité sociale », mis au point par des conseillers de la Banque mondiale au profit des « groupes vulnérables », puisse fournir des compensa-

---

1. Cf. M. K. Pandhe, *Surrender of India's Sovereignty and Self-Reliance,* Progressive Printers, New-Delhi, 1991. Et Gérard Viratelle, « L'Inde affaiblie par un endettement sans précédent », *Le Monde diplomatique,* juillet 1991.

tions adéquates aux quelque 4 à 8 millions de salariés des secteurs privé et public qui perdront leur emploi au cours des trois prochaines années, si tout se déroule comme prévu. Le NRF a pour but d'« acheter » la coopération syndicale. Dans le secteur textile, environ un tiers de la main-d'œuvre devrait être débauchée. Une bonne partie du secteur de l'automobile et de l'ingénierie devrait progressivement disparaître avec l'arrivée de capitaux extérieurs et la constitution d'entreprises mixtes (*joint ventures*). Les pays du G7 sont pressés d'« exporter leur récession » ; les multinationales occidentales et japonaises veulent obtenir le contrôle d'une partie du marché indien grâce à la levée des tarifs douaniers. Les nouvelles règles de l'OMC concernant la propriété des droits intellectuels — l'abrogation de la loi indienne sur les brevets, datant de 1970 — leur permettrait également de dominer de larges secteurs de l'industrie et de l'agriculture.

Avec l'appui des possédants locaux

Bien qu'interdisant le développement autonome du capitalisme indien, ces réformes sont fermement approuvées par les principales firmes locales, fragilement alliées au groupe de pression des propriétaires fonciers. De puissantes entreprises comme les Tata et les Birla identifient de plus en plus leurs intérêts à ceux du capitalisme étranger et de l'économie mondiale. On assiste à une concentration de la propriété ; les crédits préférentiels aux petites et moyennes entreprises disparaîtront, et les grandes familles du monde des affaires, en partenariat avec les intérêts étrangers, pénètrent dans des secteurs naguère domaines de la petite industrie.

La prétendue « politique d'ouverture » est considérée par les firmes industrielles comme « une occasion de changer la législation sociale et de nous débarrasser de nos travailleurs », dit un homme d'affaires, qui ajoute : « Pour nous, il est plus avantageux de sous-traiter avec de petites usines qui emploient une main-d'œuvre temporaire et non syndiquée [2]. » Bata, la multinationale de la chaussure, paie ses travailleurs syndiqués 80 roupies par jour (3 dollars US). Grâce aux réformes envisagées, la firme pourrait congédier ses employés et donner le travail en sous-traitance aux cordonniers indépendants payés 25 roupies (environ un dollar US) par jour. Tendance que l'on retrouve dans l'industrie du jute, de l'habillement, etc.

---

2. Entretien avec un grand industriel de Bombay, janvier 1992.

Au lieu d'étendre la législation du travail aux salariés occasionnels et saisonniers, le plan du FMI propose d'«aider les pauvres» en abolissant ces textes qui «favorisent l'aristocratie du monde du travail» (aux salaires journaliers inférieurs à trois dollars!) et «défavorisent» les non-syndiqués. Et ni le gouvernement ni le FMI n'ont pris en considération les conséquences de cette politique pour les travailleurs agricoles, les artisans et les petites entreprises.

Des millions de ruraux sans terre

En Inde, plus de 70 % des foyers ruraux sont constitués de petits fermiers marginaux ou de travailleurs sans terre — une population de plus de 400 millions d'habitants. Dans les zones irriguées, les salariés travaillent 200 jours par an, mais 100 jours seulement, environ, dans les autres zones. La suppression des subventions aux engrais (condition de l'accord avec le FMI) de même que l'augmentation du coût des intrants agricoles et du carburant provoquent la faillite de nombreuses fermes, petites et moyennes.

Des millions de ruraux sans terre appartenant aux castes inférieures et qui vivent déjà bien en dessous du seuil de pauvreté vont être frappés de plein fouet par la politique de M. Manmohan Singh, ministre des Finances. Mais pour les élites des castes supérieures, les *harijans* («intouchables») ne comptent pas et l'impact des mesures du FMI sur ces secteurs de la main-d'œuvre a été sciemment négligé[3].

Dans le Tamil-Nadu, par exemple, le salaire minimum des travailleurs agricoles a été fixé par le gouvernement local à 15 roupies par jour (0,57 $US). Mais la loi n'est pas appliquée et, sauf en période de moisson, le salaire réel est bien moindre: pour le repiquage du riz, il est de 3 à 5 roupies; dans le bâtiment, il est de 10 à 15 roupies pour les hommes, de 8 à 10 roupies pour les femmes[4]. À la possible exception du Kerala et du Bengale occidental, la législation n'a que peu protégé les droits des salariés.

De la route reliant Haidarabad à Bangalore, on peut voir les enfants employés aux mines de Dhone transporter dans des paniers de bambou

---

3. Gandhi appelait *harijans* (fils de Dieu) les « intouchables» des castes inférieures. Lire Francine R. Frankel, «L'entrée en scène des laissés-pour-compte en Inde», *Le Monde diplomatique,* novembre 1990.

4. Entretien avec des responsables syndicaux du Tamil-Nadu, février 1992.

de lourdes charges de pierre à chaux déversées dans des fours après avoir escaladé une soixantaine de marches. Enfants et adultes reçoivent 9,50 roupies par jour (0,36 $US). Il n'y a pas eu d'augmentation de salaire depuis le vote du budget fédéral en juillet 1991. Les travailleurs disent : «Nous devons travailler ici en dépit des vapeurs nocives, de la chaleur et de la poussière. Les salaires sont plus élevés qu'à la ferme...[5]».

Les décès par la faim

Pendant la période qui a suivi l'indépendance, les décès provoqués par la faim ont été largement limités aux zones périphériques où vivent des tribus (par exemple, le Tripura et le Nagaland). Or une récente étude montre que des cas de ce genre viennent d'être constatés chez les tisserands d'une communauté rurale relativement prospère de l'Andhra-Pradesh, au cours des mois suivant la mise en application de la nouvelle politique. Cette étude permet de suivre les implications du mécanisme défini par le FMI : avec la dévaluation et la levée des contrôles sur les exportations de filé de coton, la forte augmentation du prix de ce produit a provoqué une baisse importante des versements payés au tisserand par l'intermédiaire (dans le système de sous-traitance).

Un exemple : «Radhakrishnamurty et sa femme étaient à même de tisser entre 3 et 4 *pachams* (1 *pacham* égale 24 mètres) par mois, ce qui leur procurait le maigre revenu de 300 à 400 roupies (environ 30 dollars) pour une famille de six personnes. Puis, intervint le budget fédéral du 24 juillet 1991. Le prix du filé de coton a bondi et la charge en a été transférée sur le tisserand. Le revenu de la famille Radhakhrishnamurty est tombé à 240–320 roupies [environ 12 dollars] par mois[6].» Radhakhrishnamurty, du village de Gollapalli, district de Guntur, est mort de faim le 4 septembre 1991.

Entre le 30 août et le 10 novembre 1991, au moins 73 cas de ce genre ont été recensés dans deux districts seulement de l'Andhra-Pradesh. Au lieu d'«éliminer la pauvreté», comme le proclamait M. Lewis Preston, alors président de la Banque mondiale, ce type de programme élimine les pauvres. Comme, d'autre part, le prix du riz avait augmenté de 50 % (résultat de la dévaluation et de l'arrêt des subventions aux denrées alimentaires et aux engrais), les revenus réels des travailleurs du tissage ont

---

5. Cf. «Around a Kiln, the Child Labourers of Dhone», *Frontline,* Madras, 13 mars 1992.

6. Cf. «Starvation Deaths in Andhra Pradesh», *Frontline,* Madras, 6 décembre 1991.

baissé de plus de 60 % dans les six mois qui ont suivi l'adoption du plan du FMI. Or ils sont 3,5 millions dans ce secteur ; avec les familles, cela représente une population d'environ 17 millions de personnes.

Une situation similaire prévaut dans la plupart des activités opérant à petite échelle, dans les campagnes et dans les villes, selon le système de la sous-traitance. C'est ainsi que travaillent en Inde plus d'un million de tailleurs de diamants, qui font vivre près de cinq millions de personnes. Les grandes firmes de Bombay importent le diamant brut d'Afrique du Sud et font faire la taille en sous-traitance dans des ateliers ruraux du Maharastra. Sept sur dix pierres vendues en Europe occidentale et aux États-Unis sont taillées en Inde. Commentaire d'un grand exportateur de diamants : « La bijouterie, c'est de la main-d'œuvre bon marché. Les prix des aliments ont augmenté, mais nous n'avons pas augmenté les versements aux travailleurs villageois. Avec la dévaluation, le coût de notre main-d'œuvre exprimé en dollars a baissé, nous sommes plus compétitifs, nous transférons une partie de nos profits à nos clients étrangers.[7] »

Renforcement de l'exploitation de caste

Le plan du FMI et de la Banque mondiale propose l'abrogation de la législation sur le salaire minimum et la désindexation des revenus. Une « libéralisation » qui aboutit à renforcer des relations sociales despotiques en légitimant en fait l'exploitation de caste, le semi-servage et le travail des enfants. Ce même schéma provoque aussi, à la campagne, des dépossessions massives (grâce à la suppression des plafonds) et l'expropriation de terres communales villageoises au profit de possédants. Quant à la libéralisation annoncée du système bancaire (en fait la suppression des coopératives rurales de crédit), elle contribue à renforcer l'emprise des prêteurs villageois[8].

Depuis l'entrée en vigueur de la nouvelle politique, les heurts entre castes ont pris une dimension nouvelle dans le Bihar. En décembre 1991, à Barshima et à Meen, villages du district de Gaya, des ouvriers agricoles membres de castes inférieures ont, pour protester contre la hausse des

---

7. Entretien avec un important exportateur de diamants, Bombay, janvier 1992.

8. Le rapport de la commission Narasimhan, *India. Financial Sector Report,* est une quasi-photocopie des propositions de la Banque mondiale. Cf. l'analyse présentée par l'*Indian Express,* 8 décembre 1991.

prix des produits alimentaires, refusé de travailler pour 6 roupies (0,25 $) par jour. Les propriétaires fonciers appartenant à la caste supérieure des Bhumihar ont fait intervenir leurs milices privées. L'une d'elles a incendié les maisons des ouvriers, tuant dix d'entre eux.

Un budget conçu à Washington

Le programme du FMI devient de la sorte l'instrument d'un «génocide économique». Des centaines de millions de personnes (ouvriers agricoles, artisans, petits commerçants, etc.) survivent avec un revenu par tête très inférieur à 0,50 $US par jour, cependant que, dans la logique du FMI, les prix locaux doivent grimper aux niveaux mondiaux[9]. L'augmentation de plus de 50 % du prix du riz et du blé, combinée à un déclin du nombre moyen de jours de travail sur les terres, irriguées ou non, pousse de vastes secteurs de la population rurale dans une situation de «faim chronique», crise sans précédent depuis les grandes famines du Bengale au début des années 1940[10]. Or, pendant que baisse la consommation intérieure, les exportations de riz progressent. Commentaire d'un responsable de Tata Exports : «La dévaluation a été une très bonne chose pour nous, comme l'a été la décision de lever les restrictions quantitatives des exportations de riz. Nous pensons pouvoir accroître nos ventes de riz de 60 % sur le marché mondial.[11] »

Alors que les mouvements sécessionnistes s'activaient au Cachemire, au Pendjab et en Assam, et que la paix demeurait fragile à la frontière indo-pakistanaise, la thérapie de choc du FMI contribuait à accentuer la polarisation de la société et crée peut-être les conditions préalables à une explosion de l'Union indienne. L'austérité accentue les tensions entre le gouvernement central et les États. Plus généralement, ce programme aggrave les clivages religieux et ethniques.

Le Parti du Congrès était très divisé, et plusieurs ministres critiquaient ouvertement le plan du FMI. La hausse des prix des produits alimentaires sapait le soutien populaire du parti, cependant que son rapprochement avec Israël depuis la guerre du Golfe persique (en partie sous l'effet de

---

9. Pour la majorité de la population rurale et urbaine, le revenu d'une famille de cinq ou six personnes est inférieur à 1 000 roupies par mois, soit moins de 0,25 dollar par jour et par personne.

10. Cf. *Frontline*, Madras, 6 décembre 1991.

11. Entretien à Bombay, janvier 1992.

pressions américaines) contribuait à ternir son image de mouvement laïque et renforçait la Ligue musulmane.

Les intégrismes hindou et musulman se nourrissent de la pauvreté de la population. Le principal parti d'opposition, le Bharatiya Janata Party (BJP), avait formellement condamné la politique de la «porte ouverte». Proche de ce mouvement, l'organisation intégriste Rashtriya Sevak Sangh prône le boycottage de marques étrangères comme Gillette, Pepsi et Sony. Le BJP a cependant, lors du vote à la Chambre basse sur le plan du FMI, maintenu en existence le cabinet minoritaire de M. Rao. Et le *National Front* tout comme le Front de gauche, dirigé par le Parti communiste indien (marxiste), craignaient que si cette équipe devait tomber, le BJP ne parvienne au pouvoir. Après les élections parlementaires de 1996, un gouvernement de coalition de gauche fut formé. Et en 1998, après de nouvelles élections législatives, le BJP accéda au pouvoir.

Un gouvernement parallèle

Un gouvernement parallèle siège à New-Delhi, qu'a installé une bureaucratie sise à Washington. Grâce à un système informatisé logé au ministère des Finances, les fonctionnaires du FMI et de la Banque mondiale suivent en permanence l'évolution de la situation: «Nous nous assurons qu'ils [le gouvernement] ne trichent pas. [12] » Tout est vérifié pour que les réformes «structurelles» aboutissent. L'objectif est de placer le gouvernement indien dans une véritable camisole de force qui lui enlèvera tout contrôle de sa politique fiscale et monétaire. Des documents fondamentaux sont directement rédigés par le FMI et la Banque mondiale au nom du ministère des Finances. Et, non sans humour, la presse a relevé qu'ils portent la marque d'auteurs américains, dont le style tranche avec celui, fort britannique, habituellement utilisé.

Du temps de l'Empire britannique, les États princiers disposaient d'une relative autonomie. Désormais, le ministre des Finances de l'Union fait rapport directement à Washington. Il n'a pas à tenir compte du Parlement ni des procédures démocratiques. Le budget lui-même, officiellement l'œuvre de bureaucrates de New-Delhi, est dans une large mesure la copie conforme d'un autre document: celui que, plusieurs mois auparavant, le gouvernement avait signé, en même temps que l'accord de prêt, avec la Banque mondiale...

---

12. Entretien avec un porte-parole du FMI à New-Delhi, janvier 1992.

CHAPITRE VIII

LE BANGLADESH : SOUS LA TUTELLE DES BAILLEURS DE FONDS

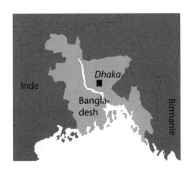

Le rôle de la CIA

Les bailleurs de fonds sont arrivés au pouvoir au Bangladesh en même temps que les militaires ! Les auteurs de l'assassinat du président Mujibur Rahman, appuyés par des membres des services de renseignement du Bangladesh (la *National Security Intelligence*), entretenaient, dans les mois qui précédèrent le coup d'État d'août 1975, des liens étroits avec le bureau de la CIA à l'ambassade des États-Unis à Dhaka [1]. Il fallait surtout assurer une « transition politique » favorable à Washington, évolution qui fut, à l'instigation de la Maison Blanche, épaulée par l'intervention du FMI et de la Banque mondiale : le plan de redressement économique (libéralisation des prix, dévaluation et austérité fiscale) proposé au Bangladesh en

---

1. Selon l'étude de Lawrence Lifschutz, *Bangladesh, the Unfinished Revolution,* Zed Press, Londres, 1979.

octobre 1974, moins d'un an avant l'assassinat de Mujibur Rahman, ne fit qu'accentuer (par son impact sur les prix des produits alimentaires) la famine qui sévissait déjà dans plusieurs régions du pays.

Installation de la dictature militaire

Cédant aux pressions de Washington, le Bangladesh accepta la formation d'un « consortium d'aide » (condition pour la renégociation de sa dette extérieure) présidé par la Banque mondiale. Avant-goût de la « thérapie de choc » de la décennie suivante (alors que la formule de l'« ajustement structurel » n'avait pas encore vu le jour), le plan imposé par le consortium comportait déjà les éléments essentiels de la « chirurgie économique » qui sera offerte au tiers-monde au début des années 1980, quand éclatera la crise de la dette.

L'aide militaire au Bangladesh ne serait cependant octroyée par Washington qu'après la mise en œuvre des « ajustements » tant politiques qu'économiques. Au lendemain de l'assassinat de Mujibur Rahman, le département d'État américain justifiait ainsi son programme d'aide : « Le gouvernement actuel est dominé par des militaires pragmatiques qui sont non alignés en politique extérieure. La politique des États-Unis consiste à appuyer ce non-alignement et à assister le Bangladesh dans son développement économique.[2] »

Le Bangladesh a été ainsi soumis sans répit aux diktats des bailleurs de fonds depuis l'accession au pouvoir du général Ziaur Rahman en 1975 (à son tour assassiné en 1981) et durant le long règne (1982–1990) du général Hussein Mohammed Ershad[3]. Les institutions financières internationales n'ont pas tardé à établir leur emprise sur l'appareil d'État, une véritable tutelle politique des « organismes d'aide » exercée avec l'appui des élites locales et du clan dominant de l'armée. Depuis sa création (bien avant la crise de 1981–1982), le consortium se réunit chaque année à Paris ; les représentants du gouvernement de Dhaka y sont invités à titre d'observateurs. Le FMI a établi un bureau de liaison au quatrième étage de la Banque centrale, et les conseillers de la Banque mondiale sont présents dans la plupart des ministères. La Banque asiatique

---

2. Selon un rapport du département d'État américain publié en 1978, cité dans Lawrence Lifschutz, *op. cit.*, p. 109.

3. Le général Ziaur Rahman a d'abord accédé au pouvoir en tant que commandant en chef des forces armées en 1975, durant la période de la loi martiale. Il fut élu président en 1978.

de développement, contrôlée par le Japon, exerce également une influence décisive. Une réunion de travail mensuelle à Dhaka, sous les auspices de la Banque mondiale, permet aux différents organismes de mieux « coordonner » (en dehors des couloirs des ministères) les menus détails de la politique économique gouvernementale.

Démocratie de façade

En 1990, l'opposition grandissante à la dictature militaire provoque la démission du général Ershad, accusé de corruption et de détournement de fonds, et aboutit à la formation d'un gouvernement provisoire et à la tenue d'élections législatives. Cette transition vers la démocratie parlementaire, en mars 1991, sous le gouvernement de Mme Khaleda Zia, veuve de l'ancien chef d'État, le général Ziaur Rahman, n'a pas modifié fondamentalement le fonctionnement des institutions. Plusieurs anciens collaborateurs du général Ershad occupent des postes clés au sein du gouvernement civil, et des personnalités militaires influentes (liées au secteur de l'import-export) voient dans la « démocratisation » un moyen d'affermir et de légitimer une économie de rente qui vit, pour l'essentiel, des apports des bailleurs de fonds et des sociétés commerciales étrangères. Et il est avéré que le gouvernement civil du *Bangladesh National Party* (BNP), dirigé par Mme Khaleda Zia, est protégé par le clan militaire dominant. Commentaire d'une personnalité de l'opposition : « Ce sont les hommes forts de l'armée qui contrôlent le gouvernement.[4] »

L'opposition a désormais pour chef Mme Hasina Wajed, fille de Mujibur Rahman, qui dirige la Ligue Awami. Et la rivalité, au sein du Parlement, entre la « veuve » et l'« orpheline » (dans un pays où les droits de la femme sont partout bafoués) contribue à masquer un peu plus les véritables enjeux. Car la « démocratisation » ne modifie en rien les rapports entre l'État et les organismes d'aide : les institutions financières sises à Washington et le consortium présidé par la Banque mondiale constituent toujours la véritable force politique du pays, après avoir appuyé sans réserves les régimes autoritaires depuis l'assassinat de Mujibur Rahman. Les bailleurs de fonds sont de la sorte devenus les principaux garants d'une démocratie de façade placée sous l'ombrelle des militaires et alliée à l'intégrisme du Jamaat-e-Islami. Et l'opposition politique accuse la

---

4. Entretien à Dhaka avec le responsable d'un parti d'opposition, février 1992.

bégum Zia de s'être pliée aux exigences du FMI davantage encore que le dictateur militaire déchu...

Mainmise sur les finances publiques

Les finances publiques sont dirigées par le consortium d'aide, qui ne se contente pas d'imposer l'austérité fiscale et monétaire : les bailleurs de fonds contrôlent la presque totalité des projets d'investissement. Un responsable de la Banque mondiale résume ainsi la situation : « Il ne s'agit pas de se mettre d'accord sur chacun des projets. Ce que nous voulons, c'est imposer une discipline. Nous exigeons un examen détaillé de la liste des projets. Est-ce que la liste nous convient ? Quels sont les projets à retenir ? Est-ce qu'il y a des projets dans la liste qui sont moches ?[5] » D'autre part, selon les clauses d'un nouvel accord de prêt[6], la Banque mondiale sera en mesure de renforcer considérablement son emprise sur les finances du pays. « On ne peut tout de même pas rédiger le budget pour eux, commente un fonctionnaire de la Banque. Les négociations à ce sujet sont complexes, nous nous assurons néanmoins qu'ils [les gouvernants] sont sur la bonne voie. Nos conseillers travaillent avec les gens dans les ministères et on leur montre comment élaborer un budget.[7] »

Paysans sans terre

Le consortium d'aide contrôle également les réformes du secteur bancaire[8]. Il ordonne des mises à pied ainsi que des fermetures d'entreprises d'État, l'austérité fiscale empêche l'État de favoriser en priorité les firmes locales (car les bailleurs de fonds exigent l'ouverture des frontières et l'appel d'offres international dans tout projet public d'investissement). Le FMI insiste aussi sur l'élimination des subventions aux agriculteurs, qui a provoqué, dès le début des années 1980, des faillites dans la petite et moyenne paysannerie. Il y eut multiplication des paysans sans terre, repoussés dans des zones marginales sujettes aux inondations périodiques.

---

5. Entretien avec le directeur du bureau de la Banque mondiale à Dhaka, février 1992.

6. La Banque mondiale négocie avec Dhaka un nouvel accord de prêt appelé *Public Resources Management Credit* (PRMC). Il permettra à la Banque d'imposer la répartition du budget entre ministères et la ventilation des dépenses à l'intérieur de chaque ministère.

7. Entretien avec un responsable de la Banque mondiale, Dhaka, février 1992.

8. Selon un accord de prêt signé avec la Banque mondiale.

De surcroît, la libéralisation du crédit a non seulement contribué à la fragmentation des terres (déjà exacerbée par la pression démographique), mais elle a aussi augmenté le pouvoir des usuriers et prêteurs d'argent villageois. Si les « seigneurs de l'eau », propriétaires de l'équipement d'irrigation, ont bénéficié de la politique du consortium d'aide, cette évolution n'a pas pour autant favorisé la modernisation d'une agriculture fondée sur la riche paysannerie (comme ce fut le cas, par exemple, en Chine ou au Pendjab).

Déversement des surplus céréaliers

Les possibilités d'un démarrage sont limitées : les infrastructures n'existent pas et les bailleurs de fonds exigent la libéralisation du commerce international et la déréglementation du marché céréalier. Politique qui a également pour vocation évidente (sous l'emblème de l'*US Food Aid*) le déversement des surplus céréaliers américains : les programmes *Food for Work* (nourriture contre travail) parrainés par les organismes d'assistance américains (USAID) contribuent à « financer », à partir des stocks excédentaires (et par l'entremise de paiements non monétaires à des paysans pauvres), des travaux d'infrastructure villageoise. Par ailleurs, c'est également par l'entremise des ventes de blé sur le marché local que l'aide alimentaire américaine « finance » et contrôle, parmi tant d'autres organismes, le *Bangladesh Agricultural Research Institute*, tout en désignant les domaines prioritaires de recherche [9]. La logique de ces programmes ne vise jamais à contribuer à la sécurité alimentaire ou au renforcement à long terme de l'agriculture vivrière nationale ; il s'agit de permettre aux pays riches de faire face à leur crise agricole en « exportant leur récession » dans le tiers-monde.

On estime néanmoins que la sécurité alimentaire serait à même d'être atteinte moyennant une extension des terres arables et des zones irriguées ainsi qu'une réforme agraire. Une récente étude montre que les risques d'inondation pourraient être réduits de beaucoup grâce à des travaux d'infrastructure appropriés [10]. De telles orientations iraient cependant à

---

9. Les ventes de blé américain alimentent les « fonds de contrepartie » qui servent à financer le coût des projets en monnaie locale.

10. Voir Mosharaf Hussein, A.T.M. Aminul Islam et Sanat Kumar Saha, *Floods in Bangladesh, Recurrent Disaster and People's Survival,* Universities' Research Center, Dhaka, 1987.

l'encontre de la logique de l'aide alimentaire américaine ainsi que de l'austérité fiscale imposée par le FMI, qui constitue le principal frein à la mobilisation des ressources internes[11].

Soumis aux calamités naturelles, avec plus de 115 millions d'habitants, le Bangladesh figure parmi les pays les plus pauvres. Le revenu annuel par tête est de 170 dollars, les dépenses de santé sont de l'ordre de 1,50 $US par personne (dont environ 25 cents en médicaments) car le consortium d'aide exige également le maintien de l'austérité budgétaire dans les secteurs sociaux, exception faite de la limitation des naissances[12]. Mais la distribution de contraceptifs, cheval de bataille de l'aide américaine, s'intègre de moins en moins dans une action visant à une amélioration de la situation sanitaire et du niveau de vie des plus démunis. Selon la Banque mondiale, la sous-alimentation se serait aggravée considérablement depuis 1974[13]. En raison de la hausse du prix des produits alimentaires, il ne s'agit plus seulement d'une consommation déficitaire en calories; de nombreux enfants et adultes perdent la vue en raison d'un manque de vitamine A et d'un régime alimentaire composé exclusivement de céréales. Dans plusieurs régions, la population souffre d'une faim chronique.

Alors que la thérapie appliquée depuis le milieu des années 1970 n'a guère contribué à faire disparaître la pauvreté, la nouvelle rhétorique de la Banque mondiale (axée sur les «dimensions sociales de l'ajustement» et le «développement humain») continue d'attribuer à l'ajustement structurel un rôle central et indispensable dans la lutte contre la misère : il s'agit en priorité de rétablir les «équilibres macroéconomiques». Conformément au récent mot d'ordre du président de la Banque mondiale, M. Lewis Preston, les prêts «ne seront désormais accordés qu'aux pays qui feront un effort sérieux en matière de lutte contre la pauvreté». Or c'est précisément cette dernière condition qui a été au cœur des discussions du consortium d'aide réuni à Paris en avril 1991. Le gouvernement de Mme Khaleda Zia a été invité par les bailleurs de fonds à accélérer le

---

11. La stagnation de l'agriculture vivrière contraste avec une croissance notable de l'*agrobusiness* d'exportation, dont l'impact sur l'environnement est souvent nocif.

12. Voir *Staff Appraisal Report, Bangladesh, Fourth Population and Health Project,* Banque mondiale, Washington, 1991.

13. Cf. Abu Abdullah (dir.), *Modernisation at Bay,* University Press, Dhaka, 1991, p. 78, et Banque mondiale, *op. cit.*

programme de réformes. Et c'est par l'entremise de la désindexation des salaires, de fermetures d'entreprises, de mises à pied de travailleurs, etc., que le consortium entend mener à bien cette lutte contre la pauvreté. Un exemple : la restructuration de l'industrie du jute imposée par le FMI. Le jute demeure, malgré l'écroulement des cours sur le marché mondial, une des principales exportations du Bangladesh, en concurrence avec les produits synthétiques fabriqués par les grandes sociétés textiles. Concurrence déloyale ? Le FMI exige, comme condition de son prêt d'ajustement structurel, la fermeture d'un tiers environ des entreprises tant publiques que privées et le licenciement de quelque 35 000 travailleurs [14]. Alors que ces derniers devraient en principe être indemnisés, le FMI a sciemment négligé de prendre en considération l'impact de cette restructuration sur quelque 3 millions de foyers ruraux (soit un total de 18 millions de personnes) déjà appauvris, dont la survie dépend directement de la culture du jute.

Les campagnes surpeuplées

Dans les campagnes surpeuplées, où l'agriculture est fragmentée, rares sont les activités, en dehors du riz et du jute, permettant une relance de l'emploi. À l'exception de l'industrie du vêtement d'exportation qui s'alimente d'une main-d'œuvre bon marché, aucune activité industrielle de remplacement n'a été envisagée. La guerre d'indépendance avait eu pour conséquences l'écroulement de l'industrie développée à partir de 1947 par la bourgeoisie pakistanaise et l'exode d'entrepreneurs et de spécialistes originaires du Pakistan occidental [15]. L'impact fut d'autant plus dévastateur que, dès 1974, les politiques d'ajustement structurel ont créé les conditions propices à la fermeture définitive des entreprises industrielles nationales. La politique macroéconomique dictée par les institutions financières de Washington semble exclure d'emblée tout développement industriel (ancien ou nouveau) orienté vers le marché intérieur.

---

14. Ces fermetures seraient provoquées par un resserrement du crédit et une augmentation du taux d'intérêt qui auraient pour conséquence la faillite des entreprises publiques et privées travaillant le jute.

15. Voir Rehman Sobhan, *The Development of the Private Sector in Bangladesh : a Review of the Evolution and Outcome of State Policy, Research Report,* n° 124, Bangladesh Institute of Development Studies.

Selon le représentant du FMI à Dhaka, il faut soutenir en priorité les industries employant une main-d'œuvre bon marché travaillant pour l'exportation et les zones franches : « Mais que voulez-vous protéger ? dit-il. Il n'y a rien à protéger dans ce pays ! Ce qu'ils veulent, c'est une protection permanente, mais ils ont surtout un avantage comparatif dans les domaines employant une importante main-d'œuvre bon marché... [16] »

L'industrie du vêtement

Prioritaire aux yeux du FMI, l'industrie du vêtement constitue la principale source d'emploi dans la capitale. Les entreprises de ce secteur disposent d'une main-d'œuvre composée en majorité de 300 000 jeunes filles (et enfants) en provenance des campagnes — 16 % des ouvrières ont entre 10 et 14 ans [17]. Longues journées de travail (jusqu'à 10 heures du soir) pour des salaires qui, en incluant des heures supplémentaires souvent imposées par l'employeur, n'excèdent guère un dollar par jour [18]. En 1992, des manifestations de plusieurs milliers de jeunes ouvrières ont été brutalement réprimées à Dhaka par les forces de l'ordre : selon le gouvernement, leurs revendications menaçaient sérieusement la balance des paiements.

Alors que de nombreux donateurs (notamment des organisations non gouvernementales) réalisent une action valable, surtout dans le domaine du développement rural, les programmes de lutte contre la pauvreté contribuent fréquemment à accroître les revenus des personnes en autorité chargées de l'exécution de ces programmes qui sont gérés à partir de la capitale. Les fonds, en principe destinés aux catégories les plus pauvres, servent souvent à enrichir militaires et bureaucrates. Ces sommes sont recyclées dans divers investissements commerciaux et immobiliers (bureaux et résidences) ou dans des travaux d'embellissement des quartiers

---

16. Entretien avec le représentant du FMI à Dhaka, février 1992.

17. La main-d'œuvre dans ce secteur est à 70 % féminine, 74 % des ouvriers et ouvrières sont d'origine rurale, les enfants représentent respectivement 16 % et 8 % de la main-d'œuvre féminine et masculine. Voir Salma Choudhuri et Pratima Paul-Majumder, *The Conditions of Garment Workers in Bangladesh, an Appraisal,* Bangladesh Institute of Development Studies, Dhaka, 1991.

18. Le salaire mensuel moyen de base (sans temps supplémentaire) varie entre 10 $US (pour une ouvrière non spécialisée) et 30 $US (pour une ouvrière spécialisée). *Ibid.,* p. 61.

chics. Résultat : on ne voit plus de bidonvilles à proximité de l'hôtel Sheraton de Dhaka...

Les catastrophes qui ont frappé le Bangladesh en 1991 ont provoqué la mort de 140 000 personnes, et 10 millions d'habitants se sont retrouvés sans abri — la majorité étant des paysans sans terre qui avaient été repoussés vers les zones inondables[19]. Ne sont pas comptabilisés dans ces chiffres officiels ceux qui sont morts de faim après le désastre.

Mais les catastrophes naturelles n'expliquent pas tout. La famine qui sévit aujourd'hui au Bangladesh est étroitement liée à la politique imposée par le consortium d'aide : la dévaluation et la politique de libéralisation des prix ont provoqué une augmentation substantielle du prix de vente du riz dans l'année qui a suivi les inondations de mai 1991. Et cette famine est d'autant plus grave qu'une part importante de l'aide internationale et des fonds d'urgence destinés aux victimes a été confisquée par les élites locales.

---

19. Lire Gérard Viratelle, « Drames naturels, drames sociaux au Bangladesh », *Le Monde diplomatique*, juin 1991.

Chapitre IX

LE VIÊT-NAM, LA DESTRUCTION ÉCONOMIQUE D'APRÈS-GUERRE

LES CONSÉQUENCES SOCIALES de l'ajustement structurel appliqué au Viêt-nam depuis le milieu des années 1980 sont dévastatrices : cliniques et hôpitaux sont fermés, la famine fait éruption dans plusieurs régions du pays, affectant presque le quart de la population du pays, et 750 000 enfants ont abandonné l'école. On voit réapparaître des maladies contagieuses ; par exemple, le nombre des décès causés par le paludisme a triplé pendant les cinq premières années de la réforme. Sur les 12 000 entreprises publiques, 5 000 ont été acculées à la faillite, plus d'un million d'employés et environ 200 000 fonctionnaires, y compris des dizaines de milliers de maîtres d'école et de travailleurs de la santé, furent congédiés.

Un accord secret conclu à Paris en 1993, qui, à bien des égards, équivaut à forcer le Viêt-nam à «dédommager Washington» pour les coûts de la guerre, oblige Hanoï à rembourser les dettes du défunt régime de

Saïgon du général Thieu comme condition d'obtention de nouveaux crédits et de la levée de l'embargo américain.

La guerre économique

Les acquis sociaux ainsi que les aspirations d'une nation tout entière sont balayés et rayés presque d'un trait de plume. Ni gaz orange, ni bombes explosives, ni napalm, ni armes chimiques : une nouvelle phase de destruction économique et sociale s'amorce. Les instruments de la politique macroéconomique, sous la houlette des institutions de Bretton Woods, contribuent dans l'après-guerre à la recolonisation du Viêt-nam et à l'appauvrissement de millions de personnes.

Réinterprétation de l'histoire de la guerre du Viêt-nam

En 1940, le gouvernement de Vichy nommait l'amiral Jean Decoux au poste de gouverneur général, chargé de négocier l'intégration de l'Indochine dans la « sphère de co-prospérité de la grande Asie de l'Est », tout en maintenant officiellement les colonies françaises sous l'autorité de Vichy. Le Viêt-minh (Ligue pour l'indépendance du Viêt-nam), chef de file de la résistance contre le régime de Vichy et l'occupant japonais, recevait, dès 1944, l'approbation de Washington ; l'OSS (*Office of Strategic Services*), (l'ancêtre de l'actuelle CIA), lui fournit armes et argent. À l'occasion de la Déclaration d'Indépendance, le 2 septembre 1945, qui proclamait la République démocratique du Viêt-nam, sur la place Ba Dinh, à Hanoï, des agents de l'OSS étaient présents aux côtés de Ho Chi Minh. Presque 30 ans d'histoire séparent cet événement d'un autre, tout aussi marquant : la reddition du général Duong Van Minh dans le Hall de l'Indépendance à Saïgon, le 30 avril 1975, annonçant la fin de la guerre du Viêt-nam et l'ouverture de l'ère de la reconstruction nationale.

Dès le début de la période de reconstruction, la dévastation causée par la guerre ainsi que la destruction matérielle avaient créé une atmosphère d'impuissance et d'inertie politique. L'éclatement de la guerre civile au Cambodge en 1977, nourrie par l'appui de Washington à Pol Pot après 1979 [1], et l'invasion de la frontière nord du Viêt-nam par la Chine, contribuèrent à retarder la reconstruction de l'économie civile. Avec la

---

1. En janvier 1979, l'armée vietnamienne envahit le Cambodge.

réunification (en 1975), deux systèmes socio-économiques divergents furent fusionnés : les réformes dans le Sud furent néanmoins imposées par la force, suivant étroitement les lignes directrices du Comité central, sans se préoccuper des rapports sociaux au Sud Viêt-nam. À Hô Chi Minh-Ville, le petit commerce fut supprimé alors qu'une collectivisation hâtive fut mise en œuvre dans le delta du Mékong, devant une forte opposition de la moyenne paysannerie. La répression politique affectait non seulement les secteurs de la société qui avaient eu des liens avec le régime de Saïgon, mais également ceux qui avaient lutté contre le général Thieu.

Entre temps, l'environnement international avait changé : la transformation de l'économie mondiale ainsi que la chute du bloc soviétique — principal partenaire commercial du Viêt-nam — se répercutaient sur l'économie nationale, créant une situation de désarroi ainsi qu'un vide politique dans le processus de formulation d'un projet de société. Le Parti communiste fut incapable de formuler un programme cohérent de reconstruction économique ; de profondes divisions se développaient au sein de sa direction. Dès le début des années 1980, après plus de 50 ans de lutte contre l'occupation étrangère, l'histoire de la guerre du Viêt-nam était en train d'être réécrite : le néolibéralisme était devenu, avec l'aide des institutions de Bretton Woods, la doctrine officielle du Parti communiste. Bureaucrates et intellectuels furent appelés, « au nom du socialisme », à appuyer sans réserve le nouveau dogme. Depuis l'adoption du *Doi moi* (« Rénovation ») en 1986, toute référence aux massacres perpétrés par les Américains durant la guerre est considérée par le Parti d'un œil désapprobateur. En revanche, la direction du Parti communiste souligne le « rôle historique » des États-Unis lors de la « libération » du Viêt-nam de l'occupation japonaise en 1945. Au Musée des crimes de guerre américains, maintenant rebaptisé « Hall d'exposition des crimes de guerre », on trouve à la boutique de souvenirs un bombardier américain miniature, portant sur son fuselage le logo de Coca-Cola, de même qu'un vaste choix de manuels sur l'investissement étranger. À l'extérieur du musée, la frénésie d'une économie de consommation naissante offre un contraste saisissant avec la misère des mendiants, des enfants de la rue et des conducteurs de cyclo-taxis, dont plusieurs ont pris part à la libération de Saïgon en 1975.

La nouvelle guerre du Viêt-nam

Les réformes économiques, adoptées sous la tutelle des institutions de Bretton Woods en 1986, ont initié, dans l'après-guerre, une nouvelle phase historique de destruction économique et sociale. La réforme macro-économique aboutit à l'appauvrissement du peuple vietnamien, frappant simultanément tous les secteurs de l'activité économique.

La première étape de ce processus remonte à 1984–1985 (avant le lancement du *Doi moi* par le sixième congrès du Parti). La dévaluation du dong provoqua l'hyperinflation et la « dollarisation » des prix intérieurs. Cet effondrement de la monnaie vietnamienne rappelle à biens des égards l'écroulement spectaculaire de la piastre en 1973, sous le régime de Saïgon, pendant l'année qui suivit l'accord de cessez-le-feu de Paris et le « retrait » formel des troupes américaines[2].

Aujourd'hui, le Viêt-nam est de nouveau inondé de dollars. La devise américaine semble avoir remplacé le dong vietnamien.

Alors que le FMI surveille étroitement l'émission de monnaie par la Banque centrale du Viêt-nam, le *Federal Reserve Board* américain a pris *de facto* en charge la responsabilité d'émettre la monnaie pour l'ancien ennemi des États-Unis.

L'illusion de « progrès économique » et de prospérité décrite par la presse occidentale est fondée sur la croissance rapide de petites (mais néanmoins très visibles) « poches » de consommation à l'occidentale, sur-tout concentrées à Hô Chi Minh-Ville et à Hanoï. Les réalités économiques et sociales cependant ne sont guère analysées : montée en flèche des prix des aliments, famines sporadiques au niveau local, congédiements de travailleurs urbains et de fonctionnaires, destruction des programmes sociaux[3].

---

2. Les dévaluations de 1984–1985 conseillées par le FMI aboutirent à diviser par 10 la valeur du dong vietnamien, c'est-à-dire une dévaluation à peu près de l'ampleur de celle de 1973. Le dong valait 10 cents selon le cours officiel de 1984. Une année plus tard, il ne valait plus que 1 cent.

3. Les réformes ont déclenché un effondrement du niveau de vie très comparable à bien des égards à celui qui survint au Viêt-nam du Sud sous le défunt régime du général Thieu. Entre 1973 et 1974, on avait enregistré la multiplication par 8 du prix du riz, après le « retrait » des troupes de combat américaines.

Le remboursement des « mauvaises dettes » du régime de Saïgon

Le Viêt-nam n'a jamais reçu de réparations de guerre, pourtant Hanoï a dû, comme condition de la « normalisation » de ses relations économiques et de la levée de l'embargo américain en février 1994, « payer la note » des dettes engagées par le régime de Saïgon. À Paris, lors de la Conférence des bailleurs de fonds en novembre 1993, la communauté internationale s'engageait à accorder 1,86 milliard de dollars en prêts et « aide » à l'appui des réformes macroéconomiques du Viêt-nam ; pourtant, immédiatement après cette conférence, une autre réunion eut lieu, cette fois-ci à huis clos, avec le Club de Paris[4]. À l'ordre du jour : le rééchelonnement des « mauvaises dettes » du régime de Saïgon datant de la période d'avant 1975. Le FMI avait donné son accord au Viêt-nam avant la tenue de la réunion du Club de Paris. Cependant, c'est le résultat de ces dernières rencontres à huis clos qui furent décisives. Et ce n'est qu'après la levée de l'embargo que le déblocage des crédits multilatéraux et bilatéraux fut autorisé par Washington.

Le remboursement au FMI des arriérés de 140 millions de dollars (dus par l'ancien régime de Saïgon) fut également exigé comme condition pour l'obtention de nouveaux crédits. À cet effet, le Japon et la France (les anciennes puissances coloniales de la période de Vichy) ont formé un Comité des « amis du Viêt-nam » afin d'avancer à Hanoï les sommes requises pour rembourser le FMI. En reconnaissant pleinement la légitimité de ces dettes, Hanoï avait accepté de rembourser des prêts consentis à l'ancien régime qui furent utilisés pour soutenir l'effort de guerre américain. Ironie de l'histoire, le principal interlocuteur dans ces négociations pour le gouvernement de Hanoï, le docteur Nguyen Xian Oanh, avait été un ancien ministre des Finances (et Premier Ministre intérimaire) du gouvernement militaire du général Duong Vanh Minh, installé par la mission militaire américaine en 1963, après l'assassinat du président Ngo Dinh Diem et de son frère cadet. Le docteur Oanh — qui fut également membre du personnel du FMI — a occupé le rôle de conseiller économique auprès du premier ministre Vo Van Kiet. Oanh a travaillé de près avec Van Kiet depuis le début des années 1980, alors que celui-ci était secrétaire du Parti communiste à Hô Chi Minh-Ville[5].

---

4. Pour connaître le détail et la composition des prêts internationaux promis à la conférence des donateurs, voir *Vietnam Today*, 1994, Singapour, vol, 2, n° 6, p. 58.

5. Entretien avec le docteur Nguyen Xian Oanh à Hô Chi Minh-Ville, avril 1994.

Destruction de l'économie nationale

Par l'entremise du « libre » marché (et sans qu'il soit nécessaire de recourir à la guerre et à la destruction physique), les réformes macroéconomiques ont contribué à une démobilisation massive de la capacité productive : dès 1994, plus de 5 000 des 12 300 entreprises d'État furent fermées ou acculées à la faillite. Ce phénomène fut encore aggravé par l'effondrement du commerce avec les pays de l'ancien bloc soviétique.

Une loi encourageant la liquidation ou la faillite des sociétés d'État fut adoptée en 1990, aboutissant au *downsizing* de la base industrielle[6]. Entre 1990 et 1992, plus d'un million de travailleurs et quelque 136 000 fonctionnaires, dont la majorité étaient des travailleurs de la santé et des enseignants, furent congédiés[7]. L'objectif du gouvernement, selon la « décision n° 111 », visait à congédier encore 100 000 employés avant la fin de 1994, réduisant les effectifs de la fonction publique de 20 %. De plus, avec le retrait des troupes vietnamiennes du Cambodge (septembre 1989), environ 500 000 soldats furent démobilisés et 250 000 travailleurs sont rentrés de l'Europe de l'Est et du Moyen Orient sans grandes perspectives d'emploi[8].

Selon les données de la Banque mondiale, la croissance de l'emploi dans le secteur privé fut insuffisante par rapport au nombre accru de nouveaux arrivants sur le marché du travail. Devant la hausse vertigineuse des prix, les revenus réels de ceux qui ont pu maintenir leur emploi se sont effondrés : incapables de survivre avec des salaires de 15 dollars par mois, les fonctionnaires se livrent à différentes « activités de survie » (travail au noir), amenant un absentéisme élevé et entraînant la paralysie *de facto* de tout l'appareil administratif. À l'exception des entreprises mixtes

---

6. De la mi-1991 à la mi-1992, quelque 4 000 entreprises cessèrent leurs opérations, 1259 étant liquidées. Quelques-unes furent fusionnées avec d'autres entreprises publiques. Voir Banque mondiale, *Vietnam, Transition to Market Economy*, Washington, 1993, p. 61.

7. Dans le secteur des entreprises publiques, la décision n° 176 décrétée en 1989 fait que 975 000 travailleurs (36 % de la main-d'œuvre) sont licenciés entre 1987 et 1992. La croissance de l'emploi dans le secteur privé n'a pas été suffisante pour absorber les nouveaux venus sur le marché du travail. *Voir* Banque mondiale, *op. cit.*, p. 65–66 et la Table 1.3.

8. *Ibid.*, p. 65. Voir aussi, République socialiste du Viêt-nam : *Vietnam : A Development Perspective*, Hanoï, septembre 1993, p. 28. (Il s'agit du principal document préparé en vue de la conférence des donateurs à Paris.)

où le salaire minimum (recommandé sans être appliqué), a été fixé à 30–35 dollars par mois (1994), il n'existe aucune loi sur le salaire minimum ni directive relative à l'indexation des salaires. « La politique du libre marché du Parti veut que le marché du travail soit libre lui aussi [9] ».

Alors que plusieurs sociétés d'État n'étaient guère rentables (selon les normes occidentales), leur liquidation fut réalisée par la manipulation délibérée des forces du marché : la restructuration des institutions bancaires et financières ainsi que l'élimination des coopératives de crédit au niveau communal avaient provoqué le « gel » du crédit. Seul le crédit à court terme était disponible à des taux d'intérêt de 35 % par année (1994). De plus, l'État n'avait plus le droit, selon les clauses de l'accord signé avec le FMI, de soutenir les sociétés d'État ainsi que les entreprises d'un secteur privé naissant.

La destruction de l'économie d'État fut également déclenchée par un système fiscal discriminatoire à l'endroit des entreprises nationales : alors que les sociétés d'État continuaient à payer la taxe de retenue de 40–50 % sur les profits — sans recevoir pour autant un appui de l'État sous la forme de crédits et de subventions, les investisseurs étrangers et les entreprises mixtes jouissaient de nombreuses exemptions [10].

L'objectif (non déclaré) des réformes macroéconomiques sous la houlette des bailleurs de fonds consistait à déstabiliser la base industrielle nationale : toute la structure productive devra désormais être réorganisée ; l'industrie lourde, le pétrole, le gaz naturel, les mines, le ciment et l'acier seront pris en charge par le capital étranger. Dans ce contexte, les conglomérats japonais jouent un rôle décisif et dominant. La direction du Parti ne manifeste aucun désir de préserver la base industrielle, voire de développer une économie capitaliste nationale. Les bailleurs de fonds exigent le « *downsizing* » de l'économie d'État afin de permettre le développement d'un secteur privé vietnamien contrôlé par le capital étranger.

De plus, la relative faiblesse des groupes d'affaires vietnamiens, combinée au gel du crédit et à la quasi absence de soutien de l'État, ne favorise guère le développement d'un secteur privé national. Bien que quelques mesures incitatives soient offertes aux *Viêt Kieu* (les Vietnamiens d'outremer), une grande partie de la diaspora vietnamienne, y compris les réfugiés

---

9. Entretien avec des porte-parole du gouvernement à Hanoï, avril 1994.

10. Voir Banque mondiale, *op. cit.*, p. 47.

de la guerre du Viêt-nam et les *Boat People*, n'ont guère de ressources financières. À quelques exceptions près, les activités des *Viêt Kieu* se concentrent surtout dans des entreprises familiales, dans le petit commerce et les services [11].

Un exemple frappant de cette manipulation des lois du marché concerne le sort réservé à l'industrie sidérurgique nationale. Près de huit millions de tonnes de bombes et une énorme quantité de matériel militaire abandonné ont fourni à l'industrie lourde du Viêt-nam un approvisionnement important en matières premières. Ironie de l'histoire, la seule « contribution » tangible des États-Unis à la reconstruction d'après-guerre est remise en question : grâce à la nouvelle politique « porte ouverte », de grandes quantités de ferraille sont librement « réexportées » — à des prix inférieurs au cours mondial. Alors que les cinq grandes aciéries du Viêt-nam tournent au ralenti par manque de matière première (sans mentionner l'interdiction aux sociétés d'État d'importer de la ferraille), un conglomérat japonais, comprenant les sociétés Kyoei, Mitsui et Itochu, a établi en 1994 dans la province de Ba-Ria Vung une aciérie moderne en entreprise mixte. Cette dernière réimporte la ferraille au Viêt-nam — au prix du marché mondial.

Exclusion des producteurs nationaux de leur propre marché

Par la manipulation des forces du marché, les producteurs nationaux sont bel et bien exclus de leur propre marché, même dans les domaines où on leur reconnaît un « avantage comparatif ». Avec la levée des barrières tarifaires, une grande partie de l'industrie légère est déplacée par un influx massif de biens de consommation importés. Depuis 1986, une large part des maigres ressources en devises étrangères du Viêt-nam a été allouée à l'importation de marchandises, créant un vide dans l'industrie manufacturière nationale.

Les réformes permettent aux entreprises d'État impliquées dans le commerce d'exportation d'utiliser leurs revenus en devises étrangères pour importer des biens de consommation. Un réseau s'est ainsi formé entre les gestionnaires des entreprises d'État faisant l'import–export, les bureaucrates locaux et les marchands privés. Les recettes en devises sont gaspillées et de grandes quantités d'argent sont détournées. Avec la déré-

---

11. Contrairement aux « Chinois d'outremer », on ne saurait prétendre que les Vietnamiens de la diaspora forment une « élite économique ».

glementation proposée par les institutions de Bretton Woods, de nombreuses sociétés d'État échappant au contrôle gouvernemental s'engagent dans diverses activités illicites. Avec la levée du soutien budgétaire de l'État et le gel du crédit, les activités productives sont abandonnées.

Les entreprises impliquées dans les nouveaux secteurs de l'industrie légère d'exportation ne sont pas autorisées à vendre sur le marché intérieur. Les producteurs de vêtements employant une main-d'œuvre bon marché, en entreprises mixtes ou à l'occasion d'accords de sous-traitance avec le capital étranger, exportent généralement la totalité de leur production. En revanche, le marché intérieur vietnamien est alimenté par des vêtements usagés ainsi que par des rejets des usines de Hong Kong, ce qui entraîne le chômage des tailleurs et des petits producteurs locaux. (Le prix des vêtements usagés achetés dans les pays développés est de 80 dollars la tonne).

L'asphyxie du commerce intérieur

Les réformes ont entraîné la « balkanisation économique » des régions qui sont intégrées séparément dans le commerce mondial : la déréglementation a provoqué une hausse importante des prix du transport. Les sociétés de transport d'État sont acculées à la faillite et remplacées par des entreprises mixtes dominées par le capital étranger.

De surcroît, le gel des transferts budgétaires du gouvernement central aux gouvernements provinciaux et municipaux, recommandé par la Banque mondiale, encourage une autonomie *de facto* des autorités provinciales et municipales. Dépourvues de moyens financiers, ces dernières deviennent de plus en plus « libres » d'établir des liens avec les sociétés étrangères au détriment du marché intérieur. Les provinces négocient de nombreux accords commerciaux, y compris l'établissement de concessions qui permettent au capital étranger — sans réglementation aucune — de piller les ressources forestières du Viêt-nam. Ces accords constituent souvent le seul moyen dont disposent les gouvernements locaux et provinciaux pour couvrir leurs dépenses, y compris les salaires des fonctionnaires.

Dans une situation où les salaires des employés de l'État sont excessivement bas (15 à 30 dollars par mois), la coopération et les liens avec le capital étranger constituent un moyen d'obtenir des « suppléments de salaire » sous forme d'indemnités diverses. Payées en devises étrangères, celles-ci permettent aux investisseurs étrangers de s'assurer de la collaboration des cadres professionnels ainsi que des autorités locales. L'État est en faillite; le gouvernement est dans l'impossibilité (selon les clauses des accords avec ses créanciers) de rémunérer les employés de l'État. Les sociétés étrangères et les «agences d'aide» non seulement exercent un droit de regard sur le personnel des unités de recherche et des ministères, elles deviennent la principale source de revenu des hauts fonctionnaires chargés de la gestion du commerce et de l'investissement étranger.

L'effondrement du capital d'État

Les réformes placent les finances de l'État dans une camisole de force. La Banque centrale ne peut augmenter la masse monétaire ou émettre de la monnaie sans l'approbation du FMI. Sans le consentement des bailleurs de fonds, les autorités n'ont pas le droit d'octroyer des crédits aux sociétés d'État qui se trouvent acculées à la faillite. Ces faillites entraînent à leur tour l'effondrement des revenus fiscaux, lequel se répercute sur les finances de l'État.

La situation est sensiblement la même en ce qui concerne les banques d'État, elles aussi sont acculées à la faillite par le gel monétaire et le désarroi de l'économie réelle. Les énormes arriérés au titre du service de la dette d'environ 10 000 sociétés d'État auprès des banques provoquent l'effondrement du système bancaire étatique.

Effondrement de l'investissement public

Les réformes déclenchent l'effondrement de l'investissement public. De 1985 à 1993, la part des dépenses d'investissement de l'État a chuté de 63%, passant de 8,2 à 3,1 % du PIB tandis que dans l'agriculture et la foresterie, la diminution (90 %) était encore beaucoup plus importante (passant de 1 à 0,1 % du PIB). Dans l'industrie et la construction, les dépenses d'investissement passaient de 2,7 à 0,1 % du PIB, une baisse de 96 %[12].

De nouvelles règles concernant les dépenses d'investissement ont été établies dans le cadre des accords de prêt négociés avec les institutions de Bretton Woods. Des plafonds ont été appliqués à toutes les catégories de dépenses. Des milliers de fonctionnaires sont licenciés, les dépenses en santé et en éducation sont gelées, etc. L'objectif sous-jacent est de réduire

---

12. Voir Banque mondiale, *op. cit.,* p. 256. À souligner : les statistiques exprimées en dong courant et constant ne sont pas fiables.

le déficit. L'État n'est pas autorisé à mobiliser ses propres ressources pour la construction de l'infrastructure publique. Les créanciers extérieurs exercent non seulement un droit de regard sur l'exécution des projets d'investissement public, ils décident également, dans le contexte du Programme d'investissement public (PIP) (établi sous les auspices de la Banque mondiale), des priorités en matière d'investissement public : à savoir quel type d'infrastructure convient le mieux au Viêt-nam et ce qui doit ou non être financé par les bailleurs de fonds. Il va sans dire que le processus de financement de l'investissement public crée des dettes qui, à leur tour, renforcent la mainmise des créanciers sur la politique macroéconomique.

Cette surveillance des bailleurs de fonds s'applique à la composition des dépenses publiques ainsi qu'aux priorités en matière d'investissement public. Les créanciers exigent également des procédures visant la faillite (ou la privatisation) de la plupart des sociétés d'État chargées des infrastructures et des secteurs stratégiques de l'économie. Par ailleurs, on se souviendra que les prêts consentis lors de la conférence des bailleurs de fonds de Paris, en novembre 1993, exigeaient un système d'appel d'offres international afin que la totalité de l'exécution des travaux publics soit attribuée à de grandes sociétés internationales de construction et d'ingénierie. L'argent consenti au titre des prêts (que le Viêt-nam devra rembourser) est ainsi recyclé vers les sociétés étrangères. Pour leur part, les compagnies vietnamiennes, qu'elles soient publiques ou privées, sont exclues de l'appel d'offres, même si une grande partie de la construction sera allouée en sous-traitance à des compagnies locales, utilisant une main-d'œuvre vietnamienne à faible salaire.

Réintégration dans l'empire japonais

La tendance est à une réintégration du Viêt-nam dans la sphère d'influence du Japon, une situation qui rappelle la Seconde Guerre mondiale alors que le Viêt-nam faisait partie de l'Empire japonais. Le capital japonais a atteint au Viêt-nam une position dominante grâce au contrôle qu'il exerce sur plus de 80 % des prêts destinés aux projets d'investissement et d'infrastructure. Ces prêts, passant par le Fonds de coopération économique avec l'étranger (FCÉÉ) du Japon et la Banque asiatique de développement (BAD), contribuent à l'expansion des grandes sociétés japonaises.

Depuis la levée de l'embargo américain en février 1994, le capital américain s'installe afin de rétablir sa position dans les domaines d'investissement à haut rendement dominés par le Japon et, à un moindre degré, par l'Union européenne. Les Japonais ont non seulement une longueur d'avance dans les investissements clés, mais ils contrôlent aussi une grande partie du crédit à long terme accordé au Viêt-nam. Des confrontations entre Washington et Tokyo sont prévisibles : le capital américain tente de rétablir la position qu'il occupait au Sud Viêt-nam avant 1975. Les Coréens et les Chinois de Taiwan et de Hong Kong ont également d'importants investissements. Une nette démarcation existe cependant : ces derniers se concentrent dans le secteur manufacturier et la transformation industrielle alors que les trusts japonais et européens sont impliqués dans les grands projets d'infrastructure ; le pétrole, le gaz et les ressources naturelles sont dans les mains des Japonais et des Européens.

Il faut noter que le Japon contrôle aussi une grande partie des prêts utilisés pour financer l'importation de biens de consommation. Cette frénésie de consommation de produits japonais est largement appuyée par de l'argent emprunté. Des centaines de millions de dollars sont injectées sous la forme de « prêts à décaissement rapide » offerts par le Japon et les banques multilatérales, y compris la BAD, la Banque mondiale et le FMI. Ces prêts — qui dans le jargon officiel constituent « une aide à la balance des paiements » — sont explicitement destinés à l'importation de biens de consommation, ce qui accélère le déluge de marchandises tout en contribuant à gonfler la dette extérieure. À l'exception d'un petit nombre des grandes sociétés d'État (et celles qui sont impliquées dans le commerce d'importation), les réformes contribuent à démobiliser des pans entiers de l'économie nationale : le seul moyen de « survivre » pour une entreprise nationale est d'entrer dans ce champ lucratif de l'importation ou de former une entreprise mixte dans laquelle le « partenaire étranger » a accès au crédit (en devises) et détient le contrôle sur la technologie, les prix et la répartition des profits. De plus, tout le système commercial international est envahi par la corruption, (depuis les plus bas échelons jusqu'aux hauts fonctionnaires).

La crise économique au Viêt-nam ne signifie pas pour autant une diminution du taux de croissance officiel (PIB). Ce dernier a augmenté en grande partie en raison de la réorientation de l'économie vers le commerce extérieur : développement du pétrole et du gaz, des ressources naturelles, exportation de biens de première nécessité et manufactures à main-d'œuvre bon marché. Malgré la vague de faillites et la contraction du marché intérieur, il y a eu une croissance significative dans les entrepises mixtes orientées vers l'exportation. À son tour, l'afflux « artificiel » de marchandises importées a contribué au gonflement du secteur des services et de sa participation dans le PIB.

La croissance économique est alimentée par l'endettement. Le poids du service de la dette a été multiplié par 10 entre 1986 et 1993. Il a encore été alourdi par l'acceptation des « mauvaises dettes » du défunt régime de Saïgon survenue dans le cadre de l'accord secret entre le gouvernement et le club de Paris, en 1993.

La famine

L'adoption d'un « système de contrats agricoles » plus flexible dans les premières réformes de 1981 pour soutenir la production familiale fut bien accueillie par la population rurale. En revanche, la deuxième vague de réformes agricoles adoptées depuis 1986 a contribué à appauvrir de larges secteurs de cette population. Sous la houlette de la Banque mondiale et de la FAO, les autorités ont abrogé la politique « d'autosuffisance alimentaire au niveau local » destinée à éviter le développement de pénuries régionales. Dans les régions de montagnes du centre du Viêt-nam, les agriculteurs ont été encouragés à développer des cultures de rente et à se reconvertir dans les productions à haut rendement pour l'exportation. La surproduction de café, de manioc, de noix de cajou et de coton, combinée à la dégringolade des prix mondiaux et au coût élevé des intrants agricoles importés, ont contribué à l'éruption de famines localisées.

Ironiquement, le passage aux cultures d'exportation a aussi eu pour conséquence un net déclin des gains du commerce extérieur (en devises) parce que de grandes quantités de produits agricoles ont été vendues à perte par les nombreuses sociétés d'État pratiquant l'import-export.

> Nous mobilisons les fermiers pour qu'ils produisent du manioc et du coton, mais ils ne peuvent faire de profit à l'exportation, étant donné la chute des prix internationaux [...] Les sociétés d'État sont obligées d'exporter à perte le café ou le manioc. Elles réussissent cependant à compenser ces pertes en utilisant les recettes en devises de ces exportations pour importer des biens de consommation. Elles font aussi de gros profits en augmentant le prix des engrais importés [13].

---

13. Entretien avec un représentant du ministère de l'Agriculture et de l'Industrie alimentaire, Hanoï, avril 1994.

En d'autres mots, les sociétés d'État d'exportation, bien qu'elles présentent des comptes positifs, contribuent en fait à augmenter la dette extérieure (en devises étrangères). Cette pratique consiste à vendre les produits d'exportation au-dessous du prix mondial. Dans plusieurs des régions déficitaires en production agroalimentaire, les récoltes de cultures d'exportation ne sont pas commercialisées, entraînant les agriculteurs à la faillite. Le résultat est la famine, car les paysans ne peuvent ni vendre ces récoltes d'exportation ni produire des cultures vivrières pour leur propre consommation.

On retrouve une situation similaire dans les sociétés d'État chargées du commerce du riz. Celles-ci préfèrent exporter à perte plutôt que de vendre sur le marché intérieur. Avec la déréglementation complète du marché céréalier et la privatisation du commerce intérieur, les prix de détail du riz sont montés en flèche, surtout dans les régions affectées par une pénurie agroalimentaire. Alors que le riz est exporté à des prix inférieurs à ceux du marché mondial, de graves pénuries se sont développées dans les regions où la production vivrière a été abandonnée au profit de la «spécialisation régionale». En 1994, par exemple, les autorités reconnaissaient l'existence d'une famine dans la province de Lai Cai, à la frontière chinoise, touchant 50 000 personnes. Pendant que la pénurie alimentaire s'installait, sans qu'aucun secours ne soit fourni, deux millions de tonnes de riz restaient invendues dans le delta du Mékong en raison de l'effondrement des sociétés d'État chargées de la commercialisation du riz.

La famine, cependant, n'est pas limitée aux zones de pénurie : elle frappe toutes les régions y compris le delta du Mékong, (principale région rizicole) où 25,3 % de la population avaient une consommation calorique quotidienne inférieure à 1 800 calories[14]. Dans les villes, la dévaluation du dong ainsi que l'élimination des subventions et des contrôles des prix ont provoqué des hausses importantes des prix du riz et des aliments de base. La chute des salaires réels attribuable à l'inflation ainsi que le licenciement de fonctionnaires et de travailleurs contribuent également à une réduction de la consommation alimentaire.

---

14. Voir Banque mondiale, *Vietnam, Population, Health and Nutrition Review,* Washington, 1993, Table 3.6, p. 47.

Malnutrition infantile

La déréglementation du marché céréalier a provoqué la famine et une forte incidence de malnutrition infantile. Malgré une augmentation substantielle de la production rizicole, les données d'une enquête officielle confirment une détérioration de l'état nutritionnel des enfants et des adultes. La consommation moyenne de calories chez les adultes (par personne et par jour) était de 1861 calories (pour l'ensemble du Viêtnam), 25 % de la population se situant sous la barre des 1 800 calories (1987–1990). Dans 9 % des foyers de l'échantillon retenu, la consommation énergétique des adultes était inférieure à 1 500 calories. La moyenne pour les enfants de moins de 6 ans se situait à 827 calories par jour [15].

La Banque mondiale reconnaît cette situation :

> Le Viêt-nam a une proportion plus grande d'enfants affectés par la malnutrition (de l'ordre de 50 %) que tout autre pays de l'Asie du Sud et du Sud-Est, à l'exception du Bangladesh [...] Le rachitisme chez les enfants semble certainement avoir augmenté de manière significative [...] Il est aussi possible que l'aggravation de la crise macroéconomique au cours de la période de 1984–1986 puisse avoir contribué à la malnutrition infantile [16].

Par ailleurs, selon l'enquête, la carence en vitamine A, causant la cécité (résultant d'un régime composé presque exclusivement de céréales), est très répandue chez les enfants de toutes les régions du pays, sauf à Hanoï et dans le Sud-Est. Cette carence est comparable à celle du Bangladesh [17]. La déréglementation du marché céréalier, sous la houlette de la Banque mondiale, permet au Viêt-nam d'accéder au marché mondial, quoique à des prix extrêmement bas. En revanche, cette déréglementation contribue au blocage de l'approvisionnement en céréales sur le marché interne, provoquant des famines locales [18]. La Banque mondiale ne manque pas de reconnaître les conséquences de cette déréglementation :

---

15. Le pourcentage des enfants de moins de 5 ans souffrant de malnutrition est évalué à 45 % selon le rapport poids/âge et à 56,5 % selon le rapport taille/âge. *Ibid.,* p. 38–46 et 62.

16. Banque mondiale, *Vietnam, Transition..., op. cit.,* p. 182.

17. Voir ci-haut, chapitre VIII.

18. La politique d'autosuffisance alimentaire locale avait été dictée par les carences du réseau de transport ferroviaire et routier intérieur, détruit pendant la guerre.

Bien sûr, comme le secteur privé réagit typiquement à des incitations de prix, le problème de la disponibilité des aliments dans les régions déficitaires ne pourra pas être résolu à court terme, en raison du faible pouvoir d'achat des consommateurs dans ces régions. En fait, en ce moment, il est plus rentable financièrement d'exporter les céréales que de les vendre dans les régions déficitaires du pays. La privatisation du commerce céréalier pourrait même contribuer à une détérioration de la disponibilité agroalimentaire dans les régions déficitaires...[19]

Le rôle de l'*agro-business* internationale

La politique céréalière de l'État vietnamien correspond largement aux intérêts de l'*agro-business* internationale : on encourage l'abandon des cultures vivrières pour diverses cultures d'exportation (citronniers, maïs hybride, noix de cajou, etc.) même dans les régions, comme le delta du Mékong, favorables à la riziculture. Au sud, dans la province de Dong Nai, par exemple, on incite les fermiers à abandonner la riziculture : des semences de maïs hybride sont achetées à une firme internationale grâce à des prêts à court terme — portant intérêt de 2,5 % par mois —, financés par la Banque agricole. La récolte de maïs est alors « rachetée » par Proconco, une *joint venture* agro-industrielle française. Une partie de cette récolte est exportée ; l'autre partie (vendue sous la forme de nourriture pour le bétail) est réservée à la production de viande destinée à Taïwan et à Hong Kong[20].

Le crédit à court terme n'est accessible que pour certaines cultures commerciales avec des périodes de prêt (moins de 180 jours) inférieures à la durée de production et de mise en marché des produits.

Le Viêt-nam : grand exportateur de riz

Une augmentation significative de la production rizicole a eu lieu en 1987–89 et en 1992, ce qui a permis au Viêt-nam de passer d'une situation d'importateur à celle d'exportateur de riz. Cette tendance s'est dessinée sans accroître les surfaces consacrées à la riziculture. En grande

---

19. Banque mondiale, *Vietnam, Population..., op. cit.,* p. 42.

20. Enquête de l'auteur dans la province de Dong Nai et entretiens avec des membres de l'Institut de recherche agricole, Hô Chi Minh-Ville, avril 1994.

partie, ceci est dû à l'adoption de nouvelles variétés de semences et à l'augmentation de l'usage des engrais chimiques et des pesticides, entraînant des coûts beaucoup plus élevés pour la paysannerie. Le gouvernement a cessé de fournir les intrants agricoles ; les sociétés d'État qui produisaient les pesticides se sont effondrées. Une quantité importante des intrants agricoles est maintenant importée :

> Notre productivité augmente, mais notre revenu n'a pas augmenté, car il nous faut payer les nouvelles variétés de semences, les insecticides et les engrais. Les coûts de transport ont également augmenté. Si les coûts continuent à monter, il nous sera impossible de continuer à cultiver ; le travail non agricole, incluant l'artisanat et l'emploi en ville, est devenu essentiel à notre survie ; l'agriculture n'apporte pas assez d'argent pour survivre[21].

Largement concentrée dans le delta du Mékong, cette augmentation de la production ainsi que l'essor des exportations a conduit à une plus grande concentration de la propriété foncière. Dans le delta du fleuve Rouge, les petits paysans sont obligés de payer des redevances à l'Institut international de recherche sur le riz (IRRI, en anglais) (appuyé par la Banque mondiale et la Fondation Rockefeller) afin d'obtenir une nouvelle variété de riz dont les semences sont reproduites dans les pépinières locales. Les instituts de recherche agricole, dont les fonds sont coupés par l'État, se sont lancés dans le commerce lucratif du développement et de la production des semences[22].

L'expansion de la production rizicole semble toutefois avoir atteint un sommet : le retrait de l'État des infrastructures d'irrigation, de la conservation et de la gestion de l'eau depuis 1987, affectera la structure productive des années à venir. L'irrigation et le drainage à grande échelle ont été négligés : la Banque mondiale recommande le recouvrement des coûts et la commercialisation de l'eau, reconnaissant néanmoins que « les paysans en dehors du delta du Mékong sont trop pauvres pour défrayer les frais d'irrigation »[23]. Avec l'effondrement des sociétés d'État responsables des opérations d'entretien des infrastructures, les risques d'inondation et de sécheresse périodiques ont augmenté. Une situation semblable existe dans les services d'appui technique et d'extension agricoles :

---

21. Entretiens avec des fermiers de la commune de Da Ton, district de Gia Lam près de Hanoï, avril 1994.

22. Banque mondiale, *Vietnam, Transition..., op. cit.*, p. 144.

23. *Ibid.*, p. 141.

L'apport de services de soutien à l'agriculture — fourniture d'engrais, de semences, services vétérinaires, appuis techniques, services de recherche et extension agricole — était surtout, jusqu'à la fin des années 1980, une fonction gouvernementale [...] Ce système s'est effondré, bien qu'il existe toujours sur papier en raison du retour à l'exploitation familiale, de l'absence de ressources budgétaires et de la chute des salaires des fonctionnaires. Certains services d'appui ont été partiellement privatisés avec quelque succès ; le reste fonctionne à peine. Un grand nombre d'employés de l'État responsables des services de soutien à l'agriculture survit grâce au « travail au noir » alors que 8 000 diplômés des écoles agrotechniques sont au chômage[24].

La concentration de la propriété foncière

Il existe une crise majeure de la production caractérisée par une polarisation sociale accrue dans les campagnes et une plus grande concentration de la propriété foncière : des secteurs importants de la population rurale dans les deltas du fleuve Rouge et du Mékong sont expropriés au profit de riches propriétaires : des famines éclatent également dans les régions à production excédentaire de riz.

La Loi agraire adoptée par l'Assemblée nationale en octobre 1993 fut rédigée avec le concours des services juridiques de la Banque mondiale. Des séminaires furent organisés par la Banque autour des implications de la nouvelle loi agraire :

> Les experts étrangers amenés par la Banque mondiale pensent que la Loi agraire convient à nos conditions spécifiques : si les paysans manquent de capital ou de ressources, ils peuvent « transférer » la terre [dans les mains d'une autre personne] ou s'en aller en ville, ou travailler pour une entreprise agricole [en tant qu'ouvriers agricoles] [...] La pénurie de terres n'est pas la cause de la pauvreté, les pauvres manquent d'instruction et de savoir-faire ; les pauvres ont aussi trop d'enfants[25].

Selon la nouvelle loi, les terres agricoles peuvent être librement « transférées », c'est-à-dire vendues ou hypothéquées, en principe uniquement auprès d'une institution bancaire d'État, mais en pratique, également auprès d'usuriers. La terre peut alors être « transférée » ou vendue si les prêts ne sont pas remboursés.

---

24. *Ibid.*, p. 143.

25. Entretien avec le ministre de l'Agriculture et de l'Industrie alimentaire, Hanoï, avril 1994.

Surtout dans le Sud, on a vu renaître une économie fondée sur la propriété foncière et l'usure, ramenant l'économie paysanne à l'époque des luttes pour la terre de la fin du régime colonial français. Dans le Sud, la concentration des terres est déjà bien avancée, marquée par le développement de moyennes et grandes exploitations agricoles, y compris de nombreuses *joint ventures* avec le capital étranger. Plusieurs fermes d'État ont été transformées en entreprises mixtes utilisant une main-d'œuvre saisonnière. Les paysans sans terre, qui constituent une partie de plus en plus importante de la population rurale, sont obligés d'aller chercher du travail dans les villes ou comme travailleurs saisonniers sur les plantations commerciales appartenant à la riche paysannerie. Les salaires dans la région du delta du fleuve Rouge sont de l'ordre de 50 cents (US) par jour (1994). Au Viêt-nam du Nord, la saisie des terres des petits fermiers ne fait que commencer, mais la Loi agraire ouvre la porte à l'appropriation de vastes zones de terres arables par une classe de marchands urbains.

Il faut souligner que les politiques agricoles du défunt régime de Saïgon du général Thieu refont surface. Dans le Sud, les titres de propriété accordés par les programmes américains « d'aide » en 1973, comme moyen de « pacifier » les campagnes, sont pleinement reconnus par les autorités. En revanche, des milliers de paysans qui avaient quitté leurs villages pour combattre aux côtés de l'Armée de libération sont aujourd'hui sans titre légal d'une terre.

Rappelons que le programme de distribution des terres des États-Unis fut mis en œuvre après les Accords de Paris de 1973, au cours des dernières années du régime Thieu. Cette période, dite de « vietnamisation » de la guerre, coïncidait avec le retrait formel des troupes de combat américaines et une aide financière massive au régime de Saïgon. Selon le ministère de l'Agriculture, le programme de guerre des États-Unis constitue un « modèle utile » [...] « qui peut nous servir aujourd'hui. Notre politique actuelle consiste à tenter d'égaler le programme américain de distribution des terres de cette période, même si nos ressources financières sont insuffisantes. [26] »

---

26. Entrevue avec un représentant du ministère de l'Agriculture et de l'industrie alimentaire, Hô Chi Minh-Ville, avril 1994.

La destruction de l'éducation

Les effets les plus dramatiques des réformes se sont fait ressentir dans les domaines de la santé et de l'éducation. L'éducation et l'alphabétisation pour tous étaient un des principaux objectifs de la lutte contre le colonialisme français.

À compter de la défaite des Français à Dien Bien Phu en 1954 jusqu'en 1972, les inscriptions dans les écoles primaires et secondaires dans le Viêt-nam du Nord, avaient été multipliées par sept (de 700 000 à presque 5 millions). Après la réunification de 1975, une campagne d'alphabétisation fut amorcée dans le Sud. Selon les données de l'UNESCO, les taux d'alphabétisation (90 %) et de scolarisation étaient parmi les plus élevés de l'Asie du Sud-Est.

Les réformes ont cherché délibérément à détruire le système d'éducation par l'entremise des compressions budgétaires, en diminuant le salaire des enseignants et en imposant des frais de scolarité aux niveaux secondaire, technique et supérieur. La tendance est à la transformation de l'éducation en marchandise. Dans le jargon officiel des agences des Nations-Unies, il faudrait que : « ...les consommateurs de services (d'éducation) paient des sommes plus élevées, que les institutions puissent s'autofinancer, et que l'enseignement et la formation technique et professionnelle soient privatisées... »[27].

Remettant en cause tous les acquis, y compris la lutte contre l'analphabétisme menée depuis 1945, les réformes ont entraîné une chute sans précédent de la scolarisation, accompagnée d'un taux élevé d'abandon scolaire dans les dernières années du primaire. Le paiement de frais de scolarité est maintenant inscrit dans la Constitution de 1992. Selon les données officielles, la proportion d'élèves du primaire entrant dans le premier cycle du secondaire est passée de 92 % en 1986–1987 (avant l'entrée en vigueur des frais de scolarité), à 72 % en 1989–1990, une chute de plus de 500 000 élèves. De surcroît, quelque 231 000 élèves sur un total de 922 000 avaient abandonné, durant la même période, le deuxième cycle du secondaire. Autrement dit, *presque trois quarts de million d'enfants furent exclus du secondaire au cours des trois premières*

---

27. Voir ministère de l'Éducation, PNUD, UNESCO (National Project Education Sector and Human Resources Sector Analysis), *Vietnam Education and Human Resources Analysis,* Hanoï, 1992, vol. I, p. 39.

années de la réforme (malgré une augmentation de plus de 7 % de la population d'âge scolaire) [28].

Les données disponibles pour les années 1980 suggèrent un taux annuel d'abandon de 0,8 % par année au primaire. Le nombre d'inscriptions est plus élevé, mais considérablement moindre que la croissance de la population d'âge scolaire. Depuis le début des années 1990, le sous-financement de l'éducation a également provoqué un recul de l'éducation primaire.

L'État allouait à l'école primaire en 1994 (sur une base annuelle) une moyenne de trois à quatre dollars par enfant. Dans la région du delta du fleuve Rouge, le coût du matériel scolaire et des manuels — autrefois financé par le ministère de l'Éducation — équivalait (sur une base annuelle) à 100 kilos de riz par enfant (c'est-à-dire une fraction significative de la consommation familiale) [29].

Le gouvernement et les bailleurs de fonds ont toutefois exprimé leur «inquiétude» de ce fait que la diminution du taux de scolarisation contribuait à une augmentation des coûts de financement (par élève) et qu'il y avait maintenant des «enseignants en surnombre» [30]. Avec un système «réduit», on devrait penser «à la qualité plutôt qu'à la quantité», ce qui exigerait, selon les bailleurs de fonds, le licenciement des enseignants en surnombre.

Tous les échelons du système d'éducation furent affectés par des coupes budgétaires: les garderies autrefois subventionnées par l'État furent démantelées; elles devront désormais fonctionner en tant qu'entreprises privées. La «rentabilisation» fut également imposée aux universités ainsi qu'à toutes les institutions post-secondaires. Les instituts de recherche appliquée devront désormais se financer en commercialisant les résultats de leurs recherches: «Les universités et les instituts de recherche sont si mal financés que leur survie dépend de leur capacité de trouver d'autres sources de financement». L'État ne couvre que 25 % du total des salaires et des autres dépenses des principaux instituts de recherche [31]. Ces derniers jouissent néanmoins d'un taux d'intérêt préférentiel pour le crédit à court terme (1,8 % par mois, plutôt que 2,3 %).

---

28. *Ibid.*, p. 65.

29. Entretiens avec des villageois dans la région du fleuve Rouge, avril 1994.

30. *Vietnam, Educartion...*, *op. cit.*, p. 60.

31. Banque mondiale, *Vietnam, Transition...*, *op. cit.*, p. 145.

Dans le domaine de la formation professionnelle et technique, y compris les écoles normales, les inscriptions ont été gelées selon les lignes directrices des agences d'aide et des bailleurs de fonds. Ces derniers exercent un contrôle direct sur les institututions de recherche et de formation. Les bailleurs de fonds financent également de manière sélective les contrats de recherche, tout en dictant les orientations en matière de recherche ainsi que les programmes d'enseignement universitaire.

Effondrement du système de santé

Dans le secteur de la santé, les réformes ont contribué à l'effondrement des hôpitaux de districts et des centres de santé au niveau communal. Jusqu'en 1989, les centres de santé fournissaient gratuitement à la population des consultations médicales ainsi que des médicaments essentiels. La désintégration des centres de santé dans le Sud est dans l'ensemble plus avancée, car les infrastructures communales ne furent développées qu'après la réunification de 1975. Avec les réformes, un système de santé payant fut introduit. Le recouvrement des coûts ainsi que la vente des médicaments furent instaurés. La distribution de médicaments essentiels (dans le système de santé publique) a chuté de 89 %, acculant l'industrie pharmaceutique nationale à la faillite [32].

Dès 1989, la production nationale de produits pharmaceutiques avait baissé de 98,5 % par rapport à 1980, et la majorité des sociétés pharmaceutiques d'État avaient fermé leurs portes. Avec la complète déréglementation de l'industrie pharmaceutique, y compris la libéralisation des prix, les médicaments importés (vendus maintenant uniquement sur le « marché libre » à des prix excessivement élevés) ont remplacé presque toutes les marques vietnamiennes. Les multinationales prennent le contrôle du marché interne au détriment de l'industrie pharmaceutique nationale. Ce marché commercial restreint, mais néanmoins très lucratif, était destiné aux groupes à revenus élevés. La consommation annuelle de médicaments est tombée à un dollar par personne en 1993, ce que même la Banque mondiale considère insuffisant [33].

---

32. Chiffres du ministère de la Santé, cités dans Banque mondiale, *Vietnam : Population...*, *op. cit.*, Table 4.6, p. 159.

33. *Ibid.*, p. 89.

Le gouvernement, sous la houlette des bailleurs de fonds, a retiré son soutien à l'approvisionnement ainsi qu'à l'entretien de l'équipement médical. Cette situation a contribué à paralyser la plupart des hôpitaux. Les salaires du personnel médical ainsi que les conditions de travail se sont détériorés : le salaire des médecins dans les hôpitaux de districts n'était que de 15 dollars par mois en 1994. Avec la compression des salaires et le développement de la médecine privée, des dizaines de milliers de médecins abandonnent le secteur public. Une enquête réalisée en 1991 confirme que la plupart des centres de santé au niveau communal étaient devenues inopérants : avec un personnel en moyenne de cinq travailleurs par centre de santé, le nombre de patients était tombé à moins de six par jour[34]. Depuis les réformes, les écoles de médecine ont également été affectées par des coupures massives dans leur budget de fonctionnement.

La résurgence des maladies contagieuses

Selon les données du ministère de la santé et de l'Organisation mondiale de la santé (OMS), un certain nombre de maladies contagieuses, dont le paludisme, la tuberculose et la diarrhée, ont ressurgi. Une étude de l'OMS confirme que le nombre de décès causés par le paludisme a triplé pendant les quatre premières années des réformes, parallèlement à l'effondrement des centres de santé et à la flambée du prix des médicaments antipaludéens. Ce qui est frappant, c'est que le nombre des décès dus au paludisme a augmenté plus rapidement que l'accroissement du nombre de cas déclarés de paludisme, ce qui indique que l'effondrement des soins curatifs (et l'absence de médicaments antipaludéens) a joué un rôle décisif dans l'accroissement de la mortalité[35]. Ces tendances sont amplement confirmées par les données au niveau des communes :

> L'état de santé était autrefois bien meilleur ; il y avait un contrôle annuel pour la tuberculose ; maintenant, il n'y a plus de médicaments pour traiter le paludisme, les paysans n'ont pas d'argent pour aller à l'hôpital du district, ils ne peuvent pas payer les frais.[36]

---

34. *Ibid.*, p. 86.

35. *Ibid.*, Table 4.2, p. 154.

36. Enquête dans la commune de Phung Thuong, district de Phue Tho, province de Hay Tay, Viêt-nam du Nord.

La Banque mondiale reconnaît que le système de santé s'est effondré (sans mentionner pour autant les causes macroéconomiques sous-jacentes) :

> ...malgré ses performances passées impressionnantes à bien des égards, le système de santé vietnamien est en train de dépérir [...]. Il existe une grave pénurie de médicaments, de fournitures médicales et d'équipement, et les centres de santé sont largement sous-utilisés. Le manque de fonds du secteur de la santé est si aigu qu'on se demande comment ces établissements vont pouvoir continuer à fonctionner à l'avenir. [37]

Alors que la Banque mondiale reconnaît que les programmes de contrôle des maladies contagieuses (diarrhée, paludisme et infections respiratoires aiguës) « étaient (autrefois) parmi les interventions les plus réussies au Viêt-nam », la « solution » qu'elle préconise consiste à « commercialiser » la santé publique et à licencier massivement le personnel de santé en surnombre. La Banque mondiale propose que les salaires soient augmentés à l'intérieur de la même enveloppe budgétaire : « une augmentation des salaires des travailleurs de la santé du gouvernement entraînera obligatoirement une réduction massive des effectifs [38] ».

Les réformes démantèlent brutalement les secteurs sociaux, anéantissant 40 ans d'efforts et de luttes du peuple vietnamien, rayant d'un trait de plume tous les progrès accomplis. La détérioration de la santé et de la nutrition dans les années suivant les réformes est similaire à celle qu'on a observée dans le secteur de l'éducation. Après une guerre brutale et criminelle, la communauté internationale doit prendre conscience des conséquences de la politique macroéconomique imposée dans l'après-guerre par les institutions de Bretton Woods.

---

37. Banque mondiale, *Vietnam, Transition...*, *op. cit.*, p. 169.

38. *Ibid.*, p. 171.

QUATRIÈME PARTIE
AMÉRIQUE LATINE

CHAPITRE X

DETTE ET « DÉMOCRATIE » AU BRÉSIL

TERNIE PAR un scandale politique, la présidence de M. Fernando Collor de Mello (1990–1992) a joué un rôle important dans la restructuration de l'État brésilien. La première «élection démocratique» d'un chef de l'État signifiait la fin de la dictature militaire en même temps que la transition vers une nouvelle forme de «démocratie autoritaire» sous le contrôle des bailleurs de fonds du pays et des institutions financières internationales de Washington.

Quelques semaines après le Sommet de la Terre de Rio en juin 1992, une enquête du Congrès confirmait que le président était impliqué, par l'intermédiaire de M. P. C. Farias, son prête-nom, qui avait été le responsable de sa campagne électorale, dans un détournement de fonds publics portant sur plusieurs millions de dollars. L'opinion n'avait d'yeux que pour le scandale et la chute du chef de l'État : la retransmission télévisée des enquêtes parlementaires eut plus de succès que celle des jeux olympiques!

Pendant ce temps, et loin du regard de l'opinion, une tractation portant cette fois sur des milliards de dollars se négociait entre le ministre des Finances et les bailleurs de fonds internationaux du Brésil. Elle eut lieu de juin à septembre 1992. La procédure de mise en accusation de M. Collor était engagée, des ministres donnèrent leur démission, mais le responsable des Finances, M. Marcilio Marques Moreira, tint bon, assurant la liaison avec le Fonds monétaire international et les banques commerciales. L'affaiblissement de l'État tout comme l'instabilité de la Bourse de Sao Paulo et la fuite des capitaux permirent d'accentuer les pressions sur le gouvernement. M. Collor rendit publiques les négociations avec les banques en juin, alors qu'éclatait le scandale[1]. Un accord de principe sur la « formule de restructuration » de la dette (conforme au plan Brady), et portant sur 44 milliards de dollars dus aux banques, fut annoncé juste avant la mise en accusation du président par le Sénat, le 29 septembre. Brasília capitulait : le poids du service de la dette s'alourdirait de façon substantielle[2].

Les poursuites contre le président avaient utilement détourné l'attention de la population des enjeux sociaux réels : la grande majorité des Brésiliens s'étaient appauvris du fait du « plan Collor » lancé en mars 1990 par le fort controversé ministre des Finances de l'époque, Mme Zelia Cardoso de Mello, puis par la thérapie plus orthodoxe mais également ment coûteuse de son successeur, M. Marcilio Marques Moreira : le chômage fit des ravages, les salaires réels chutèrent, les programmes sociaux subirent des coupes claires.

Les bailleurs de fonds imposèrent une dévaluation du cruzeiro, l'inflation mensuelle dépassait les 20 % et était en partie provoquée par le « programme anti-inflationniste » du FMI. Une augmentation des taux d'intérêt réels imposée en 1991 par le FMI avait contribué à gonfler la dette intérieure tout en attirant dans le système bancaire brésilien de l'argent spéculatif et « sale ». Quelque 300 grands groupes financiers et

---

1. Le Sénat a approuvé la formule de restructuration de la dette en décembre 1992.

2. Le montant du paiement des intérêts fut limité à 30 % par un moratoire partiel négocié avec les banques commerciales en 1989. Le plan de restructuration devait le faire passer à 50 %.

industriels engrangèrent de considérables profits[3]. Ces groupes sont en grande partie responsables d'une « inflation tirée par le profit » : la part du capital dans le produit intérieur brut est passée de 45 % à 66 % depuis le début de la décennie 1980. La « démocratie » avait procuré aux élites de l'économie, en liaison avec les créanciers étrangers, ce que les régimes militaires « nationalistes » n'étaient pas parvenus à réaliser.

La stratégie du FMI

La stratégie du FMI consistait à appuyer les créanciers tout en affaiblissant l'État central. Pendant les années 1980, 90 milliards de dollars avaient déjà été versés sous forme d'intérêts, soit presque autant que le montant de la dette (120 milliards). Mais la récupération de cette dette n'était pas l'objectif premier. Les créanciers internationaux voulaient faire en sorte que le Brésil demeure endetté à l'avenir et que l'État et l'économie soient restructurés à leur avantage : il fallait continuer de piller les ressources naturelles et l'environnement, consolider une économie à bas salaires orientée vers l'exportation et prendre le contrôle des entreprises d'État les plus rentables. L'inflation et la désindexation des salaires découlèrent directement des réformes macroéconomiques. La pauvreté ne fut pas seulement le « résultat » de ces réformes, mais la « condition explicite » de l'accord avec le FMI.

La saga de la dette, premier acte : le Plan Collor

Le « plan Collor » combina, dans un cocktail à la peu commune recette, une politique monétaire interventionniste avec une privatisation dans le style du FMI, la libéralisation du commerce et un taux de change flottant[4]. Alors que, en septembre 1990, le FMI approuvait officiellement le « plan Collor » et une première « lettre d'intention », un prêt-relais de 2 milliards de dollars, demeurait « dans l'attente » à Washington. M. Michel

---

3. Les banques commerciales ont enregistré un taux de profit de 55 % en 1992. *Lire* Osmil Galindo et Tania Bacelar, *Panorama Economico, 1992–1993,* Fundaçao Jaoquim Nabuco, Recife, 1993.

4. Lancé en mars 1990, le plan Collor fut, à bien des égards, une poursuite du plan Verao de 1989. Lire Ignacy Sachs, « Le Brésil dans le corset du plan Collor », et Luiz-Felipe de Alencastro, « Le Brésil contre le président Collor », *Le Monde diplomatique,* juin 1990 et octobre 1992.

Camdessus, directeur général du FMI, déclarait : « Avant de demander l'accord du conseil exécutif du Fonds, je dois m'assurer que les négociations avec les banques vont dans la bonne direction et qu'elles aboutiront à des résultats satisfaisants.[5] »

Quelques semaines plus tard, à New York, le gouvernement brésilien reprenait ses discussions avec les créanciers. M. Jorio Dauster, principal négociateur de M. Collor, affirmait en vain que « les paiements de la dette doivent être fonction de la capacité du Brésil de payer[6] ». Le groupe-conseil formé de 22 banques commerciales et dirigé par la Citibank répliqua en opposant son veto à l'accord de prêt du FMI et en donnant l'ordre aux banques de ne plus avancer d'argent au Brésil jusqu'au paiement d'arriérés du service de la dette d'un montant d'environ 8 milliards de dollars. Ce veto fut officiellement approuvé par le G7, à Washington. Après quoi, le Trésor américain demanda à la Banque mondiale et à la Banque interaméricaine de développement (BID) de remettre à plus tard tout nouveau prêt à Brasília. Le FMI, en réponse à des directives précises des banques commerciales et de l'administration américaine, gela son projet de mission au Brésil. Le Fonds apparut ainsi comme une simple « bureaucratie financière » menant dans les pays endettés une politique de réforme au nom des créanciers internationaux.

Le gouvernement brésilien était enfermé dans un cercle vicieux : le versement d'argent frais par le FMI aux fins de rembourser les banques était bloqué par le groupe-conseil représentant ces mêmes institutions... Bien qu'ayant satisfait à toutes les exigences du FMI, le Brésil se retrouvait sur la liste noire. Et son incapacité de répondre aux demandes des créanciers pouvait être prétexte à de nouvelles représailles. La tension monta. Mme Zelia Cardoso de Mello, lors d'une réunion de la BID à Nagoya (Japon), en avril 1991, accusa le G7 d'user de pressions politiques déloyales pour bloquer l'attribution à son pays de crédits multilatéraux[7].

---

5. Cité par le *Jornal do Brasil*, 21 septembre 1990.

6. Cf. *Financial Times*, 10 octobre 1990.

7. Cf. *Financial Times*, 4 avril 1991.

Deuxième acte : changement d'équipe

Cette réunion de Nagoya avait marqué un tournant. C'en était fini de la rhétorique «nationaliste» et des récriminations contre la communauté financière internationale. Mme Zelia Cardoso donna sa démission en mai et une nouvelle équipe fut mise en place, plus conforme au «consensus de Washington». La nomination au ministère des Finances de M. Marcilio Marques Moreira fut saluée par le gouvernement américain et les institutions financières[8]. Ancien ambassadeur aux États-Unis, M. Marques Moreira avait d'excellentes relations avec M. Camdessus et avec M. David Mulford, sous-secrétaire américain au Trésor. M. Jorio Dauster, considéré par ses interlocuteurs comme «intransigeant», se vit remplacer comme négociateur par un économiste, M. Pedro Malan, conseiller de la Banque interaméricaine de développement et ancien directeur exécutif de la Banque mondiale[9]. Tous ces éléments jouèrent un rôle non négligeable dans les négociations pendant la seconde moitié du mandat de M. Collor.

L'accord d'aide éventuelle (*standby agreement*) ayant été bloqué à la demande des banques, de nouvelles discussions sur la réforme économique s'ouvrirent avec M. Marques Moreira. M. Collor rencontra en juin 1991 à Washington le président Bush, M. Camdessus et M. John Reed, président de la Citibank. Le mois suivant, une mission du FMI se rendait à Brasília avec à sa tête M. José Fajgenbaum, directeur du département Atlantique Sud du Fonds. Il déclara que si le Brésil voulait parvenir à un accord de prêt avec le FMI, «s'imposaient des réformes économiques structurelles impliquant des amendements à la Constitution[10]». Au Parlement, le ton monta et le FMI fut accusé d'«immixtion dans les affaires intérieures de l'État». Le président Collor demanda au Fonds de remplacer M. Fajgenbaum par «une personne plus qualifiée». «Victoire populiste pour le président Collor», écrivit alors le *New York Times*[11].

L'incident fut certes qualifié de «malentendu malheureux»[12], mais la prise de position de M. Fajgenbaum était pourtant fidèle aux pratiques

---

8. Luiz Carlos Bresser Pereira, «O FMI e as carroças», *Folha de Sao Paulo,* 27 juillet 1991.

9. Cf. *Folha de Sao Paulo,* 14 juin 1991.

10. Entrevue accordée au *Jornal do Brasil,* citée par l'*Estado de Sao Paulo,* 23 juin 1991. Lire aussi le *Folha de Sao Paulo,* 19 juin 1991.

11. Cf. *O Globo,* 27 juin 1991.

12. Cf. *Folha de Sao Paulo,* 19 juillet 1991.

du FMI. Le Fonds demandait l'application d'un « traitement de choc » afin qu'une plus grande part des revenus de l'État soit utilisée pour le paiement des intérêts de la dette. Il reste que plusieurs articles de la Constitution de 1988 contrariaient cet objectif. Le FMI savait bel et bien que la restructuration budgétaire passait par des licenciements massifs de salariés du secteur public. Or cette mesure était inapplicable sans l'amendement de la Loi fondamentale, qui assurait la sécurité de l'emploi aux fonctionnaires fédéraux. Pour le FMI et les banques, à l'évidence, une révision constitutionnelle s'imposait.

La seconde phase des négociations avec le FMI se termina à la fin de 1991 : M. Camdessus approuva le nouvel accord après consultation auprès de M. Nicholas Brady, secrétaire américain au Trésor, et de M. David Mulford[13]. Une seconde « lettre d'intention » préparée par M. Marcilio Marques Moreira fut remise en main propre par le président Collor à M. Camdessus, lors du sommet latino-américain de Carthagène (Colombie), en décembre (la première, signée par Mme Cardoso, avait été détruite). M. Camdessus loua ce nouveau programme « orthodoxe », tout en soulignant « la nécessité d'une approbation par le Congrès d'amendements constitutionnels au milieu de l'année prochaine [1993][14] ». L'accord de prêt (2 milliards de dollars) contraignait le gouvernement brésilien à mettre en œuvre, sur une période de 20 mois, des programmes dévastateurs[15]. Ce fut particulièrement vrai dans le domaine fiscal : 65 % des dépenses courantes étaient déjà attribuées au service de la dette, et le FMI demandait de nouvelles réductions des dépenses sociales[16].

Troisième acte : la destitution du président Collor

Le troisième acte de la « saga de la dette » a commencé après le vote sénatorial du 29 septembre 1992 suivi de l'assermentation du nouveau président, M. Itamar Franco. Des débuts maladroits : le chef de l'État

---

13. Cf. *O Globo,* 7 décembre 1991.

14. Cité par la *Gazeta Mercantil,* 7 décembre 1991.

15. La lettre d'intention fut approuvée par le FMI en janvier 1992. *Lire* « Carta ao FMI preve "aperto brutal" em 92 », *Folha de Sao Paulo,* 6 décembre 1991.

16. Lire Tania Bacelar de Araujo, « A Crise Financiera do Sector Publico Brasileiro », *in* Henrique Gomes *et al., Crise e Reestructuraçao do Estado do Brasil,* Editora Universitaria, Recife, 1993.

promit d'augmenter les salaires, d'abaisser les tarifs des services publics, de modifier le programme de privatisations, et cela sans comprendre qu'il avait les mains liées par l'accord conclu un an plus tôt avec le FMI. Bien que fort d'une impressionnante majorité parlementaire issue d'une coalition de partis allant de la gauche à la droite, le cabinet ne put recueillir l'assentiment immédiat des institutions financières de Washington.

Le discours populiste de M. Itamar Franco ne satisfaisait ni les créanciers ni les élites nationales. Le FMI avait décidé de se montrer très ferme : trois ministres se succédèrent aux Finances pendant les sept premiers mois de la présidence, aucun n'obtenant l'appui du FMI. Le Fonds envoya des représentants pour suivre sur place la bonne marche des progrès économiques. Il y eut interruption des versements du prêt, le Brésil se retrouvait sur la liste noire, il fallait renégocier.

Les discussions reprirent en février 1993 lors d'une rencontre à Washington entre M. Camdessus et le second ministre des Finances de M. Itamar Franco, M. Paulo Haddad. M. Camdessus réclama la présentation, dans les 60 jours, d'un nouveau programme économique. Il apparut aussi clairement que, en dépit de l'«accord de principe» de septembre 1992 portant sur la restructuration de la dette commerciale, le veto des banques à l'attribution de nouveaux prêts multilatéraux perdurait et qu'un accord de prêt du FMI ne serait pas conclu avant la signature d'un texte définitif avec ces mêmes banques [17].

Sans perte de temps, quelques semaines plus tard, une mission du FMI arrivait à Brasília, dirigée par ce même José Fajgenbaum déclaré *persona non grata* deux ans plus tôt par le président Collor. Une continuité qui ne se retrouvait pas du côté brésilien... M. Paulo Haddad avait quitté ses fonctions et le ministère, doté depuis seulement quelques jours d'un nouveau titulaire, était en plein désarroi. Le nouveau ministre, M. Eliseu Resende, rencontra M. Camdessus à la fin d'avril... et fut remplacé en mai.

---

17. 802 banques, parmi lesquelles la Chase Manhattan et la Lloyds Bank, avaient déjà approuvé la formule de restructuration de la dette. Cf. *Folha de Sao Paulo,* 16 mars 1993.

Quatrième acte : un sociologue « marxiste » aux Finances

L'acte suivant de la « saga » a commencé avec la nomination aux finances de M. Fernando Henrique Cardoso, intellectuel de renom et sociologue marxiste. Les milieux d'affaires, un moment surpris, furent vite rassurés. En dépit de ses écrits passés (portant notamment sur « les classes sociales dans le monde capitaliste de la périphérie »), le nouveau responsable ne cessait de plaider en faveur du néolibéralisme : « Oubliez tout ce que j'ai écrit », déclara-t-il devant un parterre de banquiers et d'industriels [18]. Dès 1993, le président Itamar Franco avait à toute fin pratique cessé d'exercer un quelconque pouvoir politique et il laissait la bride sur le cou à son ministre. Ancien sénateur d'opposition, M. Fernando Henrique Cardoso savait que, pour faire passer les réformes inspirées par le FMI, il faudrait manipuler la société civile et mobiliser des soutiens au Congrès. Grâce à des médias fortement contrôlés par de puissants intérêts financiers, on expliqua à l'opinion que la désindexation des salaires serait « le seul moyen de combattre l'inflation ». Le ministre avait annoncé des coupes budgétaires de 50 % dans l'éducation, la santé et les services sociaux. Son plan concernant les salaires, voté par le Congrès, devait aboutir en termes réels à une baisse de 31 % des salaires, soit une « économie » de quelque 11 milliards de dollars pour le Trésor... et au profit des créanciers.

Cinquième acte : la restructuration de la dette commerciale

Au terme de très longues négociations, le Brésil avait finalement conclu avec les banques commerciales, en 1994, un accord de rééchelonnement de sa dette extérieure pour 49 milliards de dollars. L'affaire avait été négociée par M. Fernando Henrique Cardoso, alors ministre des Finances, désormais candidat à la présidence de la République, et M. William Rhodes, vice-président de la Citibank Corp, représentant quelque 750 banques internationales créancières. Rien de plus banal jusqu'ici dans cette opération de restructuration effectuée en vertu du plan Brady. En revanche, ce qui tranche avec les pratiques courantes et pourrait marquer une innovation historique, c'est que l'accord était intervenu sans que le

---

18. Quelques années auparavant, M. Cardoso avait été nommé « intellectuel de l'année » pour sa contribution à l'analyse des classes sociales.

Fonds monétaire international n'ait consenti au préalable le crédit *stand-by* qui d'habitude accompagne les programmes de rééchelonnement de la dette.

Chargé de contrôler, pour le compte des banques créancières, la mise en œuvre des réformes économiques et sociales exigées en contrepartie, le FMI avait fixé des délais précis pour l'adoption de la législation nécessaire, y compris l'amendement de la Constitution de 1988. Mais le Parlement «souverain» se faisant tirer l'oreille, la date fatidique du 16 mars 1994 retenue pour la signature de la «lettre d'intention» destinée au FMI ne put être honorée. Qu'à cela ne tienne, on considéra les réformes «sur les rails» et M. Michel Camdessus, directeur général du Fonds monétaire, se disant impressionné par les mesures déjà prises, promit de coopérer étroitement avec le gouvernement brésilien. M. Cardoso se contenta de cette promesse. En fait, en dépit de «malheureux retards» dans la procédure parlementaire, la principale condition avait été remplie, qui consistait à dégager des fonds publics pour payer les créanciers.

Les parlementaires avaient en effet déjà approuvé des réformes fiscales, assorties d'un «fonds social d'urgence» sur le modèle de la Banque mondiale [19], en vertu desquelles le gouvernement, moyennant l'amendement de la Constitution, devait réduire de 43 % le budget fédéral (investissements publics inclus) afin de pouvoir payer le service de la dette...

C'était un nouveau coup porté aux programmes sociaux, déjà mis à mal par de successives «thérapies de choc». En réalité, le fonds social d'urgence fut financé en rognant sur des dépenses régulières et grâce à des licenciements massifs de fonctionnaires. Désormais, l'État n'était plus maître de sa politique sociale : budgets et structures administratives du fonds social d'urgence seront directement contrôlés par les institutions de Bretton Woods agissant pour le compte des créanciers internationaux. [20]

Plus généralement, les programmes sociaux sont démantelés, les plans de retraites publiques (Previdencia social) devront être progressivement éliminés, les salaires réels laminés par l'instauration d'un «plafond sur les salaires» dans le secteur public [21], ainsi que par l'établissement, pour tous les contrats de travail, d'une nouvelle unité monétaire (le real). À

19. Cf. *Veja,* Rio de Janeiro, décembre 1993.

20. La deuxième partie de ce chapitre fut rédigée en collaboration avec Micheline Ladouceur.

21. Le «plafond des salaires» fut établi dans le contexte de la mesure provisoire n° 382, cf. *O Globo,* 8 décembre 1993, p. 2–11.

elle seule, cette mesure affectant les salaires nécessitait le vote d'une loi spéciale. Aussi, le dossier avait-il été soigneusement préparé dans des réunions de haut niveau, à huis clos et en étroite concertation avec Washington : M. Winston Fritsch, responsable chargé de la politique économique au ministère des Finances, le fit savoir par inadvertance lors d'une conférence de presse, en octobre 1993, disant qu'il fournirait « au FMI l'ossature d'un plan de désindexation [des salaires] [22] ».

À l'occasion de cette « thérapie économique », les relations entre gouvernement central et gouvernements régionaux ont été profondément modifiées par rapport aux dispositions de la Constitution de 1988. Le « modèle » de réforme fiscale proposé à cet égard était analogue à celui qui fut imposé par ses créanciers extérieurs à la Yougoslavie, à la fin des années 1980, avant l'effondrement de la Fédération : les transferts de l'État fédéral aux gouvernements locaux en matière de santé, d'éducation et de logement seront « gelés », les régions deviendront « fiscalement autonomes » et les économies qui en résulteront pour le Trésor fédéral serviront à payer les intérêts de la dette. (*Voir le chapitre XIV.*)

Mais le FMI avait aussi recommandé des amendements constitutionnels qui permettraient la privatisation rapide de « secteurs stratégiques » de l'économie : Petrobras (le pétrole) et Telebras (les télécommunications) [23]. D'où l'importance des débats commencés au Congrès en 1993–1994 au sujet des modifications de la Loi fondamentale réclamées par M. Camdessus dès décembre 1991. Comme le disait M. Fernando Henrique Cardoso, « il nous faut encore obtenir le feu vert du FMI [24] ».

M. Cardoso ayant « réussi » bien mieux que ses prédécesseurs, pareil « succès » méritait récompense. Le ministre des Finances fut élu président du Brésil en 1994. Commentaire d'un haut responsable d'un des principaux créanciers du Brésil :

> Fernando Henrique Cardoso mène la bonne politique à un rythme plus lent. Pour atteindre le but fixé par le FMI en ce qui concerne le déficit budgétaire, le Congrès doit accepter une coupe de 6 milliards de dollars ; 6 autres milliards viendront de la révision constitutionnelle, essentiellement grâce aux licenciements de fonctionnaires. Ce qu'il faudrait au Brésil, c'est un Pinochet en

---

22. Propos cités dans *Folha de Sao Paulo,* 3 mars 1994, p. 1–10.

23. Ces secteurs, qualifiés de « stratégiques », ne peuvent être privatisés sans amendement de la Constitution.

24. Entretien avec M. Fernando Henrique Cardoso, Brasilia, août 1993.

douceur, de préférence un civil comme Fujimori, car les militaires ne sont pas la solution.[25]

Épilogue : la gestion de la pauvreté au moindre coût pour les créanciers

Les politiques macroéconomiques ont contribué à accélérer l'expulsion des paysans sans terre, chassés des campagnes et transformés en une main-d'œuvre nomade allant de ville en ville. Une nouvelle pauvreté urbaine a fait son apparition, différente de celle des *favelas* (bidonvilles) et qui se nourrit de l'exclusion du monde du travail de milliers d'ouvriers et d'employés qui habitaient jusqu'alors dans les zones de résidence de la classe ouvrière et désormais complètement marginalisés.

L'action du fonds social d'urgence s'inscrivait dans un cadre politique combinant « gestion de la pauvreté » et réduction des risques de turbulence sociale, et cela au moindre coût pour les créanciers du pays. Les « programmes ciblés », destinés à « aider les pauvres », combinés au recouvrement des coûts et à la privatisation des services de santé et d'éducation sont censés être une manière « plus efficace » de fournir des services sociaux. En même temps, l'Institut national de sécurité sociale (INSS) doit progressivement acquérir son autonomie financière, grâce à la hausse des cotisations des travailleurs urbains et ruraux[26]. L'État se retirant de nombreux programmes — qui jusqu'ici dépendaient des ministères — passeront sous l'ombrelle du fonds social d'urgence.

Celui-ci financera également un « filet de sécurité sociale » (sous forme d'indemnités de licenciement) destiné aux travailleurs du secteur public qui ont perdu leur emploi.

Banquiers en campagne contre la faim

L'établissement du fonds social d'urgence s'inscrivait dans le cadre des politiques d'« allégement de la pauvreté ». Le fonds d'urgence consacrait officiellement le retrait de l'État (déjà en cours de toute façon), tandis que différentes structures parallèles furent chargées de « gérer la

---

25. Entretien à Sao Paulo, août 1993.

26. Conformément aux clauses de la mesure provisoire n° 381. Cf. *O Globo*, 8 décembre 1993, p. 2–11.

pauvreté» au niveau «microsocial». Depuis le début du gouvernement Collor, des ONG financées par les programmes d'aide internationale ont progressivement pris la relève des gouvernements municipaux, soudain à court de ressources en raison de la mise en œuvre d'un programme d'ajustement structurel.

Sous l'égide du fonds social d'urgence, se mettent en place de petits projets de production et d'artisanat, des unités de sous-traitance travaillant pour les industries d'exportation, ainsi que des programmes de formation et d'emploi à l'échelon communautaire. Tout cela permettait d'assurer des moyens minimaux de survie et de contenir les risques de soulèvement social.

Pirambu, près de la ville de Fortaleza dans le Nord-Est, est une zone de taudis de 250 000 habitants, qui grossit de jour en jour. On trouve là un exemple de ce que donne la «gestion de la pauvreté à l'échelon microsocial». Pirambu a littéralement été découpée en tranches d'espaces urbains dont chacune a été confiée à une organisation d'aide distincte, internationale ou non gouvernementale. Ainsi, dans le quartier de Couto-Fernandes, la société allemande de coopération technique (GTZ) aide à l'établissement d'un modèle de «gestion communautaire» [27]. Sous l'œil attentif de l'institution bienfaitrice, cette «microdémocratie» a aussi le mérite d'empêcher tout développement d'un mouvement social indépendant. Les fonds allemands financeront les salaires des experts étrangers, tandis que les investissements destinés aux petites industries seront autofinancés grâce à un «fonds de rotation» géré par la communauté locale.

Dans les campagnes, la «gestion de la pauvreté» a pour vocation d'endiguer le mouvement paysan au profit de la classe des propriétaires terriens, en fournissant de maigres moyens de survie à des millions de gens sans terre déracinés et chassés par l'*agro-business*. Dans le Sertao, par exemple, une région du Nord-Est affectée par une sécheresse récurrente, un programme de travail minimal (*frentes de trabalho*) assurait de l'emploi, pour 14 dollars par mois, à quelque 1,2 million de travailleurs agricoles sans terre (chiffres de 1993) [28]. Souvent, ces gens sont employés par de grands

---

27. Informations recueillies à Pirambu, Fortaleza, en juillet 1993.

28. Selon des propos de travailleurs agricoles dans la région de Monsenhor Tabosa, Ceara, recueillis en juillet 1993.

propriétaires terriens aux frais du gouvernement fédéral. Des aliments sont distribuées aux pauvres (par le canal des services du gouvernement et des agences d'aide), grâce aux surplus céréaliers américains financés au titre de la loi PL 480, ce qui a pour effet d'affaiblir l'agriculture locale de subsistance et de détruire la petite paysannerie.

L'expropriation des petits paysans faisait partie du programme d'ajustement structurel du FMI et de la Banque mondiale. Dans ce contexte, l'Institut national pour la colonisation et la réforme agraire (INCRA) a été, avec d'autres agences gouvernementales, chargé de la surveillance d'un « filet de sécurité rurale » comprenant des programmes de distribution de terres et la création de coopératives à l'intention des *posseiros* (paysans sans terre). Ces mesures s'appliquent invariablement sur des terres marginales ou semi-arides et n'empiètent en rien sur les intérêts des propriétaires terriens. Ainsi, dans les États de Para, Amazonas et Maranhao, plusieurs donateurs internationaux, dont la Banque mondiale et l'Agence d'aide japonaise (JICA, en anglais) financent, par l'intermédiaire de l'INCRA, de prétendues «zones de colonisation»[29] qui, en réalité, servent de «réserve de main-d'œuvre» pour les grandes plantations.

Il faudrait encore expliquer que les amendements constitutionnels proposés reviendraient à instaurer une dérogation *de facto* aux droits de propriété coutumiers des autochtones. Mais la dépossession est déjà en cours : sous la juridiction de l'INCRA, les « réserves indiennes » de l'Amazonie sont en train d'être transformées en zones de résidence pour les travailleurs des plantations[30].

La création d'un gouvernement parallèle

Les réformes parrainées par le FMI ont contribué à la polarisation sociale et à l'appauvrissement de la population, y compris celui des classes moyennes. Depuis la présidence de Fernando Collor de Mello, il existe au Brésil un «gouvernement parallèle» *de facto* dominé par les institutions

---

29. Célia Maria Correa Linhario et Maristela de Paula Andrade, «A Açao Oficial e os Conflitos Agrarios no Maranhao», *Desenvolvimento e Cidadania,* n° 4, Sao Luis de Maranhao, 1992.

30. Cf. *Panewa,* Porto Velho, vol. II, n° 18, novembre–décembre 1993 et vol. VII, n° 19, janvier 1994.

financières de Washington. Sous la présidence de Fernando Henrique Cardoso (1994–1999), les créanciers contrôlent la classe politique ainsi que la bureaucratie de l'État. L'État est en faillite. Durant le gouvernement de M. Cardoso, une partie importante des actifs de l'État a été confisquée grâce au programme de privatisation.

CHAPITRE XI

LA THÉRAPIE DE CHOC AU PÉROU

LE PLAN de stabilisation parrainé par le Fonds monétaire international et appliqué par le gouvernement démocratiquement élu du président Alberto Fujimori est, en termes sociaux, le plus sévère jamais mis en œuvre en Amérique latine depuis la crise de 1981–1982. Des programmes d'ajustement structurel ont pourtant été décidés, sous les auspices du FMI et de la Banque mondiale, dans plus de 100 pays en voie de développement ; celui du Pérou les dépasse en brutalité, comme il laisse derrière lui, en matière de « répression économique », les mesures qu'imposèrent pendant 20 ans les plus durs régimes militaires de la région, par exemple celui du général Pinochet au Chili ou celui du général Videla en Argentine.

Au cours de la campagne électorale de 1990, M. Fujimori — qui entra en fonction le 28 juillet 1990 — combattit le plan de « traitement économique de choc » présenté par le candidat-écrivain Mario Vargas

Llosa au nom du Front démocratique (FREDEMO). Cambio 90, le mouvement de M. Fujimori, promettait « une stabilisation sans récession » qui devait à la fois juguler l'hyperinflation et protéger le pouvoir d'achat des salariés [1].

Dans l'avion qui, après son élection, l'emmenait à Washington où il devait rencontrer M. Michel Camdessus, directeur général du FMI, M. Fujimori aurait dit à son conseiller aux questions économiques : « Si le choc économique pouvait réussir, le peuple péruvien me pardonnerait sans aucun doute. » À son retour de Washington et de Tokyo, le chef de l'État avait changé d'avis et des pressions, locales et internationales, s'exercèrent contre l'idée d'une « politique économique alternative ». Bien que ce ne fût pas révélé à la population (qui avait voté contre le « choc » promis par le FREDEMO), le président était devenu un fervent partisan de la manière forte. Ses principaux conseillers économiques donnèrent leur démission et un plan, peu différent de celui de M. Vargas Llosa, fut hâtivement préparé avec l'assistance du FMI et de la Banque mondiale.

Ses ingrédients faisaient partie du « menu » de stabilisation économique habituellement proposé par le Fonds : libéralisation du commerce, privatisation des terres agricoles, déréglementation du système bancaire, vente des sociétés d'État. Le 8 août 1990, le « fujichoc » fut annoncé dans un message à la nation, son objectif premier étant de réduire le déficit commercial et d'« éliminer les distorsions de prix ». Conséquence : le prix du carburant fut d'un jour à l'autre multiplié par 31 (+ 2 968 %) et celui du pain par plus de 12 (+ 1 150 %). Ces prix furent fixés par décret présidentiel — un libéralisme... planifié.

Il s'agissait de casser l'inflation galopante ; or, les prix des denrées alimentaires avaient augmenté en un mois de 446 % ! (*Voir le tableau 10.1.*) Au cours de la première année du gouvernement Cambio 90, l'inflation était de 2 172 %.

Les conséquences sociales furent effrayantes. En août 1990, un ouvrier agricole des provinces du Nord touchait par mois l'équivalent de 7,50 dollars (de quoi acheter un hamburger et un soda) et le coût de la vie à Lima excédait celui de New York [2]. Les revenus réels avaient baissé de

---

1. Cf. « Plan de Gobierno de Cambio 90 », *Pagina,* Lima, 21 mai 1990.

2. *Cuanto,* Lima, septembre 1990.

Tableau 10.1 : Les effets de la « thérapie de choc » d'août 1990 sur les composantes de l'indice des prix à la consommation (IPC)		
Région métropolitaine de Lima Août 1990		
Augmentation en %	Selon l'INEI	Selon Cuanto
Aliments	446,2	288,2
Transport et communications	571,4	1 428,0
Santé et services de santé	702,7	648,3
Logement, combustible et électricité	421,8	1 035,0
Indice des prix à la consommation (IPC)	397,0	411,0
SOURCE : Instituto Nacional de Estadística (INEI), *Anuario estadístico*, 1991 ; et Cuanto, *Perú en Números*, ch. 21, Lima, 1991.		

60 % en août 1990 ; en juillet 1991, ils représentaient 15 % de ceux de 1974. Le salaire moyen des fonctionnaires avait baissé de 63 % pendant la première année du gouvernement de M. Fujimori et de 93 % depuis 1980[3]. En 1991, 83 % de la population était sous-alimentée. (*Voir le tableau 10.4.*)

Effondrement du système sanitaire

Il a beaucoup été question sur la scène internationale de l'épidémie de choléra qui a éclaté au début de 1991 (environ 200 000 cas déclarés et 2 000 décès enregistrés en six mois). En fait, on assistait à un phénomène bien plus général de destruction de la société : la tuberculose a elle aussi provoqué des ravages en raison de la malnutrition et de l'effondrement

---

3. Estimations à partir de données officielles. Voir *Peru en números*, 1991, *anuario estadístico*, *Cuanto*, Lima, 1991, et *Cuanto Suplemento*, n° 13, juillet 1991.

Tableau 10.2 : Les effets de la « thérapie de choc » d'août 1990 sur les prix			
Région métropolitaine de Lima, août 1990 (en intis)			
Biens de con- sommation	Avant le 3 août 1990	Après le 9 août 1990	Augmentation en %
Kérosène (gal)	19	608	3 100
Essence (84 oct.) (gal)	22	675	2 968
Gaz propane (924 livres)	41	1 120	2 632
Pain (36 gr)	2	25	1 150
Fèves (kg)	240	2 800	1 067
Pommes de terre (kg)	40	300	650
Farine (kg)	220	1 500	531
Lait (litre)	60	290	383
Spaghetti (kg)	180	775	331
Huile végétale (litre)	220	850	236
Riz (première qualite) (kg)	94	310	230
Lait en poudre (410 gr)	100	330	230
Œufs (kg)	170	540	218
Poulet (kg)	213	600	182
SOURCE : *Cuanto,* vol. II, n° 19, août 1990, p. 5.			

Tableau 10.3 : Indice de la valeur réelle des salaires (1974 – 1991)

(1974 = 100 *)

Année	Salaire minimum légal	Employés cols blancs, secteur privé	Employés cols bleus, secteur privé	Trav. et employés de la fonction publique
1974	100	100	100	
1975	93,1	100,6	88,3	
1976	85,6	83,3	95,1	
1977	75,3	72,4	79,2	
1978	58,4	62,2	71,3	
1979	63,6	56,9	70,9	
1980	79,9	61,1	75,0	
1981	67,9	62,1	73,5	100
1982	62,2	67,0	74,4	91,7
1983	64,6	57,4	61,6	66,3
1984	49,7	59,6	52,5	58,2
1985	43,5	48,8	45,4	46,4
1986	45,1	61,0	60,8	48,4
1987	49,0	63,9	65,6	59,2
1988	41,5	44,2	41,3	53,5
1989	25,1	36,3	37,6	35,3
1990	21,4	18,7	20,1	18,8
Juillet	20,9	13,8	16,2	21,1
Août		7,5	8,3	8,9
Septembre	19,4	11,1	12,9	8,6
Décembre **	13,8	14,6	16,3	6,1
Avril 1991	15,3	15,7	19,4	8,6
Mai 1991	14,1			7,8

SOURCE : Estimation fondée sur les données officielles de l'INEI, *Anuario estadístico*, 1991, et *Cuanto, Perú en Números*, 1991, ch. 21, et *Cuanto Suplemento*, n° 13, juillet 1991.

* Année de base pour l'indice des salaires dans la fonction publique en 1981.

** Sont incluses les *gratificaciones*.

Les catégories du secteur privé comprennent les salaires des cols blancs et bleus dans la région métropolitaine de Lima.

Depuis 1963, le salaire minimum légal était égal à l'unité de référence (*unidad de referencia*). De juin 1984 à août 1990, il équivalait à l'unité de référence plus des paiements additionnels de *gratificaciones*. À compter d'août 1990, le gouvernment abolit le salaire minimum (*Ingreso Mínimo Legal*) et le remplace par une soi-disant *Remuneración Mínima Vital*.

La catégorie du secteur public comprend les revenus aux gouvernement central et régionaux de même que dans les institutions publiques décentralisées.

Tableau 10.4 : Sous-alimentation, malnutrition et mortalité infantile au Pérou

1. Sous-alimentation (insuffisance de la consommation de calories et de protéines selon les normes de l'OMS et de la FAO)

À l'échelon national (1991) :   plus de 83 % de la population *

2. Malnutrition infantile (1985–1986)

Niveau national	38,5 %
Campagne	57,6 %
Villes	24,2 %

3. Mortalité infantile (moins de 1 an) (1985–1986)

Lima	61,4 ‰
Sierra ***	130–134 ‰

4. Mortalité infantile (moins de 5 ans) (1985–1986)**

Lima	16,5 ‰
Sierra ***	26,5 ‰

5. Espérance de vie à la naissance (1985–1986)

Lima	67,7 ans
Sierra	47,6–49,0 ans

* Estimation de l'auteur à partir des données sur la consommation alimentaire à Lima en juillet 1991.

** Le pourcentage des enfants morts avant 5 ans est tiré des taux de mortalité par groupe d'âge du ministère de la Santé.

*** À partir des taux enregistrés à Huancavelica et Cusco.

SOURCE : Ministère de la Santé et ENNIV.

du programme gouvernemental de vaccination. Cette crise du système public de santé a entraîné, dans la Selva (zone orientale), une résurgence du paludisme, de la dengue et de la lèpre blanche[4]. Des écoles publiques, des universités, des hôpitaux furent fermés en raison d'une grève illimitée de leur personnel : leur salaire moyen se situait en 1991 entre 45 et 70 dollars, soit plus de 70 fois moins qu'un salaire équivalent aux États-Unis. À la mi-1991, plus de 83 % de la population (classe moyenne incluse) ne bénéficiait pas du minimum vital en termes de calories et de protéines[5]. Et pourtant, M. Fujimori voyait sa politique économique saluée par la communauté financière internationale.

Cette politique, qui était celle du FMI, mettait l'État à sac : le secteur public et les administrations furent paralysés, les fonctionnaires ne gagnaient pas de quoi assurer leur transport quotidien, les services ne disposaient pas des fonds nécessaires à leur gestion courante, etc. En juillet 1991, M. Martin Hardy, représentant du FMI, indiquait, lors d'une réunion avec le gouvernement, que l'attribution de nouveaux prêts (destinés à payer les arriérés de la dette) était liée au maintien du gel des salaires du secteur public et à de nouvelles réductions des dépenses sociales.

Corollaire de cette politique économique, le gonflement des forces de sécurité. Avant d'entrer en fonction, M. Fujimori négocia jour après jour avec le haut commandement de l'armée. Un accord fut conclu et une réorganisation majeure de l'armée entreprise. Ainsi, derrière la façade de la « démocratie parlementaire », les militaires ont joué un rôle de plus en plus actif dans l'administration du pays. Le soutien inconditionnel de l'armée (sous le prétexte de lutter contre l'insurrection de Sentier lumineux) constituait en fait un élément essentiel de la mise en application des mesures économiques et de la répression de la dissidence politique. Quelques jours avant le « fujichoc », l'état d'urgence fut proclamé dans tout le pays et, le 8 août 1990, Lima était quadrillée par les troupes armées.

En l'absence de pressantes raisons politiques, le Pérou figurerait sur la « liste noire » aussi longtemps qu'il ne se conformerait pas aux exigences du FMI. L'application de ce que le Fonds appelle « un programme économique sérieux » est habituellement une condition préalable à l'octroi d'une aide de la part des institutions financières internationales et des autres

---

4. Entretiens de l'auteur avec des employés des services de santé, en juillet 1991.

5. Estimations faites à partir d'enquêtes de l'auteur sur la consommation alimentaire à Lima, en juillet 1991.

organismes d'assistance. Cependant, aucune promesse ne fut faite à Lima lors de la mise en vigueur du plan d'août 1990 : il n'y avait aucune raison d'accorder des « faveurs » au Pérou (comme ce fut le cas pour l'Égypte et la Pologne), les dirigeants de Lima se pliant totalement aux exigences du Fonds.

Comment « négocier » avec le FMI quand ses représentants et ceux de la Banque mondiale sont installés au ministère de l'Économie et des Finances ?[6] L'objectif principal du ministre de l'Économie, M. Carlos Boloña, consistait à faire sortir le pays de la « liste noire » en acceptant de rembourser sans condition ses arriérés. Il s'agissait d'obtenir de « nouveaux prêts » destinés à payer les anciennes dettes[7]. En fait, pas un dollar n'entrerait au Pérou, les « nouveaux prêts » étant des crédits que les institutions internationales s'accordaient à elles-mêmes, légitimant de la sorte la dette (sans même d'amortissement dégressif)[8]. En septembre 1991, Lima avait obtenu un délai d'un an pour commencer à rembourser les 6,6 milliards de dollars dus aux membres du Club de Paris, mais les remboursements aux institutions financières devaient être entrepris immédiatement. D'autre part, à la demande du Japon, aucune dette ne fut effacée[9]. Le pays était ainsi totalement corseté, mais son économie, plongée dans une grave dépression, ne pouvait dégager les ressources indispensables au remboursement de la dette. Durant la décennie 1990, on assiste au gonflement de la dette extérieure : la « solution » à la crise se transforme en une source de nouvel endettement.

La répression du Sentier Lumineux (*Sendero Luminoso*) fournit des prétextes aux forces de sécurité pour faire taire l'opposition légale. Depuis la mise en place du gouverment Fujimori, tortures et exécutions de « suspects » sont systématiques. L'hypothèse a été émise selon laquelle la stratégie d'intimidation de dirigeants de syndicats, de paysans et d'étudiants aurait été planifiée par la hiérarchie militaire. Et, dans la « sale guerre » (*la guerra sucia*) menée contre le Sentier lumineux, les directives officielles concernant les suspects exigeaient qu'il n'y ait « ni prisonniers

---

6. L'un des principaux conseillers de M. Carlos Boloña est fonctionnaire du FMI, qui le rémunère directement.

7. Les arriérés de la dette sont approximativement de 14 milliards de dollars, dont 2,3 milliards sont dus aux institutions financières internationales.

8. On estime que le service de la dette pourrait, en raison de ces nouveaux prêts, passer de 60 millions à plus de 150 millions de dollars par mois.

9. *Financial Times,* 20 septembre 1991.

ni blessés » (« *ni prisioneros, ni heridos* »), ainsi que l'a montré un document secret divulgué par la presse en juillet 1991 [10].

Cette politique est-elle compatible avec le maintien en place d'un système démocratique et d'un pouvoir civil ? Il faut à cet égard noter que les principales réformes (parmi lesquelles l'abrogation de la loi sur la réforme agraire et les nouvelles mesures fiscales) sont de plus en plus, sous la pression des institutions financières internationales, décidées par décret présidentiel, hors de tout contrôle populaire ou des élus.

Y a-t-il pour autant reconstruction de l'économie ? En fait, on assiste à sa destruction. Le plan en vigueur ne fait aucune place à une classe d'entrepreneurs nationaux. Des secteurs (et cela inclut de grandes entreprises) sont poussés à la faillite en raison de la chute de la demande et de la libéralisation du commerce. Quant à la baisse des tarifs douaniers, elle a facilité l'importation de biens de consommation durables, d'automobiles et de produits de luxe, destinés à une poignée de privilégiés.

Dans l'agriculture, la privatisation des terres, conformément aux impératifs de la Banque mondiale, a détruit, dès son application en 1991, la structure existante de l'économie rurale. Dans la région côtière (*Costa*) se développent des productions non traditionnelles destinées à l'exportation. Le petit paysan (*parcelero*) perd ses droits de propriété, la terre est désormais cultivée par des salariés de plantation très mal payés. Ainsi, la nouvelle législation conduit au contrôle de la terre par des intérêts commerciaux urbains et au « blanchissement » (*blanqueamiento*) de la propriété par éviction du paysannat indigène.

De leur côté, les communautés paysannes de la Sierra (*comunidades campesinas*) demeuraient en principe protégées de la privatisation grâce à la loi promulguée pendant les années 1960 par le général Velasco Alvarado, mais elles sont en voie de paupérisation et de marginalisation, l'augmentation des prix du carburant, des transports et des divers intrants agricoles les coupe de fait du marché, les condamnant à une économie de subsistance. Ainsi, se constituent des réserves de main-d'œuvre bon marché pour le secteur « moderne » de l'agriculture.

Du coup, des conditions nouvelles s'offrent à l'essor de la narcoéconomie, car le « choc » d'août 1990 a multiplié les perspectives d'expansion du commerce de la drogue. La contraction de la demande intérieure en

---

10. La révélation de ces documents secrets par le journaliste Cesar Hildebrandt, lors de l'émission de télévision *En Persona*, en juillet 1991, a provoqué l'arrêt de ce programme et une forte diminution de la couverture des questions d'intérêt public à la télévision.

produits alimentaires, jumelée avec l'abaissement des tarifs douaniers, a provoqué une grave crise de l'agriculture. De plus en plus nombreux, paysans appauvris et chômeurs urbains partent vers des zones productrices de coca dans la vallée du Alto Huallaga. (*Voir le tableau 10.5.*)

Premier fournisseur de coca

Le Pérou est de loin le plus gros fournisseur de coca (plus de 60 % de la production mondiale, le second étant la Bolivie). Les pâtes bolivienne et péruvienne sont vendues aux cartels colombiens qui produisent alors la cocaïne. Cependant, en raison des attaques contre le cartel de Medellin, tout indique que l'on assiste à une restructuration des chaînes de transformation et de commercialisation, à la mise en place au Pérou de réseaux d'intermédiaires, et à l'utilisation du système bancaire péruvien pour les transferts de fonds dans les deux sens.

Une bonne partie des dollars amassés grâce au trafic de drogue était injectée dans le marché des changes informel des rues de Lima (*el mercado Ocoña*). Depuis le gouvernement Belaunde (1980–1985), la Banque centrale avait utilisé le marché de la rue Ocoña pour regarnir périodiquement ses réserves en devises. On estimait qu'en 1990–1991 elle achetait chaque jour 8 millions de dollars sur ce marché informel, une grande part de cette somme étant affectée au remboursement de la dette extérieure...

La très stricte politique d'émission monétaire, combinée avec l'inondation « informelle » de dollars grâce au trafic de la drogue, avait provoqué, peu après « le fujichoc » d'août 1990, une chute de la devise américaine par rapport à l'inti, au grand dam du FMI qui prônait une forte dévaluation aux fins d'encourager les exportations. Ainsi, toutes les activités souffraient de la nouvelle politique économique — toutes, sauf la vente de coca !

La libéralisation du système bancaire avait encouragé le blanchiment des narcodollars comme le recyclage des capitaux spéculatifs (« *hot money* ») à des taux d'intérêt extrêmement élevés. La nouvelle législation protège le secret bancaire et le libre transfert de devises dans les deux sens. Ces mesures avaient supprimé toute possibilité de mener une politique monétaire indépendante. D'autre part, la disparition de toute activité économique digne de ce nom a poussé le système bancaire à réorienter ses opérations vers le blanchiment de l'argent « sale » et l'attribution de prêts spéculatifs (notamment le crédit à court terme) aux activités liées à la

Tableau 10.5 : Production de coca dans la région de l'Alto Huallaga (1974–1991)			
Année	Surfaces cultivées en hectares	Production en tonnes métriques	Population
1974	16 700	12 200	7 000
1978	21 540	18 120	9 900
1982	50 600	47 000	23 500
1986	60 200	61 000	27 350
1991	90 000	84 750	50 000

SOURCE : Cooperativa « Alto Huallaga », Uchiza, *Agronoticias,* n° 138, juin 1991, p. 14.

drogue. On assiste au renvoi de milliers d'employés, les banques d'État (notamment celles qui sont liées au développement industriel et agricole) sont de plus en plus fragiles, et la concentration des banques commerciales s'accélère en même temps que leur intégration dans les circuits internationaux.

Les réformes du système bancaire sous la tutelle du FMI avaient abouti, selon un observateur, « à rien moins que la légalisation du blanchiment par le système financier péruvien [11] ». De surcroît, plusieurs banques nationales, soupçonnées d'avoir été préalablement impliquées dans les activités de blanchiment de l'argent sale, sont passées sous le contrôle de capitaux étrangers : par exemple, c'est le cas d'Interbanc, une banque d'État péruvienne acquise en 1994 par Darby Overseas, un consortium domicilié dans les îles Caïmans. Selon le *Financial Times,* Darby « envisage d'investir dans le secteur des banques d'affaires péruviennes, à des taux à hauts risques, en attendant un plan Brady de restructuration de la dette. [...] Darby a été créé il y a un an [en 1994] par M. Brady [l'ancien

---

11. Humberto Campodonico « Les capitaux flottants paient la dette extérieure », *Interdépendances,* mars 1996.

secrétaire au Trésor du président George Bush], son assistant en chef, M. Hollis McLoughlin, et M. Daniel Marx, ancien sous-secrétaire aux Finances en Argentine. [...] Le principal responsable d'Interbanc est M. Carlos Pastor, ancien ministre de l'Économie du Pérou au début des années 1980[12]».

Le programme antidrogue de Washington

Les programmes de destruction de la coca, soutenus par Washington, coïncident toujours avec les cibles des opérations de contre-insurrection appuyées par les militaires et les services américains de lutte antidrogue (la *Drug Enforcement Administration*, DEA). L'accent a été mis sur le renforcement de la police et de l'armée péruviennes et la DEA a établi une base militaire à Santa Lucia, dans la région du Huallaga[13].

Résultat de cette politique : les militaires sont de plus en plus impliqués dans le trafic de drogue et le blanchiment de l'argent «sale» — une tendance qui s'est développée depuis l'arrivée au pouvoir de M. Fujimori. Un accord américano-péruvien a été signé en 1992 pour lutter contre le trafic de stupéfiants. Selon une déposition devant le Sénat américain, «la stratégie nationale de contrôle de la drogue du président [Bush] pose comme conditions à l'aide [américaine] les résultats obtenus dans le contrôle de la drogue et l'existence d'une politique économique saine»[14].

Le problème est que cette politique, menée sous la houlette du FMI, a contribué au déclin des activités, aux migrations de paysans appauvris vers les zones productrices de coca et au blanchiment de l'argent par les banques. La stratégie agricole et financière de M. Fujimori a, en fait, détruit dès le départ toute possibilité de «développement alternatif» dans

---

12. Sally Bowen, «Ex-US Secretary's Company buys into Bank, Brady Investment in Peru», *Financial Times,* 22 juillet 1994.

13. Plusieurs autres organismes américains œuvrent à partir de la base de Santa Lucia, notamment la NAS (liée à la DEA) et la CORAH (projet visant à la destruction de la culture de la coca). M. Bush a demandé en septembre au Congrès d'accorder au Pérou les 94 millions de dollars d'aide à la lutte contre la drogue bloqués en raison des violations des droits de l'Homme. Sur la stratégie américaine dans la région, lire Michael Klare, «De la guerre contre la drogue à la guerre tout court», *Le Monde diplomatique,* mars 1990.

14. Sénat américain, commission des affaires gouvernementales, *Cocaine Production, Eradication and the Environment: Policy, Impact and Options,* Washington, août 1990.

la haute vallée de l'Huallaga telle qu'elle fut envisagée par l'accord de 1992[15]. Si les États-Unis voulaient réellement lutter contre le trafic de la drogue (qu'ils ont beaucoup utilisé pour des financements secrets, de la guerre d'Indochine au scandale *Contragate*), ils n'imposeraient pas au Pérou une politique économique qui renforce l'alliance entre grandes banques, trafiquants et militaires. Il n'en reste pas moins que ce renforcement de la narcoéconomie apporte ces dollars dont a besoin le Pérou pour assurer le service de sa dette...

---

15. Dans la région de San Martin (zone productrice de coca), les aires de « cultures alternatives » (maïs, riz, cacao), bénéficiant de crédits de la Banco Agrario, ont diminué de 93 % entre 1988–1989 et 1990–1991, passant de 101 100 hectares à 6 730. Cf. *Revista Agronoticias,* juin 1991, Lima.

CHAPITRE XII

LA BOLIVIE : DETTE ET NARCOTRAFIC

LES INSTITUTIONS de Bretton Woods considèrent le programme d'ajustement structurel bolivien comme une « réussite », un exemple à suivre
pour d'autres pays « qui veulent stabiliser leur économie et établir un
processus durable de croissance économique ». Il faut souligner ici la si-
militude de l'ajustement structurel en Bolivie et au Pérou. Les deux économies dépendent largement des exportations illégales de coca comme
source principale de devises étrangères. Dans les deux pays, le « recyclage »
des narcodollars joue un rôle important dans le remboursement des
créances.

La Nouvelle Politique économique

En septembre 1985, le gouvernement MNR de Victor Paz Estenssoro
instaure un programme orthodoxe de stabilisation économique (*Decreto*

Supremo 21 060), dont le but est de « combattre l'inflation » et « d'éliminer les déséquilibres intérieurs et extérieurs ». Cette recette économique contient tous les ingrédients essentiels du Programme d'ajustement structurel préconisé par le FMI : dévaluation de la monnaie, unification du taux de change et libéralisation du marché des devises.

Les dépenses publiques furent comprimées et quelque 50 000 fonctionnaires furent licenciés. Le FMI avait également imposé le gel des salaires, la déréglementation des prix et la libéralisation des importations [1]. Le programme de stabilisation fut suivi d'une réorganisation de l'industrie minière de l'État et du congédiement de quelque 23 000 travailleurs.

L'architecte du PAS bolivien, Gonzalo Sanchez de Losada (qui fut élu président de la Bolivie en 1993) décrit les événements qui suivirent l'adoption de la *Nueva Política Económica* (NPE) en août 1985 de la façon suivante :

> Une fois implantées les mesures, nous avons eu une grève générale, le pays fut paralysé pendant 10 jours en septembre 1985 [...] Le dixième jour, les chefs syndicaux décidèrent de faire la grève de la faim : ce fut une grave erreur. Nous avons proclamé l'état d'urgence. [Le président] Paz comptait sur l'appui de l'opinion publique. Alors nous avons capturé les chefs syndicaux et les avons déportés à l'intérieur du pays, ce qui a contribué à désarticuler le mouvement ouvrier. Nous avons fermé COMIBOL, le consortium minier de l'État, et congédié 24 000 travailleurs en plus des 50 000 employés de l'État licenciés à l'échelon national. Nous avons éliminé la sécurité d'emploi [2].

Cette « politique de stabilisation » a néanmoins permis de contrôler l'inflation. Avant l'adoption des mesures de septembre 1985, le taux d'inflation galopait aux environs de 24 000 % par année. Mais l'objectif de la stabilisation des prix fut réalisé grâce au mécanisme de la « dollarisation » des prix : « puisque la majorité des prix étaient indexés au taux de change, la stabilisation de ce dernier contribua presque immédiatement à la stabilité des prix [3] ».

---

1. Pour plus de détails, voir Juan Antonio Morales, *The Costs of the Bolivian Stabilisation Programme,* document de travail, n° 01/89, La Paz, Universidad Católica Boliviana, 1989, p. 4.

2. Entrevue accordée par Gonzalo Sanchez de Losada, ministre des Finances du gouvernement MNR de Paz Estenssoro et architecte du programme économique, *Caretas,* n° 1094, Lima, 5 février 1990, p. 87.

3. Morales, *op. cit.,* p. 6.

Les bailleurs de fonds avaient mis sur pied un programme de restructuration de la dette extérieure. Selon ce plan, les créanciers officiels devaient «racheter» les dettes de la Bolivie à l'endroit des grandes banques commerciales. Il s'agissait de transformer les dettes privées en dettes publiques au profit des créanciers de Wall Street. Le rachat de la dette, cependant, fut conditionnel à l'adoption de «la médecine économique» du FMI.

Conséquences économiques et sociales

Le programme de stabilisation provoqua une chute significative de l'emploi et des salaires réels. À son tour, la compression du pouvoir d'achat se répercutait sur l'ensemble de l'activité économique. La diminution du pouvoir d'achat, combinée à l'impact de la libéralisation du commerce (et au *dumping* de produits agroalimentaires importés) contribuait à déstabiliser l'économie paysanne qui s'appuyait fortement sur le marché intérieur. De la même manière, la levée des barrières tarifaires a contribué à la destruction de l'industrie manufacturière nationale dont l'industrie textile et l'agroindustrie.

Les finances publiques s'étaient déjà effondrées sous le gouvernement Siles-Zuazo (1982–1985). La NPE de 1985 avait contribué à exacerber une structure budgétaire fragile: les réformes économiques de 1985 ont provoqué la compression des dépenses publiques (surtout dans les domaines de la santé et de l'éducation)[4]. Même si les salaires du secteur moderne n'ont diminué (selon les données officielles) que de 20 %, le chômage a atteint un niveau record. Avec la réduction de l'emploi dans le secteur moderne, surtout par les congédiements, la baisse des salaires a dépassé de beaucoup 20 %.

Le programme du FMI de 1985 a contribué à la stagnation de tous les secteurs de l'économie nationale (les mines, l'industrie et l'agriculture), à l'exception de l'économie illégale du coca et du secteur des services urbains. Cette tendance est comparable à celle observée au Pérou sous le gouvernement d'Alberto Fujimori. (*Voir le chapitre précédent.*)

La stagnation de l'industrie minière (composée pour la plus grande partie du consortium minier de l'État, le COMIBOL, et d'un secteur privé de faible envergure) a été le résultat de la fermeture des «mines déficitaires» (et du licenciement des travailleurs) ainsi que de l'effondrement

---

4. *Ibid.*, p. 9a.

du marché international de l'étain. La baisse des prix de l'étain sur le marché mondial a contribué à exacerber la situation économique et sociale.

Les mineurs congédiés investissaient leurs indemnités de départ dans l'achat de terres dans les régions productrices de coca. Les ressources de main-d'œuvre furent ainsi réorientées vers l'économie du coca. La NPE n'offrait aucune «solution de rechange» aux travailleurs licenciés par COMIBOL.

Conséquences pour l'économie rurale

L'agriculture bolivienne se divise en trois sous-secteurs distincts:

1. **L'économie paysanne** (*economia campesina*), caractérisée par l'agriculture à petite échelle (*parceleros*) et les communautés paysannes (*communidades campesinas*), concentrées dans les vallées andines et dans l'Altiplano (les hautes terres). L'économie paysanne est le produit de la réforme agraire des années 1950 et du démantèlement des grandes propriétés (*haciendas*). Comme au Pérou, les communes paysannes de l'Altiplano se caractérisent par un taux élevé de pauvreté: 97% de la population rurale est au-dessous du seuil de la pauvreté; entre 48 et 77% vivent dans des conditions d'extrême pauvreté (*pobreza critica*)[5].

2. **Un sous-secteur de culture de rente** orienté surtout vers le marché d'exportation et caractérisé par des opérations agricoles de taille moyenne ainsi que des grandes plantations dans les plaines ouvertes à la colonisation agricole (*llanos orientales*), par exemple dans la région de Santa Cruz.

3. **La production de coca** pour la transformation en pâte-base cocaïne lavée pour l'exportation, mais aussi pour la vente «traditionnelle» sur le marché intérieur.

La NPE contribue à la destruction de l'économie paysanne. Les marchés locaux de céréales furent affectés par l'afflux de céréales importées (par exemple, le blé), y compris sous la forme d'aide alimentaire et de contrebande en provenance de l'Argentine et du Brésil. Ces importations contribuent à une baisse de l'ordre de 25% des prix aux producteurs internes, acculant l'économie paysanne à la faillite.

---

5. Morales, *op. cit.*, p. 6. *Voir* aussi Juan Antonio Morales, *Impacto de los ajustes estructurales en la agricultura campesina boliviana*, ronéo, La Paz, Universidad Católica Boliviana, 1989.

Cette baisse des prix aux producteurs fut également accompagnée par un écart grandissant de la marge entre le prix au détail et le prix payé aux paysans, menant à l'enrichissement des marchands et intermédiaires au détriment des producteurs agricoles[6].

À l'exception de la récolte de soya dans les *Llanos orientales*, la NPE n'a guère contribué à augmenter la production agricole commerciale destinée à l'exportation. Dans cette conjoncture, la tendance va vers le développement rapide de l'économie illégale du coca.

Le blanchiment de l'argent sale

Les élites économiques nationales, y compris les banques commerciales, entretiennent des liens étroits avec le commerce illégal de la drogue. La libéralisation du marché des devises en 1985 favorise le blanchiment des narcodollars à l'intérieur du système bancaire national. Le secret bancaire est en vigueur dans toutes les transactions en devises étrangères. Grâce à des taux d'intérêts élevés (5 % au dessus du LIBOR), cette politique encourage également «le rapatriement de l'argent sale». Ces dépôts dans les banques commerciales boliviennes comprennent également les revenus du commerce de la drogue.

La réforme bancaire ainsi que le gel du crédit contribue au déclin des investissements productifs dans l'agriculture et l'industrie. De 1986 à 1988, le taux d'intérêt se situait entre 20 et 25 % par année. En revanche, l'économie de la drogue — appuyée par un financement bancaire à court terme — est en plein essor[7].

« L'éradication » de la production de coca

Alors que les politiques macroéconomiques proposées par le FMI contribuent directement à l'essor du narcotrafic, le gouvernement adoptait une loi, avec l'appui de la *US Drug Enforcement Administration* (DEA) dans le but d'éliminer la production de coca. Conformément aux dispositions légales (*Ley del regimen de la coca*), le gouvernement avait créé des

---

6. Morales, *The Costs... op. cit.,* p. 24a–25a.

7. Le taux des emprunts est entre 12 et 16 % avec un écart entre les taux sur les prêts et les emprunts qui va de 6,8 à 14 %. Pour plus de détails, voir Morales, *The Costs... op. cit.,* p. 14, Table 7.

unités mobiles de surveillance rurale (UMOPAR, *Unidad Movil de Patrullaje Rural*) dans les zones de production de coca. Cependant, ces patrouilles réprimaient surtout les petits producteurs de coca (souvent dans les zones de culture traditionnelle). Ces actions ne visaient pas pour autant les principaux groupes (liés au pouvoir politique) engagés dans la commercialisation et l'exportation de la pâte-base cocaïne. Selon une étude publiée en Espagne, l'UMOPAR serait contrôlée par la mafia de la drogue[8].

Le narco-État

Durant la dictature de Garcia Meza (1980–1982), l'économie du coca fut « protégée » au plus haut niveau gouvernemental[9]. La restauration de la démocratie parlementaire, cependant, n'a guère contribué à modifier la structure de l'État.

D'importants secteurs du monde des affaires bolivien continuent d'entretenir des liens étroits avec le commerce du coca, y compris l'usage des revenus du coca pour financer des investissements dans l'économie moderne.

Depuis le milieu des années 1970, le développement de l'économie des services urbains a été financé par le blanchiment de l'argent sale. Le recyclage des narcodollars à l'intérieur du système bancaire a permis le financement d'investissements dans le secteur immobilier (centres commerciaux, hôtels, infrastructures touristiques, etc.). Le blanchiment de l'argent a été favorisé par les réformes bancaires de 1985.

Avec l'adoption de la NPE en 1985, le Parti MNR au pouvoir abandonne son discours populiste et établit une alliance avec le Parti de droite de l'Action démocratique nationale (ADN) de l'ex-dictateur Hugo Banzer. Il s'agit d'une volte-face politique puisque le MNR comptait historiquement sur l'appui du mouvement ouvrier. Selon un observateur, le Général Banzer aurait entretenu des liens avec le narcotraffic depuis le milieu des années 1970. Plusieurs députés de l'ADN ainsi que des officiers de l'armée auraient maintenu des liens avec la mafia de la drogue[10].

---

8. Amalia Barron, « Todos implicados en el narcotrafico », Madrid, *Cambio 16*, 8 août 1988.

9. Voir Henry Oporto Castro, « Bolivia : el complejo coca-cocaina », *in* Garcia Savan (dir.), *Coca, cocaina y narcotrafico*, Lima, Comisión Andina de Juristas, 1989, p. 177.

10. Voir G. Lora. *Politica y burguesia narcotraficante*, La Paz, Mi Kiosco, 1988.

Le « Pacte pour la démocratie » MNR/ADN a permis au gouvernement MNR de faire adopter par le Parlement les différentes composantes de la NPE, y compris la déréglementation du marché du travail et la répression du mouvement ouvrier.

L'ADN a maintenu sa participation à la coalition gouvernementale lors de l'accession à la présidence, en 1989, de Paz Zamora du MIR (la gauche révolutionnaire). Paz Zamora était arrivé troisième dans la course à la présidence, après Hugo Banzer et le candidat MNR, Gonzalo Sanchez de Losada. C'est grâce à une alliance politique entre le général Hugo Banzer et Paz Zamora que ce dernier a pu accéder à la présidence en 1989. Alors qu'il occupait le poste de chef de l'État, l'ADN contrôlait la politique gouvernementale ainsi que la nomination des principaux ministres.

La coalition ADN/MIR devait poursuivre la politique macroéconomique sous la surveillance du FMI, amorcée en 1985 sous le MNR. L'ADN et son chef Hugo Banzer (élu président de la Bolivie en 1998) ont ainsi réussi à maintenir, sous deux gouvernements « démocratiques » successifs, une continuité en matière de politique macroéconomique.

CINQUIÈME PARTIE
L'EX-UNION SOVIÉTIQUE ET LES BALKANS

CHAPITRE XIII

TIERS-MONDISATION DE L'EX-UNION SOVIÉTIQUE

Première phase : « la thérapie de choc » de janvier 1992

« En Russie, nous vivons une situation d'après-guerre sans reconstruction. » Le communisme et l'«empire du mal» ont été vaincus, mais la guerre froide, officiellement terminée, n'a pas encore abouti à l'apothéose : alors que le complexe militaro-industriel constitue le cœur de l'économie, « le G7 veut détruire nos industries à haute technologie et empêcher le développement d'une puissance capitaliste rivale. Si l'Occident s'imagine qu'il va nous transformer en paradis technologique doté d'une main-d'œuvre bon marché, s'il croit qu'il va pouvoir se contenter de payer nos scientifiques 40 dollars par mois, il se trompe. Notre peuple se révoltera.[1] »

---

1. Entretien avec un économiste de l'Académie des sciences de Russie, Moscou, octobre 1992.

La « thérapie de choc » arrêtée par M. Egor Gaïdar, alors premier ministre, le 2 janvier 1992, conformément aux recettes du FMI, interdisait toute possibilité de transition vers un « capitalisme national », organisé au profit d'une classe d'entrepreneurs russes et soutenu, comme il se doit dans un pays capitaliste, par les politiques économique et sociale de l'État. En manipulant les forces du marché, les réformes déterminaient les secteurs autorisés à survivre. Les chiffres officiels font état d'une chute de 27 % de la production industrielle durant la première année d'application des réformes. Depuis 1992, la production industrielle en ex-Union soviétique a chuté de plus de 50 %.

Inspirées par le FMI, les réformes entreprises par M. Gaïdar et son équipe risquaient d'aboutir à une « tiers-mondisation » de la Russie. Elles étaient la copie conforme des programmes d'ajustement structurel imposés aux pays endettés d'Amérique latine et d'Afrique subsaharienne [2]. La logique de cette thérapie, appliquée au nom de la démocratie, se traduisait par un programme cohérent ayant pour effet d'appauvrir de larges secteurs de la population. Quoique conçu pour « stabiliser » l'économie, il avait abouti en 1992 à ce que les prix soient multipliés par 100 en vertu d'un « plan de lutte contre l'inflation ». Comme dans le tiers-monde, l'envol des prix fut largement provoqué par la « dollarisation » des échanges et par l'effondrement de la monnaie nationale.

Le pain, environ 15 kopeks en décembre 1991, coûtait plus de 20 roubles en octobre 1992. Le prix d'un récepteur de télévision fabriqué en Russie est passé de 800 à 85 000 roubles. Mais, simultanément, les salaires nominaux n'ont été multipliés que par 10, ce qui revient à dire que le pouvoir d'achat a baissé de plus de 80 % et que les milliards de roubles épargnés pendant des vies entières ont perdu toute valeur. Alors que le citoyen se montre très amer — « le gouvernement nous a dépouillés [3] » —, le FMI explique : « Le pouvoir d'achat était trop élevé. Il fallait comprimer cet excès de liquidités. » Selon un conseiller de la Banque mondiale, l'épargne dont la valeur venait de s'effondrer était déjà fictive : « Ce n'était qu'une illusion vu que [dans le système soviétique] les gens n'avaient pas la possibilité d'acheter quoi que ce soit. »

---

2. *Voir* Michel Chossudovsky : « Les ruineux entêtements du Fonds monétaire international », *Le Monde diplomatique,* septembre 1992. *Lire aussi* Ignacio Ramonet : « L'avenir radieux », *Le Monde diplomatique,* décembre 1992.

3. D'après les données officielles, les salaires ont été relevés à onze reprises entre janvier et septembre 1992.

Un économiste membre de l'Académie des sciences voit les choses autrement : « Du temps du système communiste, notre niveau de vie n'a jamais été très élevé mais tout le monde disposait d'un emploi. La couverture des besoins fondamentaux et les services sociaux, certes de qualité inférieure aux normes occidentales, étaient également garantis à chacun. Aujourd'hui, au contraire, les conditions sociales de la Russie s'apparentent à celles du tiers-monde. »

Les revenus moyens s'établissaient en 1992–1993 en-dessous de 10 dollars par mois : un professeur d'université gagnait 3 000 roubles (10 dollars), un employé était payé 2 000 roubles (7 dollars) et une infirmière 1 700 roubles [4]. Dès lors que les prix des produits de première nécessité se rapprochent progressivement des cours mondiaux, ces rémunérations suffisent à peine à acheter de la nourriture. Un manteau d'hiver coûtait 18 000 roubles (60 dollars), soit l'équivalent de neuf mois de salaire [5].

Conformément aux préceptes du FMI et de la Banque mondiale, les programmes sociaux doivent s'autofinancer, les écoles, les hôpitaux, les crèches, la culture et les arts assurant leurs ressources en faisant payer les usagers. Les lieux de spectacle et les musées sont au bord de la faillite : le célèbre théâtre Taganka de Moscou est fermé et d'autres compagnies n'ont plus d'argent pour payer leurs comédiens. De nombreux acquis du système soviétique en matière de santé, d'éducation et de culture ont été démantelés [6].

Une continuité avec l'ancien régime se manifeste néanmoins dans certains domaines. Sous couvert de démocratie libérale, l'Etat totalitaire reste en place et assure une synthèse étrange entre stalinisme et marché « libre ». M. Egor Gaïdar (premier ministre par interim dans le premier gouvernement de M. Eltsine), autrefois rédacteur en chef adjoint de *Komunist,* principal organe de propagande du Parti, s'est métamorphosé en partisan fervent de l'ultralibéralisme. Un dogme en remplace un autre, la réalité sociale reste dans le carcan de la propagande, les statistiques officielles étant falsifiées à l'occasion.

---

4. Voir Jean-Jacques Marie : « École et santé en ruines », *Le Monde diplomatique,* juin 1992.

5. Les prix et les salaires cités sont ceux de septembre–octobre 1992. Fin septembre 1992, le dollar valait 300 roubles.

6. Les conseillers économiques russes ne semblent pas être au courant des faiblesses des postulats théoriques du Fonds monétaire international. Et, dans l'ensemble de l'ex-Union soviétique, on ignore le plus souvent les caractéristiques d'un plan habituel du FMI et l'impact de tels plans en Afrique, en Amérique latine et en Europe de l'Est.

Le FMI est impliqué dans le calcul de l'indice des prix à la consommation par l'entremise d'un contrat d'assistance technique avec le gouvernement et, pour contester la baisse du niveau de vie moyen, le ministère de l'Économie russe affirme, contrairement à l'évidence, que « les salaires progressent plus vite que les prix[7] ».

La *perestroïka*

Pendant la *perestroïka*, l'achat aux cours officiels et la revente aux prix du marché constituaient, avec la corruption et les détournements de fonds, les principaux moyens d'accession à la fortune. Les « transactions opaques » d'anciens fonctionnaires et de membres du Parti ont été en quelque sorte légalisées en mai 1988 par la loi sur les coopératives signée par M. Mikhaïl Gorbatchev[8]. Cette législation avait permis la création d'entreprises commerciales privées et de sociétés à capitaux mixtes opérant parallèlement au système d'entreprises d'État. Dans de nombreux cas, ces « coopératives » ont été mises sur pied avec statut d'entreprises privées par les directeurs de sociétés d'Etat. Ces derniers cédaient alors (aux prix officiels) leurs productions à leurs coopératives privées qui, ensuite, revendaient sur le marché libre ce qu'elles avaient acheté, en réalisant ainsi un important profit. En 1989, les « coopératives » furent autorisées à créer leurs propres banques commerciales et à engager des transactions à l'étranger. En conservant un double système de prix, les réformes de 1987–1989 ont donc, loin d'encourager un capitalisme d'entrepreneurs, favorisé l'enrichissement, la corruption et le développement d'une « bourgeoisie de bazar ».

La bourgeoisie de bazar

La stratégie du FMI a bénéficié du soutien inconditionnel des « démocrates », porte-parole politiques des intérêts de la nouvelle classe de marchands. M. Eltsine était lui aussi l'avocat sans faille de ces « élites dollarisées », de la libéralisation des prix et de la chute du rouble. Le dollar s'échange désormais librement d'un bout à l'autre de l'ex-Union soviétique. Le rouble n'est plus considéré comme un véritable étalon

---

7. Voir *Delovoi Mir,* 6 septembre 1992.

8. Cf. FMI, OCDE, BERD et Banque mondiale : *A Study of the Soviet Economy,* Paris, 1991, vol. 1, 2ᵉ partie.

monétaire : les Russes privilégient le dollar pour leur épargne et sont « prêts à en acheter à n'importe quel prix[9] ».

Pillage de l'économie nationale

L'effondrement du rouble facilite le pillage des ressources naturelles du pays : pétrole, métaux non ferreux et matières premières stratégiques peuvent être achetés en roubles à des entreprises d'Etat, puis revendus dix fois plus cher (contre des devises étrangères) à des acheteurs de l'Union européenne. Le pétrole brut, par exemple, s'achetait en 1992 à 5 200 roubles la tonne (17 dollars). Une fois acquise la licence d'exportation, qu'il était facile d'obtenir en graissant la patte d'un fonctionnaire corrompu, il se revendait au cours mondial de 150 dollars la tonne[10]. Quand ils ne servent pas à la consommation de produits de luxe importés, les profits tirés de telles transactions sont déposés sur des comptes bancaires ouverts à l'étranger. Quoique illégaux, la fuite des capitaux et le blanchiment d'argent se trouvent facilités par la déréglementation du marché des devises et par les réformes du système bancaire. La fuite des capitaux s'élève à des dizaines de milliards de dollars[11]. Des personnalités de la classe politique transfèrent régulièrement de l'argent à l'étranger.

Le démantelement du capitalisme en Russie

Alors que, sur fond de crise générale, des usines ferment en Europe et en Amérique du Nord, y a-t-il place pour un capitalisme russe intégré à l'économie mondiale ? Les réformes inspirées par le FMI visent à promouvoir la liberté d'exporter les matières premières (pétrole, métaux stratégiques, produits agricoles) et à faciliter l'importation de biens de consommation destinés à une nouvelle élite (voitures de luxe, électronique, alimentaire à haute valeur ajoutée). L'industrie nationale n'est pas protégée contre la concurrence ni encouragée à produire ; les matières premières ne sont pas transformées. Les crédits destinés à l'achat de biens d'équipement sont gelés, la déréglementation des prix des biens intermédiaires accule l'industrie à la faillite.

---

9. Voir « Ruble Plunges to New Lows », *The Moscow Times,* 2 octobre 1992.

10. En 1992, le gouvernement de M. Gaïdar a accordé des licences d'exportation couvrant le double des exportations officielles de pétrole brut.

11. D'après les estimations récentes de l'*International Institute of Banking* de Washington.

L'effondrement du niveau de vie moyen a eu dès 1992 des effets sur l'industrie et sur l'agriculture. On a ainsi substitué à l'«économie de rationnement» du système soviétique (marquée par la pénurie de l'offre et les longues queues devant les magasins) une anémie de la demande par rationnement du pouvoir d'achat. Conséquence de l'écroulement simultané de l'offre et de la demande : la production de la plupart des biens de consommation a chuté de manière dramatique[12].

L'enrichissement d'une petite fraction de la population crée, en revanche, de longues files d'attente devant les magasins à dollars de Kouznetski, le quartier cossu de Moscou. Aux produits locaux, les nouveaux riches préfèrent les Mercedes-Benz, les BMW, la haute couture parisienne, pour ne rien dire de la «vodka russe» importée des États-Unis à 345 dollars la bouteille en cristal (l'équivalent de quatre années du salaire moyen). Ainsi le secteur le plus dynamique de la demande est celui des catégories sociales privilégiées, il favorise surtout les importations des produits de luxe, elles-mêmes financées par la mise à l'encan de l'industrie et des richesses naturelles.

Les programmes de privatisation

Les gigantesques profits de la nouvelle élite marchande servent aussi à l'achat à bon prix de propriétés d'État cédées conformément aux divers programmes de privatisation. Compte tenu de la valeur comptable attribuée à ces propriétés et de la faiblesse du rouble, les actifs publics peuvent être acquis pour presque rien[13]. Un centre de production de fusées à haute technologie ne coûte guère plus d'un million de dollars. Un hôtel situé en plein centre de la capitale vaut moins qu'un appartement à Paris.

Les élites commerciales (liées aux intérêts des mafias) ont beau être les seules à avoir les ressources et les filières leur permettant d'acquérir ce qui est privatisé, elles n'ont ni les connaissances ni la vision stratégique qui leur permettraient de bien gérer leurs actifs. Il est donc peu vraisemblable qu'elles soient en mesure de se transformer en entrepreneurs capables de reconstruire l'économie russe. Comme dans de nombreux pays du tiers-monde, cette classe de «*compradores*» prospère surtout grâce à sa relation symbiotique avec le capital étranger. Au demeurant, les réformes ultralibérales favorisent la marginalisation des producteurs na-

---

12. De 20 % à 30 % durant l'année 1992. Voir *Delovoi Mir,* 6 septembre 1992.

13. On estime que l'achat de 1 000 dollars de propriété d'État (en valeur comptable) permettait en 1992 d'acquérir des actifs réels qui se montent à 300 000 dollars.

tionaux publics ou privés et la prise en charge de larges secteurs de l'économie par le capital étranger.

Affaiblissement des secteurs de haute technologie

Ce ne sont là que les premiers pas d'une tendance générale : des pans entiers de l'industrie légère seront sacrifiés et remplacés par des importations. En revanche, les secteurs les plus rentables de l'économie russe (dont les industries de haute technologie) doivent passer aux mains d'entreprises mixtes (*joint ventures*). Cependant, les investisseurs étrangers restent prudents. La situation politique est incertaine et les risques sont grands : « Nous avons besoin de garanties concernant la propriété des terres, la possibilité de rapatrier les profits et de les convertir en devises », déclarait un banquier occidental.

Lockeed, Boeing et Rockwell International, entre autres, sont intéressés par les industries aéronautique et aérospatiale. La politique économique de M. Boris Eltsine a d'ailleurs favorisé les visées de ces sociétés étrangères dans la mesure où le démantèlement de l'Union soviétique a désorganisé l'industrie aérospatiale et les activités de haute technologie, rendant plus difficile la tâche de la Russie sur le marché mondial.

Criminalisation de l'économie

Les programmes de privatisation ont également facilité le transfert d'une fraction significative de la propriété publique au crime organisé. Il n'est pas surprenant que les mafias russes, qui constituent la nouvelle classe de possédants, aient été de fervents adeptes du néolibéralisme ainsi qu'un soutien politique des réformes économiques du président Boris Eltsine. On compte au total plus de 1 300 organisations criminelles dans la Fédération russe[14]. Selon une étude publiée par l'Académie des sciences de Russie, le crime organisé contrôle 40 % de l'économie, la moitié du parc immobilier commercial de Moscou, les deux tiers des institutions commerciales, soit au total 35 000 entreprises, 400 banques et 150 sociétés d'État[15]. Une branche de la mafia russe est impliquée dans la vente de

---

14. Ces gangs contrôlent 48 000 entreprises commerciales, 1 500 établissements publics et 800 banques. Voir *Kommerzant,* Moscou, n° 20, 1994.

15. L'étude précise que le crime organisé russe contrôle 35 % à 80 % des actions dans une grande variété d'institutions financières actives sur l'ensemble du territoire. *Voir : Izvestia,* Moscou, 21 septembre 1995, et Paul Klebnikov, « Stalin's Heirs », *Forbes,* New York, 27 septembre 1993.

matériel de type militaire, spatial et nucléaire, y compris des missiles té-léguidés, du plutonium pour armes nucléaires et des armes convention-nelles [16]. Non seulement les syndicats du crime russes tiennent en laisse politiques et hauts fonctionnaires, mais ils ont aussi leurs propres repré-sentants à la Douma.

Abolition de la zone rouble

Le programme du FMI visait également à l'abolition de la zone rouble, afin de geler le commerce entre les anciennes républiques de l'Union soviétique. Ces dernières ont été encouragées dès 1992 à battre leur propre monnaie et à fonder leur banque centrale, avec l'assistance technique du FMI. Une telle approche a abouti à la balkanisation économique des ré-gions. Avec l'appui des créanciers occidentaux, de nouvelles « frontières internes » ont été mises en place, freinant la circulation des biens et des personnes à l'intérieur de la Communauté des États indépendants [17].

Deuxième phase : les réformes du FMI dans l'impasse

Dès la fin de 1992, les réformes de M. Gaïdar ont débouché sur une impasse. Le FMI reconnaissait en effet que si le gouvernement s'en tenait à ses objectifs concernant la réduction du déficit budgétaire, c'est 40 % des usines qui devraient fermer.

M. Guerachtchenko, président de la Banque centrale, a alors pris la décision (contraire aux recommandations du FMI) d'accorder des crédits aux entreprises d'État. Il était appuyé par M. Arcadi Volski, responsable de l'Union civique (regroupant trois partis de l'opposition libérale), la-quelle avait avancé un programme de rechange comportant quelques modifications à la politique économique de M. Egor Gaïdar (dont le gel des salaires et des prix et le maintien des subventions aux entreprises d'État) ; ce texte se voulait une « solution de compromis » ne remettant pas en question les fondements de la politique ultralibérale.

---

16. *The Observer,* Londres, 11 septembre 1994, p. 6.

17. Avec l'assistance technique de la Banque mondiale, un droit de douane unique est mis au point. Il devrait s'appliquer à la totalité des importations au sein de la Fédération de Russie.

La date du 21 septembre a été bien choisie. M. Boris Fyodorov devait se rendre à Washington le 25 septembre à une réunion des ministres des Finances du G7. M. Andrei Kozyrev, ministre des Affaires étrangères, rencontrait le président Clinton ; la réunion annuelle du FMI et de la Banque mondiale était prévue pour le 28 septembre ; enfin, le 30 septembre, venait à expiration l'accord en fonction duquel avaient été reportées de 90 jours les échéances de la dette de 27,5 milliards de dollars aux banques commerciales. Le 1er octobre était la date limite fixée par le FMI pour décider de l'octroi d'un prêt *stand-by* à Moscou, avant la réunion, le 8 octobre, du Club de Londres.

À la suite de la dissolution du Parlement, le G7 a exprimé «son très fort espoir que les derniers développements aident la Russie à accomplir une percée sur la voie des réformes menant au marché [18]». Pourtant, malgré ces encouragements, le FMI n'était pas encore prêt à donner son feu vert aux crédits à la Russie : M. Viktor Guerachtchenko, favorable à l'Union civique, était encore directeur de la Banque centrale et contrôlait la politique monétaire ; une mission du FMI, qui se trouvait à Moscou durant la crise, avait informé M. Camdessus que «les plans déjà annoncés par le gouvernement pour diminuer les subventions et contrôler le crédit étaient insuffisants [19]».

Néanmoins, les réformes étaient entrées dans une nouvelle phase et l'appareil d'État russe passait de plus en plus sous la tutelle du G7 et des institutions financières internationales. M. Sergei Vassiliev, chef du Centre des réformes économiques du gouvernement, avait invité «le FMI à travailler en relation étroite avec le gouvernement». Le coup d'État de M. Boris Eltsine avait permis de renforcer le contrôle des ultralibéraux sur le gouvernement, même s'il n'avait pas mis un point final aux divisions et aux oppositions, notamment dans les régions, au ministère de la Défense et à la Banque centrale.

L'impact des décrets économiques de septembre et octobre 1993 ne s'est pas fait attendre. La déréglementation de l'entreprise de distribution du pain a abouti à une hausse de 200% des prix, frappant à nouveau une population qui avait déjà perdu 86% de son pouvoir d'achat en 1992. La décision de libéraliser encore plus les prix de l'énergie et d'augmenter les taux d'intérêt a contribué à acculer à la faillite d'importants secteurs de l'industrie.

---

18. *Ibid.*

19. *Financial Times,* 5 octobre 1993.

Les réformes du système fiscal étaient de la même veine que les recettes imposées par le FMI et la Banque mondiale aux pays endettés du tiers-monde. Elles proposaient l'« autonomie fiscale » des Républiques et des régions et la consécration en priorité des ressources financières du gouvernement fédéral au remboursement des créanciers. Ce choix aura pour conséquence d'accélérer la mainmise du capital occidental sur les régions.

Dans le domaine économique, le ministre de la Défense joue un rôle important car une large part du complexe militaro-industriel est sous sa juridiction. Les différents programmes de conversions négociés par l'OTAN et les ministères de la défense occidentaux visent à démanteler ce complexe, y compris son secteur civil, et à empêcher la Russie de devenir un concurrent sur le marché mondial. Ce qui implique un démantèlement des capacités de production dans le domaine du matériel militaire, des avions, de la haute technologie tandis que tout le savoir scientifique et les droits de propriété intellectuelle seront mis au service du capital occidental. Ainsi les laboratoires ATT & Bell ont acquis, grâce à la constitution d'une entreprise mixte (*joint venture*), un laboratoire de l'Institut de physique générale de Moscou. McDonnell Douglas a signé un accord similaire avec l'Institut de recherche mécanique[20].

La dissolution du Parlement

L'opposition au sein de la Douma, dominée par l'Union civique, constituait la principale entrave à l'application des réformes. En effet, durant l'été 1993, les députés avaient voté une législation pour ralentir la privatisation de l'industrie, imposer des restrictions aux banques étrangères et limiter la possibilité pour le gouvernement de tailler dans les subventions et les dépenses sociales[21].

Le 21 septembre 1993, M. Boris Eltsine dissout le Parlement afin de contourner le processus législatif. Deux jours après la dissolution de la Douma, M. Michel Camdessus, directeur général du Fonds monétaire international, suggérait que la seconde tranche d'un prêt de 1,5 milliard

---

20. *The Scientific American,* février 1993.

21. La Banque centrale était encore sous la juridiction du Parlement. Passée au début de septembre sous une double autorité, celle des députés et celle du gouvernement, elle est désormais placée sous le seul contrôle de ce dernier.

Tableau 12.1 : L'assaut du Parlement russe
Une chronologie macroéconomique
(Septembre–octobre 1993)

13 septembre	Le président Eltsine rappelle Egor Gaïdar au gouvernement.
20 septembre	Les ambassadeurs du G7 sont prévenus de la décision de Eltsine de dissoudre le Parlement.
21 septembre	Boris Eltsine dissout le Parlement et abroge la Constitution.
22 septembre	Messages d'appui du G7 à Boris Eltsine.
23 septembre	Michel Camdessus, directeur général du FMI, annonce que les réformes macroéconomiques de la Russie ne sont pas conformes aux directives du FMI. Vague de décrets économiques lancés par Egor Gaïdar.
24 septembre	L'armée et la police anti-émeute encerclent le Parlement.
25 septembre	Le ministre des Finances, Boris Fyodorov, rencontre les ministres des Finances du G7.
28 septembre	La réunion annuelle du FMI et de la Banque mondiale s'ouvre à Washington ; Boris Fyodorov rencontre Michel Camdessus. Une mission économique du FMI arrive à Moscou pour suivre de près le progrès des réformes économiques.
1er octobre	Expiration du délai pour la décision du FMI au sujet d'un prêt *stand-by*.
4 octobre	Prise d'assaut de l'édifice du Parlement. Décision du FMI (basée sur le rapport de la mission économique) de suspendre les décaissements du prêt à la Fedération de Russie.
5 octobre	Les États-Unis, l'Union européenne et le Japon appuient la décision d'Eltsine d'écraser la révolte parlementaire. Une purge des opposants à Eltsine commence à Moscou et dans les régions.
8 octobre	Réunion à Francfort du Club de Londres, relative au rééchelonnement de la dette russe envers les banques commerciales.
12 octobre	Boris Eltsine arrive à Tokyo.
14 octobre	Le prix du pain augmente de 100 à 300 roubles.

SOURCE : *Financial Times,* septembre et octobre 1993, plusieurs numéros.

de dollars à la Russie, au titre des facilités de transition systémique[22], ne soit pas débloquée avant l'année suivante car Moscou n'avait pas respecté ses engagements. Ainsi, toute réforme correspondant aux exigences du FMI et des créanciers internationaux devait passer par la dissolution du Parlement.

Le G7 avait donc endossé le décret du président Eltsine contre le Parlement avant même qu'il soit publié, les ambassadeurs à Moscou des sept pays les plus industrialisés en ayant été informés à l'avance. Cette décision du 21 septembre fut immédiatement suivie d'une vague de mesures pour accélérer le rythme de la réforme économique selon les conditions fixées par l'accord signé avec le FMI en mai 1993. D'après M. Boris Fyodorov, ministre des Finances, le pouvoir, libéré du contrôle du Parlement, «peut adopter le budget qui lui plaît[23]».

Dans le carcan de la dette

Qui aide qui ? La question vaut d'être posée car les réformes s'accompagnent d'un pillage de l'économie russe : des matières premières sont vendues à des acheteurs occidentaux à des prix inférieurs à ceux du marché mondial. En échange, le marché intérieur est submergé de produits de luxe. Les scientifiques travaillent en sous-traitance pour des salaires mensuels de 50 dollars. Les banques occidentales — y compris la Banque nationale de Paris, la Banque Dresdner et le Crédit lyonnais — participent à des opérations juteuses, consentant des prêts à court terme en dollars à des taux de 25 % l'an...

L'élimination du Parlement a immédiatement entraîné un changement de stratégie de la part de Moscou, dans la renégociation de la dette avec les banques commerciales. Aucune demande d'annulation n'a été formulée par la délégation russe à la réunion du Club de Londres à Francfort, au début d'octobre 1993. L'échéance pour le règlement des intérêts serait provisoirement repoussée et les deux tiers environ de la dette commerciale (24 milliards de dollars sur un total de 38 milliards) seraient rééchelonnés. Toutes les conditions posées par les créanciers ont été acceptées, à une exception notable près : Moscou avait refusé de renoncer à l'immunité de juridiction de l'État, qui, au nom de la souveraineté, lui réserve le

---

22. Ce prêt est similaire aux prêts d'ajustement structurel octroyés aux pays endettés du tiers-monde. Lire « IMF Chief Urges West to Give Financial Support », *Financial Times,* 24 septembre 1993.

23. Cité dans le *Financial Times,* 23 septembre 1993.

droit de s'opposer à ce que les banques étrangères saisissent les entreprises d'État en défaut de paiement du service de la dette et confisquent leurs avoirs. Encore que la question ne soit pas réglée, car le FMI pourrait subordonner son feu vert à l'octroi de prêts à la renonciation de la Russie à cette clause[24].

Les créanciers étrangers cherchent des mécanismes pour transformer les réserves de la Banque centrale ainsi que les dépôts en devises étrangères dans les banques commerciales russes en moyens de paiement du service de la dette. Ils envisagent aussi d'utiliser les dépôts en devises de Russes à l'étranger. M. Georg Krup, directeur de la Deutsche Bank pour l'Europe, a suggéré, au nom des membres du Club de Londres, que les réserves de la Banque centrale russe soient affectées au remboursement des dettes.

Ainsi, la réforme économique imposée par les institutions financières internationales n'a pas seulement pour objet d'obliger la Russie à payer sa dette : elle aura aussi pour effet de l'alourdir. Un cercle vicieux que les pays du tiers-monde connaissent bien. Comme eux, l'État russe est désormais enserré dans la camisole de force de l'ajustement structurel et de la dette.

La décomposition sociale

Pendant que la crise s'aggrave, la population se sent de plus en plus isolée et vulnérable. La «démocratie» a été restaurée sur le plan formel, mais les nouveaux partis, éloignés des préoccupations populaires, courtisent surtout les bureaucrates et les marchands. Et la désintégration de la société civile ne fait que commencer. L'impact sur l'emploi du programme de privatisation promettait d'être dramatique alors que plus de la moitié des usines furent acculées à la faillite[25]. En 1994 (selon les données officielles), les travailleurs de quelque 33 000 entreprises endettées, y compris des sociétés industrielles publiques et des fermes collectives, n'étaient plus payés régulièrement[26]. En Sibérie et dans l'Oural, des villes entières qui dépendaient totalement des crédits publics et des activités du complexe militaro-industriel sont en train de péricliter ou de disparaître.

---

24. *The Wall Street Journal,* New-York, 12 octobre 1993. *Lire aussi* Allan Saunderson, «Legal Wrangle Holds Up Russian Debt Deal», *The European,* 14–17 octobre 1993.

25. La Banque mondiale a recommandé au gouvernement de fragmenter les grandes entreprises pour aboutir à des entités plus petites.

26. *Financial Times,* 1er août 1994, p. 1.

La tendance n'est pas seulement à la paupérisation grandissante et au chômage généralisé. On assiste également à un déchirement beaucoup plus profond du tissu social, y compris la destruction des institutions et l'éclatement éventuel de la Fédération russe. Les risques géopolitiques sont énormes : la politique économique du FMI conduit au désastre pour la Russie et pour l'Occident.

Chapitre XIV

DÉMANTÈLEMENT DE LA YOUGOSLAVIE
RECOLONISATION DE LA BOSNIE-HERZÉGOVINE

Alors que les forces armées de l'OTAN s'appliquaient, en Bosnie, à mettre en œuvre les accords de Dayton, la presse et les hommes politiques décrivaient l'intervention occidentale comme une réponse noble — bien que tragiquement tardive — à l'explosion des massacres ethniques et des violations des droits de l'homme. Pourtant, cette vision occulte de nombreux éléments, notamment les intérêts stratégiques de l'Allemagne et des États-Unis ainsi que le rôle des créanciers extérieurs et des institutions financières internationales, qui jouèrent un rôle non négligeable dans l'éclatement de la Yougoslavie [1].

Car les puissances occidentales portent une responsabilité dans l'appauvrissement et la destruction de cette nation de 24 millions de personnes.

---

1. Sean Gervasi, « Germany, US and the Yugoslav Crisis », *Covert Action Quarterly,* n° 43, hiver 1992–1993.

Les réformes imposées par les créanciers de Belgrade, adoptées en plusieurs étapes depuis le début des années 1980, ont opéré de véritables ravages économiques et politiques.

Malgré le non-alignement politique de Belgrade et ses intenses relations commerciales avec les États-Unis comme avec la Communauté européenne, l'administration de M. Ronald Reagan avait classé l'économie yougoslave comme « ultrasensible », dans une directive de sécurité nationale de 1984 (NSDD 133), intitulée « La politique américaine en Yougoslavie ». Une version censurée de ce document, rayé de la liste des documents secrets en 1990, s'inspirait largement d'une directive précédente de 1982 concernant la sécurité nationale en Europe de l'Est (NSDD 54). Elle prônait « des efforts accrus pour promouvoir une révolution en douceur qui renverserait gouvernements et partis communistes » à travers la réintégration de ces pays au sein du marché mondial[2].

Les réformes imposées sous la pression des créanciers de Belgrade allaient désintégrer le secteur industriel et démanteler les acquis sociaux. Rapidement, la croissance industrielle fut ramenée à 2,8 % pendant la période 1980–1987, plongeant ensuite à 0 en 1987–1988 et reculant enfin de -10,6 % en 1990. En 1989, Washington promit au premier ministre, M. Ante Markovic, une aide financière importante en échange de réformes économiques : une nouvelle monnaie dévaluée, le gel des salaires, des coupes claires dans les dépenses gouvernementales et la disparition des entreprises autogestionnaires à propriété sociale[3].

Mais les revenus fédéraux ainsi dégagés servirent à payer les intérêts de la dette aux Clubs de Paris et de Londres, au lieu d'être transférés aux Républiques, abandonnées à leurs propres moyens. Ce faisant, les réformateurs détruisirent la structure fiscale, blessant à mort, du même coup, les institutions politiques fédérales. Car la crise budgétaire provoquée par le Fonds monétaire international avait créé un « fait accompli » économique qui fraya partiellement la voie à la sécession de la Croatie et de la Slovénie en juin 1991[4].

---

2. Sean Gervasi, *ibid.*

3. Dans le cadre du « socialisme autogestionnaire », l'économie yougoslave comptait, outre les entreprises d'État, un grand nombre de sociétés appartenant collectivement à leurs employés. La propriété sociale se distingue ici de la propriété collective d'État.

4. Lire Catherine Samary, « La Yougoslavie à l'épreuve du libéralisme réellement existant », *Le Monde diplomatique,* juillet 1991.

La mise en faillite du secteur industriel

En 1989, un « programme de faillite » destiné à provoquer la liquidation des « canards boiteux » avait été mis en route avec l'aide de conseillers occidentaux. En moins de deux ans, plus d'un millier de sociétés disparurent, en premier lieu des entreprises à propriété sociale dans les secteurs de l'électronique, de la raffinerie pétrolière, de la machinerie, de l'ingéniérie et de l'industrie chimique. Effondrement des revenus, des programmes sociaux et de l'emploi allèrent de pair, diffusant dans la population une atmosphère de désespoir.

Reconstruction des États issus de l'ex-Yougoslavie

Les réformes économiques imposées aux États issus de l'ex-Yougoslavie prolongent naturellement celles qui avaient été mises en œuvre à l'époque fédérale. Sur fond de guerre brutale et destructrice, les espérances de reconstruction des Républiques fraîchement indépendantes étaient donc des plus mornes. Presque totalement occultée par les médias, la question de la renégociation de la dette faisait partie intégrante des efforts de paix. Le découpage de l'ex-Yougoslavie, sous l'œil attentif de ses créanciers, allait se doubler d'une répartition de sa dette entre les nouvelles Républiques[5].

Alors que les armes parlaient encore, la Croatie, la Slovénie et la Macédoine entamèrent des négociations avec les institutions de Bretton Woods. Dès 1993, le gouvernement du président Franjo Tudjman signa un accord avec le FMI exigeant de massives réductions budgétaires, qui contrariaient les efforts croates pour mobiliser les ressources productives et compromettaient par là même la reconstruction d'après-guerre. Évaluée à quelque 23 milliards de dollars, la restauration de l'économie croate, détruite par les combats, implique de nouveaux prêts de l'étranger. Faute d'un rééchelonnement de sa dette, son seul service représenterait pour Zagreb un fardeau écrasant pour des dizaines d'années.

Pour obtenir de nouvelles avances, le gouvernement croate a donc consenti à d'autres réformes entraînant des fermetures d'entreprises supplémentaires et une diminution brutale des salaires. Si bien que le taux

---

5. En juin 1995, le FMI a proposé de redistribuer la dette de 10 milliards de dollars de l'ex-Yougoslavie selon le schéma suivant : la Serbie et le Monténégro s'étaient engagés à en prendre en charge 36,52 %, la Croatie 28,49 %, la Slovénie 16,39 %, la Bosnie-Herzégovine 13,2 % et la Macédoine 5,4 % (Cf. *Le Monde*, 10 février 1996).

officiel du chômage est passé de 15,5 % en 1991 à 19,1 % en 1994[6]. En outre, Zagreb a adopté une loi beaucoup plus stricte sur les faillites ainsi que des procédures rigoureuses pour le démembrement des grandes entreprises d'utilité publique nationalisées[7].

La Macédoine a pris le même chemin. En décembre 1993, son gouvernement acceptait de réduire les salaires et de geler le crédit afin d'obtenir un prêt à l'appui de la « transformation systémique » préconisée par le FMI. L'argent, pourtant, était destiné non à financer la « reconstruction », mais à permettre à Skopje de rembourser les arriérés de ses dettes à la Banque mondiale... Comme son homologue croate, le Premier Ministre Branko Crvenkovski devait, en échange d'un rééchelonnement de la dette, accepter la liquidation des entreprises dites « en faillite » ainsi que le licenciement des salariés « en surnombre » — soit les salariés de la moitié des entreprises industrielles du pays ! Là encore, la thérapie du FMI prolonge le « programme de faillite » lancé en 1989 du temps de la Yougoslavie fédérale.

Oubliant l'austérité et les atteintes aux services publics comme l'enseignement et la santé, M. Ljube Trpevski, le ministre des Finances, pouvait déclarer fièrement à la presse que « la Banque mondiale et le FMI classent la Macédoine parmi les pays les plus couronnés de succès en ce qui concerne les réformes de transition actuelles ». Le FMI, pour sa part, avait félicité le gouvernement macédonien, complimentant tout particulièrement sa « politique salariale efficace[8] ».

En Bosnie, tandis que les forces de l'OTAN maintiennent une paix fragile, l'Occident a levé le voile sur un « programme de reconstruction » qui prive le pays de toute souveraineté économique et politique réelle. Son objectif affiché : développer la Bosnie-Herzégovine comme un territoire divisé sous occupation militaire de l'OTAN et sous administration occidentale.

Sur la base des accords de Dayton de novembre 1995, les États-Unis et l'Union européenne ont installé une véritable administration étrangère

---

6. « Zagreb's About Turn », *The Banker*, Londres, janvier 1995, p. 38.

7. On trouvera une description de « la réforme par le démembrement » en Europe de l'Est dans Esra Benathon et Louis S. Thompson, « Privatisation Problems at Industry Level, Road Haulage in Central Europe », *World Bank Discussion Paper*, n° 182, Banque mondiale, Washington, chapitre 3.

8. *Macedonian Information and Liaison Service, MILS News*, 11 avril 1995.

en Bosnie. À sa tête se trouvait le « haut-représentant civil de la communauté internationale », M. Carl Bildt, ancien premier ministre suédois et représentant de l'Union européenne aux pourparlers de paix. Le haut représentant possède les pleins pouvoirs exécutifs sur toute question civile, avec droit de passer outre aux objections des gouvernements de la Fédération bosniaque et de la République Srpska des Serbes de Bosnie. Il agit en liaison étroite avec le haut commandement militaire de la Force d'imposition (IFOR) ainsi qu'avec les agences donatrices. De surcroît, une police civile internationale, dirigée par un commissaire étranger nommé par le secrétaire général des Nations unies, M. Boutros Boutros Ghali, a été déployée dès 1996 en Bosnie — 1 700 policiers issus de 15 pays qui, pour la plupart, n'avaient jamais posé le pied dans les Balkans avant un entraînement de cinq jours à Zagreb.

L'Assemblée parlementaire mise en place en vertu de la Constitution prévue par les accords de Dayton servait surtout de « tampon officiel ». Derrière la façade institutionnelle, le pouvoir politique de la nouvelle Bosnie reste aux mains d'un « gouvernement parallèle » dirigé par le haut-représentant et composé de ses conseillers étrangers. L'article VII de la Constitution stipule que le premier gouverneur de la Banque centrale doit être désigné par le FMI et qu'il « ne peut être un citoyen de la Bosnie-Herzégovine ni d'un État voisin... » En vertu du même article, la Banque centrale n'a pas le droit de fonctionner comme... banque centrale : « Pendant six ans [...] elle ne peut accorder de crédits par création monétaire, opérant à cet égard comme un simple institut d'émission ». Bref, comme les autres États issus de l'ex-Yougoslavie, sa capacité à autofinancer sa propre reconstruction sans augmenter massivement sa dette extérieure est limitée dès l'origine...

Les tâches liées à la gestion de l'économie bosniaque ont été soigneusement réparties entre les agences donatrices : si le FMI veille sur la Banque centrale, la Banque européenne pour la reconstruction et le développement, elle, est à la tête de la commission des entreprises publiques, qui dirige les opérations de toutes les entreprises du secteur public — énergie, eau, poste, routes, chemins de fer, etc. C'est même le président de la BERD en personne qui désigne le responsable de cette commission, également chargée de la restructuration du secteur public, autrement dit de la vente des entreprises étatiques et à propriété sociale ainsi que de l'acquisition de fonds d'investissement à long terme.

Coûteuse reconstruction

Drôle de Constitution... Des créanciers occidentaux écrivant à la vavite un document destiné à préserver leurs propres intérêts, attribuant des positions exécutives dans le système d'État bosniaque à des non-citoyens : pas d'Assemblée constituante ni de consultations des organisations des citoyens en Bosnie-Herzégovine, pas de possibilité d'amendements constitutionnels...

Selon le gouvernement bosniaque, les frais de la reconstruction se monteront à 47 milliards de dollars. La Banque mondiale et l'Union européenne se sont engagées, pour leur part, à fournir dans les trois à quatre années à venir 5 milliards de dollars, dont 500 millions d'urgence. Mais les États-Unis ont fixé leur quote-part maximale à 600 millions de dollars pour les trois prochaines années, tandis que l'Union européenne entend se limiter à 1 milliard [9]. On est donc loin du compte, surtout sachant qu'en vertu des accords de Dayton, une part de ces sommes couvre certains des frais civils locaux du déploiement militaire de l'IFOR ainsi que le remboursement d'arriérés des dettes aux créanciers internationaux [10]...

À vrai dire, les gouvernements et les entreprises des pays occidentaux s'intéressent aussi aux ressources naturelles stratégiques, actuelles et potentielles, de la Bosnie. À en croire des documents aux mains des Croates et des Serbes bosniaques, des gisements houillers et des champs pétroliers auraient été identifiés sur la pente est des Alpes dinariques, une région reprise par l'armée croate aux Serbes bosniaques rebelles de la Krajina lors des batailles antérieures aux accords de Dayton [11]. Des fonctionnaires bosniaques signalent aussi que la compagnie pétrolière américaine Amoco figure parmi les sociétés étrangères ayant effectué des sondages en Bosnie. Il y aurait enfin « d'importants champs pétroliers dans la partie de la

---

9. *International Herald Tribune,* 20 février 1996.

10. Selon l'accord entre la République de la Bosnie-Herzégovine et l'OTAN, le personnel de l'OTAN ne paiera aucun impôt et certains de ses frais locaux seront pris en charge par le gouvernement bosniaque : « Le gouvernement de la République de Bosnie-Herzégovine fournira sans frais les facilités dont l'OTAN aura besoin pour la préparation et l'exécution de l'opération. »

11. Frank Viviano et Kenneth Howe, « Bosnia Leaders Say Nation Sits Atop Oil Fields », *The San Francisco Chronicle,* 28 août 1995.

Croatie tenue par les Serbes, de l'autre côté de la rivière Sava de la région de Tuzla [12] », ville où a été installé le quartier général de la zone militaire américaine.

12. Frank Viviano et Kenneth Howe, *op. cit.*

SIXIÈME PARTIE
LES PAYS DÉVELOPPÉS

Chapitre XV

LA CRISE FINANCIÈRE EN OCCIDENT

Contexte historique de la crise économique

À tort présentée comme cyclique, la crise économique en Occident apparaît en fait comme structurelle. Fusions, restructurations, délocalisations accroissent les capacités de production tout en pesant sur le pouvoir de consommer. Dans chacune des économies occidentales, des usines ferment et des salariés se retrouvent au chômage : restructuration industrielle dans l'aérospatiale, délocalisation de la production automobile vers l'Europe de l'Est et le tiers-monde, fermeture des mines de charbon au Royaume-Uni.

Pendant les années 1980, la récession a été marquée par la faillite de nombreuses petites entreprises, l'effondrement des banques locales et régionales (comme les caisses d'épargne américaines) et une vague de fusions et d'OPA qui ont abouti au krach du « lundi noir » (19 octobre 1987).

À l'orée des années 1990, la crise mondiale entrait dans une phase nouvelle. La récession mondiale affecte désormais les grandes sociétés industrielles des États-Unis, de l'Allemagne et du Japon : Nippon Steel, General Motors, IBM, Thyssen Stahl, Chrysler-Daimler, etc. L'avenir des plus grandes entreprises occidentales est en jeu : la surproduction mondiale a également provoqué une concurrence effrénée entre grandes sociétés ainsi qu'une nouvelle vague de fusions industrielles.

De proche en proche, la récession industrielle s'est étendue au secteur des services : déroute des grandes compagnies aériennes, crise des grandes chaînes de distribution (faillite des magasins Sears aux États-Unis et au Royaume-Uni), effondrement des empires immobiliers de Tokyo, de Paris et de Londres. La chute des valeurs foncières entraîne le défaut de paiement des emprunteurs, lequel, à son tour, fait vaciller l'ensemble du système financier[1].

Changement du paysage financier

Depuis la suppression, en 1971, du système de parités fixes défini à la Conférence de Bretton Woods en 1944, l'actuel paysage financier de la planète s'est dessiné en plusieurs étapes. Coïncidant assez largement avec l'ère Thatcher–Reagan, la crise de la dette des années 1980 a déchaîné une vague de fusions, de faillites et de restructurations. À leur tour, ces transformations ont favorisé l'émergence d'une nouvelle génération de financiers dans les banques d'affaires, chez les investisseurs institutionnels, dans les firmes de courtage et les grosses compagnies d'assurances.

Le spéculateur institutionnel

Le krach boursier de 1987 a permis de cristalliser ces changements en garantissant que seuls les « meilleurs » pourraient survivre. Et depuis 1987, une concentration massive du pouvoir financier s'est produite. Le « spéculateur institutionnel » a surgi, acteur puissant et désormais capable de l'emporter sur des intérêts plus traditionnels, par exemple liés à une activité productive. Grâce à une variété d'instruments, ces spéculateurs institutionnels peuvent désormais s'approprier une partie de la richesse créée par les producteurs de biens et de services. Et à présent, ce sont eux qui dictent souvent le sort des entreprises cotées à Wall Street.

Le montant quotidien des transactions sur les devises (1 500 milliards de dollars) a dès 1995 dépassé l'encours des réserves de change de toutes les banques centrales de la planète (1 202 milliards)[2]. En d'autres termes,

1. Depuis le début des années 1980, ces actifs immobiliers surévalués ont été utilisés comme collatéraux de prêts accordés par des banques commerciales. Ces prêts ont ensuite été investis sur le marché boursier.

2. Martin Khor, « SEA Currency Turmoil Renews Concern on Financial Speculation », *Third World Resurgence,* Montevideo, n° 86, octobre 1997.

les spéculateurs institutionnels détiennent sur les réserves de change un pouvoir très supérieur à celui des instituts d'émission, lesquels ne peuvent plus, ni individuellement ni collectivement, lutter contre la spéculation.

Si ces « gestionnaires de fonds » jouent un très grand rôle sur les marchés financiers, ils sont de moins en moins présents dans l'économie réelle. Leurs activités (qui échappent souvent aux réglementations étatiques) incluent les transactions spéculatives sur les cotations à terme et les produits dérivés ainsi que les manipulations des cours de devises. Ils sont en permanence impliqués sur les marchés « émergents » d'Amérique latine et d'Asie du Sud-Est, sans parler du blanchiment de l'argent et de ces banques « qui conseillent les clients aisés » dans nombre de paradis fiscaux. Activités « légales » et « illégales » sont de plus en plus imbriquées, des fonds privés considérables sont accumulés anonymement, cependant que, profitant de la déréglementation, des mafias jouent un rôle croissant dans les sphères bancaires.

Le krach boursier d'octobre 1997

Presque dix ans jour pour jour après le fameux « lundi noir » de 1987, le 27 octobre 1997, les marchés boursiers chutèrent d'un bout à l'autre de la planète. Quelques semaines plus tard, la chute sur les places boursières de Tokyo et de Séoul entraînait le plongeon du won coréen. Les signes annonciateurs d'une grave crise financière ne manquaient pourtant pas. Dès l'été 1997, la spéculation avait emporté les monnaies d'Asie du Sud-Est.

Loin d'être contenue, la crise actuelle pourrait se révéler encore plus destructrice que celle d'il y a dix ans, voire que celle de 1929. En 1987, les monnaies nationales étaient encore relativement stables. Cette fois, le tourbillon de la valeur des actions coïncide avec l'effondrement de certaines monnaies. Et une relation presque intime s'est nouée entre la Bourse et le marché des changes : non seulement les spéculateurs institutionnels peuvent manipuler le cours des actions, mais ils ont aussi appris à piller les réserves de devises des banques centrales, déstabilisant au passage des économies entières.

Durant 1997–1998, des dizaines de milliards de dollars de réserves en devises des banques centrales des pays de l'Asie du Sud-Est (Thaïlande, Indonésie, Malaisie, Philippines) ont été confisquées par les spéculateurs et transférées au compte d'institutions financières privées. Des banques d'investissement et des sociétés de courtage ont délibérément manipulé le marché boursier et celui des devises.

Paradoxalement, ce sont souvent les mêmes institutions financières occidentales qui ont asséché les liquidités des banques centrales des pays en voie de développement qui, ensuite, ont proposé de «venir à la rescousse» des autorités monétaires d'Asie du Sud-Est[3].

Instabilité des marchés financiers

À Wall Street, le système mis en place après le krach de 1987 pour geler le déclenchement automatique des programmes informatiques (qui vendent à tout-va dès que l'indice Dow Jones chute de plus de 50 points) n'a pas eu l'efficacité souhaitée. Qui plus est, contrairement aux années 1920, les grands marchés financiers sont liés entre eux de manière quasi organique : les soubresauts de Wall Street contaminent aussitôt les bourses d'Europe et d'Asie ainsi que les marchés des changes et des matières premières. Une volatilité à Wall Street se répand presque aussitôt sur les marchés financiers d'Europe et d'Asie.

L'expérience des années 1990 a amplement prouvé le rôle déstabilisateur des systèmes de cotations informatisés : à présent, l'indice Dow Jones peut gagner ou perdre plusieurs centaines de points en quelques minutes grâce à un système électronique *Superdot* qui permet de traiter simultanément une moyenne de 375 achats groupés par seconde, ce qui correspond à une capacité de traitement de deux milliards d'actions par jour. La vitesse et le volume des échanges envisageables ayant été multipliés par dix depuis 1987, les risques d'instabilité financière ont beaucoup augmenté, surtout dans un monde où les économies nationales sont de plus en plus liées les unes aux autres par tout un réseau de transactions commerciales et financières.

---

3. Ainsi, en juillet 1997, la banque Baring, connue pour ses penchants à la spéculation, a généreusement offert de financer un prêt de 1 milliard de dollars à la Banque centrale des Philippines. Dans les mois qui ont suivi, une bonne partie des réserves de devises ainsi empruntées ont été récupérées par les spéculateurs, Manille ayant cédé d'importantes quantités de dollars afin de mieux défendre la monnaie nationale.

L'accumulation de richesses privées

La restructuration mondiale des institutions et des marchés financiers a accéléré l'accumulation d'énormes richesses privées, souvent produites par des transactions spéculatives. Rien qu'aux États-Unis, le nombre des milliardaires (en dollars) est passé de 13 en 1982 à 149 en 1996. Le «club des milliardaires de la planète» compte à présent 450 membres et détient à lui seul une fortune très supérieure au PNB cumulé des pays pauvres où vivent 56 % de la population mondiale[4].

Inutile de produire des biens et des services : l'essentiel de l'enrichissement s'effectue en dehors de l'économie réelle. Selon *Forbes*, «les succès de Wall Street ont été la cause du bond en avant du nombre des milliardaires[5]». Et une partie des milliards ainsi obtenus termine sa course dans les comptes numérotés des paradis fiscaux.

Le gonflement des dettes publiques

Depuis le début des années 1980, une grande partie des dettes des grandes sociétés et banques en Occident ont été effacées et transformées en dettes publiques. Ce phénomène de «conversion» est un élément central de la crise : les pertes ont été systématiquement transférées à la charge de l'État. De plus, une bonne partie des subventions publiques, au lieu de stimuler la création d'emplois, ont été utilisées pour financer les concentrations d'entreprises, des technologies limitant la main-d'œuvre et des délocalisations vers le tiers-monde. Les dépenses de l'État ont ainsi contribué à la concentration de la propriété et à une diminution sensible de la force de travail industrielle, cependant que la disparition de petites et moyennes entreprises et la mise au chômage de salariés (qui sont aussi des contribuables) accéléraient la diminution des rentrées fiscales[6].

La crise de la dette a aussi favorisé la mise en place de systèmes fiscaux régressifs, qui ont aussi contribué à l'aggravation... de la dette. Alors que

---

4. «International Billionaires, The World's Richest People», *Forbes Magazine,* New York, 28 juillet 1997.

5. Charles Laurence, «Wall Street Warriors force their way into the Billionaires Club», *Daily Telegraph,* Londres, 30 septembre 1997.

6. La contribution des firmes américaines aux revenus fédéraux est passée de 13,8 % en 1980 à 8,3 % en 1992. Cf. *US Statistical Abstract,* 1992.

baissait l'imposition des sociétés, les taxes (dont la TVA) frappant la population salariée étaient utilisées pour le remboursement de la dette publique. La crise fiscale a aussi été aggravée par le transfert, favorisé par les nouvelles techniques bancaires, de bénéfices d'entreprises vers des paradis fiscaux tels que la Suisse, le Luxembourg, les Bahamas, etc. Les îles Caïmans, une colonie de la couronne britannique, constituent le cinquième centre bancaire de la planète en termes de dépôts anonymes ou issus de sociétés-écrans [7]. C'est ainsi que l'aggravation du déficit américain est directement liée à une évasion fiscale massive et à la fuite de bénéfices non déclarés. En revanche, une bonne part des fonds déposés aux Caïmans et aux Bahamas — et qui sont pour certains d'entre eux contrôlés par des organisations criminelles — sert au financement d'investissements aux États-Unis.

Un cercle vicieux a ainsi été mis en place. Les destinataires des subsides gouvernementaux sont devenus les créanciers de l'État. Les bons émis par le Trésor pour financer les grandes firmes sont acquis par les banques et les institutions financières, qui bénéficient aussi des subsides étatiques. On nage en pleine absurdité : l'État finance de la sorte son propre endettement, des subsides sont utilisés pour l'achat de la dette publique. Le gouvernement est ainsi coincé entre des milieux d'affaires faisant pression pour obtenir des subventions et ses créanciers. Et parce qu'une grande part de la dette publique est détenue par des institutions financières privées, ces dernières sont aussi à même d'influencer les gouvernements afin de contrôler davantage les ressources publiques...

De surcroît, dans nombre de pays membres de l'OCDÉ, les pratiques des banques centrales ont été modifiées afin de répondre aux exigences des marchés. Ces institutions sont devenues de plus en plus « indépendantes » et ont été « mises à l'abri des influences politiques ». En fait, cela signifie que le Trésor est de plus en plus à la merci des créanciers privés. C'est ainsi que, selon l'article 104 du traité de Maastricht, l'attribution de crédits au gouvernement par la banque centrale est « entièrement discrétionnaire », et « la banque centrale ne peut être contrainte d'attribuer de tels crédits » [8].

---

7. Estimations présentées par Jack A. Blum aux Journées sur les drogues, le développement et l'état de droit, Bilbao, octobre 1994. Cf. aussi Alain Labrousse et Alain Wallon (dir.), *La Planète des drogues,* Le Seuil, Paris, 1993, et *La Drogue, nouveau désordre mondial,* Observatoire géopolitique des drogues, Hachette, Paris, 1993.

8. Cf. Carlo Cottarelli, *Limiting Central Bank Credit to the Government,* Fonds monétaire international, Washington, 1993.

En réalité, la Banque centrale (qui n'est responsable ni devant le gouvernement ni devant les élus) opère en tant que bureaucratie autonome sous la tutelle des intérêts financiers privés. Ce sont eux, plus que le gouvernement, qui déterminent la politique monétaire. Un exemple : les fortes augmentations des taux d'intérêt américains en 1994–1995 ont été dictées par Wall Street, provoquant un gonflement des versements d'intérêts de la dette publique et des coupes correspondantes dans les dépenses sociales, qui avaient aussi été réclamées par les milieux financiers.

La politique monétaire comme moyen d'intervention de l'État a vécu ; elle est pour une part désormais du domaine de la banque privée. Contrastant avec la rareté croissante des fonds publics, la « création de monnaie » (qui implique un contrôle des ressources réelles) s'opère au sein du système bancaire international, avec pour seule fin l'enrichissement d'ordre privé. De puissants acteurs financiers ont, outre la possibilité de créer et de faire circuler la monnaie, celle de manipuler les taux d'intérêt et de précipiter la chute de devises.

L'ajustement structurel en Occident

Les créanciers de l'État sont de la sorte devenus les véritables détenteurs du pouvoir, cependant que se répandait une idéologie uniforme, que le « consensus » recouvrait la palette politique tout entière au nom de la nécessaire réforme macroéconomique aux États-Unis et en Europe. Sans implication formelle du FMI, la « surveillance » des politiques gouvernementales s'exerce aussi dans les économies développées. Car l'accumulation des dettes publiques dote les milieux bancaires et financiers du pouvoir de dicter leur loi aux gouvernements dans les domaines économique et social.

Depuis le début des années 1990, les grandes réformes entreprises dans les pays membres de l'OCDÉ renferment nombre d'ingrédients des programmes d'ajustement structurel appliqués dans le tiers-monde et en Europe orientale. Toutes les catégories de dettes publiques (de la municipalité à l'État) sont « notées » par les marchés financiers et des firmes spécialisées comme Moody's ou Standard and Poor. Des ministres des Finances, on attend de plus en plus qu'ils rendent des comptes aux grandes banques.

Les intérêts financiers ont, aux États-Unis particulièrement, pénétré les échelons supérieurs du Trésor et des banques multilatérales. Le secrétaire américain au Trésor, M. Robert Rubin, était un des grands responsables de Goldman Sachs; le président sortant de la Banque mondiale détint de hautes responsabilités chez J. P. Morgan. Étant donnée cette interpénétration, l'exercice de la démocratie se transforme en rituel. Les options politiques se présentent sous forme de slogans mécaniquement repris sur « la réduction des déficits » ou « le combat contre l'inflation ».

Politique alternative

Des choix peuvent certes être présentés. Mais la classe politique dispose-t-elle du pouvoir de mener à bien des programmes différents ? L'accumulation des dettes publiques et les pressions exercées sur l'État par ses créanciers se situent au cœur de la crise, situation qui nécessite une « régulation sociale » effective, une intervention sur les marchés financiers afin de désarmer des spéculateurs à l'action déstabilisatrice. S'impose un « désarmement financier »[9].

En 1993, la Bundesbank estimait que le commerce des produits dérivés risquait de « provoquer des réactions en chaîne et mettre en danger l'ensemble du système financier[10] ». Et, pourtant acquis à la déréglementation, le président de la Réserve fédérale américaine, M. Alan Greenspan, a fait cet aveu : « La législation ne suffit pas pour prévenir une crise comme celle de la banque Barings dans un monde technologiquement très développé, où les transactions s'opèrent en appuyant sur un bouton[11]. »

Le système libéral a montré son incapacité, il convient de le reconnaître, à réformer les pratiques du commerce mondial et à mettre en œuvre une politique planétaire au service des pauvres. L'effacement de la dette extérieure des pays du tiers-monde et la réduction des dettes publiques des pays développés s'imposent comme des premiers pas, en même temps que l'instauration de réglementations pour surveiller de près les activités des institutions de Bretton Woods et pour démocratiser les structures des banques centrales.

---

9. L'expression « désarmement financier » est de John M. Keynes.

10. Cf. Martin Khor, « Barings and the Search for a Rogue Culprit », *Third World Economics*, 1er–15 mars 1995.

11. Cf. Martin Khor, « Barings Exposes High Risks of Derivative Trade », *Third World Economics, op. cit.*

Chapitre XVI

L'AJUSTEMENT STRUCTUREL
AU QUÉBEC

DEPUIS LE RÉFÉRENDUM de novembre 1995, une médecine économique de cheval frappe de plein fouet la société québécoise. Le ministre des Finances, M. Bernard Landry, affirme qu'il faut être patient : il y aura des fruits dans trois ans. « Nous devons éliminer le déficit selon un calendrier précis qui nous mènera à zéro en l'an 2000 [1] ». Le mot d'ordre est lancé : « l'économie est malade » ; on nous répète à satiété que pour aboutir au projet de société, il faudra nécessairement passer par l'assainissement des finances publiques... « Douleur à court terme, gain à long terme... »

Les citoyens sont confus car les fermetures, les coupes dans les programmes sociaux et les mises à pied sont exigées au nom de la social-démocratie : « S'il y en a qui espèrent que mon gouvernement va importer au Québec les dogmes du néolibéralisme, ils se trompent. S'ils pensent que nous allons céder au vent de droite qui emporte la compassion et la solidarité, ils se trompent de gouvernement, ils se trompent de premier ministre [...] L'assainissement des finances publiques va se faire dans l'équité [...] chacun devra y mettre du sien [2] ». Pourtant, en posant l'objectif du « déficit zéro », le premier ministre Lucien Bouchard avait bien entériné sans réserve les fondements du discours néolibéral. Sa politique

---

1. Discours du Budget, Québec, mai 1996.

2. Lucien Bouchard, cité dans *Le Devoir,* 9 octobre 1996.

d'austérité se veut plus rigoureuse encore que celle de son homologue ontarien Mike Harris, voire celle qui a été votée par le Congrès américain, à majorité républicaine.

Derrière la façade social-démocrate se dessine le véritable visage du gouvernement péquiste. Alors que le gouvernement proclame «la création d'emplois par des actions stratégiques et ciblées» (surtout destinées à financer la grande entreprise et les investisseurs étrangers), sa pratique budgétaire est génératrice de chômage.

Cette thérapie économique affecte tous les secteurs de la société québécoise : réduction des salaires afin que les travailleurs québécois soient davantage «concurrentiels», dérogation aux droits des femmes, fermetures des hôpitaux, compressions des prestations aux aînés, coupes dans l'assistance sociale et l'assurance-maladie, resserrement des budgets des commissions scolaires, des cégeps et des universités, fermeture des garderies en milieu scolaire, privatisation de l'eau... Personne n'y échappe : 20 % des prisons du Québec fermeront leurs portes et de nombreux «criminels non violents» retrouveront désormais leur liberté afin qu'eux aussi puissent «faire leur part» et «contribuer à l'assainissement des finances publiques»...

Dans cette même logique insensée, la culture, l'éducation et la santé deviennent des marchandises dont les coûts devront être assumés par les usagers. Les citoyens sont des «clients», la politique linguistique et culturelle, cheval de bataille de la campagne référendaire, sera désormais dictée par les enjeux économiques, le projet de société devient une valeur marchande.

Les compressions sèment le désarroi et la confusion dans les milieux de travail. Une décomposition du système d'éducation s'amorce au niveau des commissions scolaires. Le chaos règne dans les régies régionales de la santé où des milliers de travailleurs de la santé «en surnombre» ont été mis à pied ou réaffectés. Car, pour reprendre les mots mêmes d'un responsable de la restructuration des services de santé : «Est-ce qu'on va attendre que le Fonds monétaire international vienne nous dire de fermer des lits ?[3] » Le «virage ambulatoire» a pour cible de retrancher un milliard et demi de dollars en trois ans.

De surcroît, le gouvernement se défausse sur les municipalités en coupant les transferts de revenu, tout en leur confiant au passage les factures des services publics partagés (dont celle de la Sûreté du Québec). Croulant

---

3. *La Presse*, 27 mai 1995.

sous les dettes, la Ville de Montréal a annoncé des réductions d'effectifs qui pourraient frapper plus du 20 % des fonctionnaires municipaux. La soi-disant « économie sociale » devient le mot d'ordre, les communautés doivent « se prendre en main ». L'État se retire, « c'est plus démocratique », dorénavant le bénévolat remplacera les professionnels salariés...

Le partage du chômage

Le premier ministre invite les travailleurs au « partage volontaire de l'emploi » ou à la retraite anticipée afin de dégager les montants nécessaires au remboursement de la dette publique. En fait, il s'agit d'un « partage du chômage » dont le fardeau s'abat inévitablement sur les jeunes à la recherche d'emplois précaires... Et l'environnement urbain (surtout à Montréal) change de visage : mendiants et délinquants essaiment désormais les centre-villes, le décrochage scolaire atteint un nombre record. Au Québec, le nombre des assistés sociaux (de l'ordre de 800 000) a progressé de 60 % en cinq ans.

En proposant le déficit zéro, le gouvernement veut satisfaire les diktats des marchés financiers. Exigées par Wall Street, les mesures d'austérité adoptées au Québec ressemblent fort à « la thérapie de choc » que le Fonds monétaire international impose aux pays endettés du tiers-monde. La dette publique québécoise est « notée » par les marchés financiers et des firmes spécialisées comme Moody's ou Standard and Poor. On attend du ministre des Finances qu'il rende des comptes aux grandes banques.

On se souviendra d'ailleurs qu'un mois avant le Référendum, l'agence Moody's annonçait que, au vu des « développements constitutionnels », un bilan de la « performance budgétaire » du Québec serait requis sans délai. Les créanciers de l'État, dont les institutions financières de Wall Street, sont de la sorte devenus les véritables détenteurs du pouvoir. Le rôle de la classe politique est transformé, le gouvernement se distance non seulement des citoyens, mais également des orientations du Parti québécois.

Dictée par les créanciers, la politique macroéconomique a pour conséquence le démantèlement progressif de l'État providence, la précarisation des acquis sociaux depuis la Révolution tranquille. La déréglementation des services publics et la mise aux enchères des sociétés d'État sont également à l'ordre du jour. « Démocratie autoritaire », le gouvernement voudrait (par l'entremise d'un projet de loi) puiser dans les caisses de retraite des salariés de l'État afin de rembourser Wall Street.

Les réalités économiques sont truquées, les données sur le chômage sont manipulées. Aveuglés par le dogme néolibéral, les dirigeants politiques nient l'existence d'une crise. Selon monsieur Landry, on maintiendra le cap « à moins d'une détérioration importante des conditions économiques ». La montée du chômage et de l'exclusion sont présentées comme étant des réalités transitoires et passagères : « un mauvais moment à passer »...

Myopie des dirigeants, discours monolithique, « pensée unique » parce qu'il n'admet aucun débat sur les réformes. Le Premier Ministre Lucien Bouchard affirme que la finalité du redressement des finances publiques « c'est de nous assurer que nos enfants pourront vivre dans une société plus juste. [4] » Cet objectif sera atteint en brisant les conventions collectives et en exigeant la réduction des salaires...

L'objectif annoncé consiste à atteindre une relance économique par l'entremise de la récession, non seulement en sabrant dans les programmes sociaux mais également en acculant l'entreprise québécoise (notamment au niveau des régions) à la faillite. Raisonnement absurde car on ne règle pas une crise des finances publiques par la ruine de l'économie. La réduction à outrance des dépenses sociales et d'infrastructure étouffe la base productive de l'économie québécoise.

La comptabilité ménagère

L'exercice budgétaire n'est pas — M. Landry devrait le comprendre — « une comptabilité ménagère » : recettes d'un côté, dépenses de l'autre. Autrement dit, « la mise au chômage de contribuables » ainsi que les faillites ne contribuent guère à l'accroissement des recettes de l'État. L'assiette fiscale est rapetissée, « la solution » préconisée par le ministre des Finances devient « la cause » de la crise fiscale. « On risque d'entrer dans la fameuse spirale connue, on coupe, les revenus prévus tombent ; on recoupe, ils tombent encore. Je crois qu'à vouloir en faire trop, on affecte la santé de l'économie [5] ».

Combinée à l'affaissement des salaires et à la progression du chômage, cette gestion macroéconomique aboutit à une compression sans précédent du niveau de vie des Québécois. La pauvreté et l'exclusion augmentent,

---

4. Discours au Sommet sur l'économie et l'emploi, novembre 1996.

5. Jacques Parizeau, cité dans *Le Devoir,* 30 octobre 1996.

le pouvoir d'achat s'effondre, l'assèchement des marchés entraîne de nombreuses faillites, notamment dans les secteurs de la vente au détail et de l'immobilier (où des milliers de familles ont été victimes des reprises hypothécaires).

« La souveraineté des créanciers » ?

En acceptant l'objectif du déficit zéro, les citoyens donnent leur consentement à la dérogation au projet de société. Ils acceptent également que les créanciers de l'État exercent une souveraineté *de facto,* un droit de regard sur la politique économique et sociale. Les milieux d'affaires de Wall Street sont d'ailleurs souvent consultés avant le dépôt du budget à l'Assemblée nationale. Les fonctionnaires du ministère des Finances font la navette entre Québec et New York, les tractations entre politiciens et créanciers sont rarement rendues publiques. M. Lucien Bouchard, pourtant sensible aux questions de « transparence », n'a pas jugé nécessaire de révéler les résultats de ses entretiens concernant les dettes du Québec avec les représentants d'institutions financières new-yorkaises, tenus à huis clos en juin 1996.

Les solutions de rechange

Il s'agit de réfuter cette logique implacable des mises à pied et des compressions. Il faut refuser « la loi sur l'élimination du déficit et l'équilibre budgétaire » ; les citoyens doivent rejeter avec fermeté ce modèle économique destructeur, orienté inexorablement vers la compression du niveau de vie. L'objectif du déficit zéro ne résout absolument rien : il contribue à exacerber la crise des finances publiques, l'assiette fiscale de l'État s'affaisse, le déficit zéro devient *la cause* de cette crise et non pas *la solution...*

Il s'agira pour la société civile québécoise (organisations et coalitions de citoyens, syndicats, groupes socio-communautaires, associations de producteurs indépendants, associations de professionnels et de travailleurs indépendants, associations d'étudiants), de formuler les fondements d'une politique expansionniste ayant pour objet primordial la relance du pouvoir d'achat afin de permettre la mobilisation des ressources et la reprise dans les secteurs les plus affectés par la récession. Cette relance de la consommation devra nécessairement s'appuyer sur un accroissement des salaires et de l'emploi et non pas l'inverse tel que proposé par le gouvernement. Ces mesures viseront la «sécurité du revenu et de l'emploi», une croissance soutenue des programmes d'éducation et de santé ainsi qu'une réduction du travail précaire et de l'exclusion. Cette démarche devrait permettre d'aller bien au-delà de la clause de «l'appauvrissement zéro» que le gouvernement avait catégoriquement refusée en 1996.

C'est précisément ce mécanisme de progrès social et d'expansion du pouvoir d'achat (basé sur la mobilisation des ressources) qui permettra d'atteindre l'objectif du redressement des finances publiques. Le déficit budgétaire sera en partie financé par la croissance économique et l'augmentation de l'emploi. Le nombre de contribuables ainsi que la capacité productive augmenteront. La croissance économique contribuera également à enrayer les faillites et à augmenter le chiffre d'affaires de l'entreprise québécoise. La diminution concomitante de la pauvreté permettra de réduire substantiellement le nombre d'assistés sociaux à la charge de l'État.

En matière de création d'emploi, il s'agira de développer des mesures concrètes afin de protéger les entreprises menacées par la faillite. Il s'agira de mettre un frein à la «walmartisation» du commerce au détail, en imposant par exemple certaines restrictions au mouvement du grand capital dans ce secteur.

Les implications de l'ALÉNA pour l'économie du Québec et des régions devront faire l'objet d'un important débat. Avec l'ALÉNA, l'intégration continentale s'est largement alimentée de la désintégration des marchés régionaux. Les gros distributeurs américains en alliance avec le grand capital canadien font désormais la loi. Au Québec, de nombreuses entreprises ont été exclues de leur propre marché par une concurrence abusive, au profit des grandes firmes. Il s'agira avant tout d'enrayer les faillites et de protéger les PME québécoises en développant non seulement l'exportation (tel que proposé par le gouvernement) mais également des axes de développement orientés vers l'affermissement et l'essor du marché intérieur.

Concernant le redressement des finances publiques, il s'agira également d'identifier les véritables causes de l'endettement afin de réduire la dépendance de l'État envers ses créanciers. Est-ce qu'il existe d'autres mécanismes de financement de la dette publique? Depuis le début des années 1980, une grande partie des dettes des grandes sociétés et banques ont été effacées et transformées en dettes publiques. Au Canada, les pertes des entreprises ont été systématiquement transférées à la charge des gouvernements provinciaux et fédéral. De plus, une bonne partie des subventions publiques, au lieu de stimuler la création d'emplois, ont été utilisées pour financer les concentrations d'entreprises, des technologies limitant la main-d'œuvre et des délocalisation dans le tiers-monde.

Au Canada et au Québec, le pouvoir économique semble exiger résolument le gonflement des dettes publiques. L'endettement appuie le financement des mégaprojets ainsi que l'octroi de généreuses subventions et dégrèvements d'impôts. L'État devient ainsi « tributaire » du grand capital ; en quelque sorte « l'État verse des impôts » aux milieux d'affaires. La base fiscale s'affaiblit : l'État est obligé de s'endetter afin de continuer à financer les grandes sociétés qui souvent d'ailleurs se portent acquéreurs de la dette publique. On nage en pleine absurdité : « l'État finance son propre endettement ».

En outre, les mesures relatives à l'évasion fiscale préconisées par M. Landry visent principalement « le travail au noir » par le petit contribuable. On observe également un resserrement des avantages fiscaux accordés aux entreprises familiales ainsi qu'aux professionnels et travailleurs indépendants. Les fuites de capitaux des grandes sociétés et institutions financières vers des paradis fiscaux ne sont nullement touchées par cette réglementation. Le premier ministre affirme que « les fortunés sont sensiblement plus taxés au Québec que leurs voisins ontariens ou américains ».

C'est ainsi que l'aggravation des déficits budgétaires (fédéral et provincial) est directement liée à une évasion fiscale massive et à la fuite de bénéfices non déclarés. Il s'avère qu'aux États-Unis, le montant annuel de ces fuites de capitaux vers des paradis fiscaux tels que les Bahamas, les îles Caïmans, la Suisse, etc., serait du même ordre de grandeur que le déficit budgétaire (estimation de Jack Blum, juriste et conseiller auprès du Sénat américain). Les grandes banques canadiennes (dont les bénéfices battent de nouveaux records) possèdent de nombreuses filiales dans les paradis fiscaux. Le redressement des finances publiques exige nécessairement une réglementation des mouvements de capitaux afin que la grande entreprise et les institutions financières contribuent également à l'assiette fiscale.

BIBLIOGRAPHIE

AFRICAN RIGHTS, *Somalia, Operation Restore Hope: A Preliminary Assessment*, Londres, 1993.

ADDISON, Tony et Lionel DEMERY, « Alleviating Poverty under Structural Adjustment », *Finance and Development*, vol. 24, n° 4, 1987.

ALBANEZ, T. et al., *Economic Decline and Child Survival*, UNICEF, Florence, 1989.

ALTMANN, Jorn, « IMF Conditionality : the Wrong Party Pays the Bill », *Intereconomics,* mai–juin 1990.

ALVAREZ, Elena, *The Illegal Coca Production in Peru: A Preliminary Assessment of its Economic Impact,* Institute of the Americas et University of California at San Diego, février 1991.

AMIN, Samir, *La Gestion capitaliste de la crise,* L'Harmattan, Paris, 1995.

AMIN, Samir, *Mondialisation et accumulation,* L'Harmattan, Paris, 1993.

AMIN, Samir, « Pour un nouvel ordre mondial progressiste et démocratique », *Avancées,* juillet–août 1997.

ANYIAM, Charles et Robert STOCK, *Structural Adjustment Programs and « Reality » of Living Conditions,* Kingston, réunions annuelles de l'Association canadienne des études en développement international, 1991.

ATTA MILLS, Cadman, *Structural Adjustment in Sub-Saharan Africa*, Institut pour le développement économique, Banque mondiale, Washington, 1989.

BALASSA, B., *Structural Adjustment Policies in Developing Countries*, Banque mondiale, Washington, 1981.

BAMAKO INITIATIVE MANAGEMENT UNIT, *The Bamako Initiative Strategy in Mauritania*, New York, 1990.

BANCO INTERAMERICANO DE DESARROLLO, *Perú: informe económico*, Washington, 1989.

BANQUE MONDIALE, *Rapport sur le développement dans le monde*, Washington, annuel.

BANQUE MONDIALE, *Prêts à l'ajustement structurel: questions et problèmes*, Washington, 1996.

BANQUE MONDIALE, *L'ajustement en Afrique: réformes, résultats et chemin à parcourir*, Washington, 1994.

BANQUE MONDIALE, *The Asian Miracle*, Washington, 1993.

BANQUE MONDIALE, *Vietnam, Transition to Market Economy*, Washington, 1993.

BANQUE MONDIALE, *Vietnam, Population, Health and Nutrition Review*, Washington, 1993.

BANQUE MONDIALE, *Human Development, A Bank Strategy for the 1990s*, Washington, 1991.

BANQUE MONDIALE, *The Poverty Handbook*, Washington, 1991.

BANQUE MONDIALE, *Social Dimensions of Adjustment Priority Survey*, document de travail nᵒ 12, Washington, 1990.

BANQUE MONDIALE, *Assistance Strategies to Reduce Poverty*, Washington, 1990.

BANQUE MONDIALE, *Making Adjustment Work for the Poor*, Washington, 1990.

BANQUE MONDIALE, *Analysis Plans for Understanding the Social Dimensions of Adjustment*, Washington, 1990.

BANQUE MONDIALE, *Peru, Policies to Stop Hyperinflation and Initiate Economic Recovery*, Washington, 1989.

BANQUE MONDIALE, *Adjustment Lending, An Evaluation of Ten Years of Experience*, Washington, 1989.

BANQUE MONDIALE, *Sub-Saharan Africa, From Crisis to Sustainable Growth*, Washington, 1989.

BANQUE MONDIALE et PNUD, *Africa's Adjustment and Growth in the 1980s,* Washington, 1989.

BANQUE MONDIALE, *Yugoslavia: Adjustment Policies and Development Perspectives,* Washington, 1983.

BARRATT BROWN, M., *Short-changed, Africa in World Trade,* Pluto Press, Londres, 1992.

BEARDSLEY, Tim, « Selling to Survive », *Scientific American,* février 1993.

BEHRMAN, Jere et Avril B. DEOLALIKAR, « The Poor and the Social Sectors during a Period of Macroeconomic Adjustment: Empirical Evidence from Jamaica », *World Bank Economic Review,* vol. 5, n° 2, 1991.

BELL, Michael et R. SHEEHY, « Helping Structural Adjustment in Low Income Countries », *Finance and Development,* vol. 24, n° 4, décembre 1987.

BELLO, Walden et Shea CUNNINGHAM, « De l'ajustement structurel en ses implacables desseins », *Le Monde diplomatique,* septembre 1994.

BENERIA, Lourdes et Shelly FELDMAN, *Unequal Burden and Persistent Poverty,* Westview Press, Boulder, 1992.

BENNETT, K., *Economic Decline and the Growth of the Informal Sector,* conférence annuelle du CASID, Kingston (Ont.), 1991.

BENNETT, Sara et Manengu MUSAMBO, *Report on Community Financing and District Management Strenghtening in Zambia,* Bamako Initiative Technical Report, UNICEF, New York, 1990.

BETZ, J. « The Social Effects of Adjustment Policy in LDCs », *Intereconomics,* mai-juin 1990.

BEAUD, Michel et Gilles DOSTALER, *La pensée économique depuis Keynes,* Seuil, Paris, 1996.

BIANCHI, A. (dir.), *La Deuda externa latinoamericana,* Santiago, Grupo Editor Latino Americano, 1985.

BOATENG, Oti E. et al., *A Poverty Profile for Ghana, 1987–1988,* Banque mondiale, Washington, sans date.

BOURGOIGNIE, Georges et Marcelle GENNÉ, (dir.), *Structural Adjustment and Social Realities in Africa,* Université d'Ottawa, Ottawa, 1990.

BRANDT, H. et al., *Structural Distortions and Adjustment Programmes in the Poor Countries of Africa,* Deutsches Institut für Entwicklungs Politik, Berlin, 1985.

BRIE, Christian de, « Les Européens dans la nasse de l'austérité », *Le Monde diplomatique,* juillet 1996.

BRIE, Christian de, « Au carnaval des prédateurs », *Le Monde diplomatique,* mars 1995.

BRISSET, Claire, « Famines et guerres en Afrique subsaharienne », *Le Monde diplomatique,* juin 1991.

BRITTAIN, Victoria, « Le Zimbabwe, prisonnier de ses créanciers », *Le Monde diplomatique,* juin 1997.

BRUNO, Michael (dir.), *Lessons of Economic Stabilisation and its Aftermath,* MIT Press, Cambridge (Mass.).

CAMEN, Ulrich, *Country Paper Nepal: Macroeconomic Evolution and the Health Sector,* OMS, Genève, 1991.

CAMEN, Ulrich et Guy CARRIN, *Macroeconomic Analysis: Guinea, Macroeconomic Evolution and the Health Sector,* OMS, Genève, 1991.

CAMPBELL, Bonnie K., « La Banque Mondiale et le FMI : entre la stabilisation financière et l'appui au développement », *Interventions économiques,* automne–hiver 1994.

CAMPBELL, Bonnie K., *Political Dimensions of the International Debt Crisis,* Macmillan, Londres, 1989.

CAMPBELL, Bonnie K. et John LOXLEY (dir.), *Structural Adjustment in Africa,* Macmillan, Londres, 1990.

CAMPODONICO, Humberto, « La política del avestruz », *in* Diego GARCIA SAYAN (dir.), *Coca, cocaïna y narcotrafico,* Comisión Andina de Juristas, Lima, 1989.

CARRIN, Guy et Kodjo, *The Basic Macro-economics of Government Health Sector Expenditures in Low Income Developing Countries,* OMS, Bureau de la coopération internationale, Genève, 1991.

CASSEN, Bernard, « Pour sauver la société! », *Le Monde diplomatique,* juin 1997.

CHAUVIER, Jean-Marie, « Tourbillon de crises en Russie », *Le Monde diplomatique,* octobre 1993.

CHESNAIS, François, *La mondialisation du capital,* Syros, Paris, 1997.

CHESNAIS, François, « Demain, les retraites : à la merci des marchés », *Le Monde diplomatique,* avril 1997.

CHESNAIS, François, « Défense et illustration de la dictature des marchés », *Le Monde diplomatique,* mars 1995.

CHESNAIS, François (dir.), *La mondialisation financière,* Syros, Paris, 1994.

CHOSSUDOVSKY, Michel, « Global Poverty in the late Twentieth Century », *Journal of International Affairs,* vol. 52, n° 1, automne 1998.

CHOSSUDOVSKY, Michel, *La crisi albanese,* Abele, Torino, 1998.

CHOSSUDOVSKY, Michel, « The IMF Korean Bailout Agreement », *Third World Resurgence,* janvier 1998.

CHOSSUDOVSKY, Michel, « Une frénésie spéculative qui ébranle les économies réelles », *Le Monde diplomatique,* décembre 1997.

CHOSSUDOVSKY, Michel, « Propping up Central Bank Reserves : a "Social Safety Net" for the Institutional Speculator », *Third World Resurgence,* octobre 1997.

CHOSSUDOVSKY, Michel, « The Post Cold War Depression, Review of the World Bank 1996 World Development Report », *Third World Resurgence,* mai-juin 1997.

CHOSSUDOVSKY, Michel, « La dette mondiale et la pénétration des milieux criminels dans l'activité économique » *in Drogues, dépendance et interdépendance,* Centre Nord-Sud, Lisbonne, 1997.

CHOSSUDOVSKY, Michel, « La souveraineté des créanciers », *in* Sylvie Pacquerot (dir.), *L'État aux orties ?,* Écosociété, Montréal, 1996.

CHOSSUDOVSKY, Michel, « Comment les mafias gangrènent l'économie mondiale », *Le Monde diplomatique,* décembre 1996.

CHOSSUDOVSKY, Michel, « L'éclatement annoncé de la Confédération canadienne », *Le Monde diplomatique,* décembre 1995.

CHOSSUDOVSKY, Michel, « The World Bank Derogates Women's Rights », *Third World Resurgence,* n° 61–62, septembre 1995.

CHOSSUDOVSKY, Michel, « Sous la coupe de la dette », *Le Monde diplomatique,* juillet 1995.

CHOSSUDOVSKY, Michel, « Risques de famine aggravés dans le Sud », *Le Monde diplomatique,* septembre 1993.

CHOSSUDOVSKY, Michel, « Les ferments corrosifs de la récession mondiale », *Le Monde diplomatique,* avril 1993.

CHOSSUDOVSKY, Michel, « Le FMI et l'argent de la drogue », dans Alain Labrousse et Alain Wallon, *La Planète des drogues,* Seuil, Paris, 1992.

CHOSSUDOVSKY, Michel, « Ces campagnes thaïlandaises, pauvres et tellement rentables... », *Le Monde diplomatique,* mai 1991.

CHOSSUDOVSKY, Michel, *El Ajuste Económico : El Perú bajo el Dominio del FMI,* Mosca Azul Press, Lima, 1992.

CHOSSUDOVSKY, Michel, *Towards Capitalist Restoration ? Chinese Socialism after Mao,* Macmillan, Londres ; St Martin's Press, New York, 1986.

CHOSSUDOVSKY, Michel, «Hacia el nuevo modelo económico chileno, inflación y redistribución del ingreso, 1973–1974», *Trimestre Económico,* n° 122, 1975.

CHOSSUDOVSKY, Michel et Micheline LADOUCEUR, «Géographie de la violence au Brésil et gestion du territoire, le cas du Maranhao», *Travail, Capital et Société,* 1994.

CHOSSUDOVSKY, Michel et Pierre GALAND, *L'usage de la dette extérieure du Rwanda (1990–1994), la responsabilité des bailleurs de fonds,* rapport soumis à la Présidence du Rwanda, Ottawa et Bruxelles, novembre 1996.

CIZE, Pierre, *FMI: une entreprise de pillage des peuples,* Selio, Paris, 1990.

CLAIRMONT, Frédéric, «Ces deux cents sociétés qui contrôlent le monde», *Le Monde diplomatique,* avril 1997.

CLAIRMONT, Frédéric, «Cinquante ans après, la faillite du système de Bretton Woods», *Le Monde diplomatique,* décembre 1994.

COMISION ECONOMICA PARA AMERICA LATINA Y EL CARIBE, *Magnitud de la Pobreza en América Latina en los Años Ochenta,* Santiago de Chili, 1990.

COMMISSION BRANDT, *Common Crisis, North-South Cooperation for World Recovery,* Pan Books, New York, 1983.

COMITÉ POUR L'ANNULATION DE LA DETTE DU TIERS MONDE (CADTM), Bruxelles, revue trimestrielle.

COMMONWEALTH SECRETARIAT, *Engendering Adjustment for the 1990s, Report of a Commonwealth Expert Group on Women and Structural Adjustment,* Londres, 1989.

CORNIA, Giovanni A. et al., *L'Afrique vers la reprise économique: de la stagnation et l'ajustement au développement humain,* UNICEF, Economica, Paris, 1992.

CORNIA, Giovanni A., Richard JOLLY et Frances STEWART, *L'ajustement à visage humain: protéger les groupes vulnérables et favoriser la croissance,* UNICEF, Economica, Paris, 1987.

CORNIA, Giovanni A., «Investing in Human Resources: Health, Nutrition and Development for the 1990s», *Journal of Development Planning,* n° 19, 1989.

CORNIA, Giovanni et Frances STEWART, *The Fiscal System, Adjustment and the Poor,* Innocenti Occasional Papers n° 11, UNICEF, Florence, 1990.

COTTARELLI, Carlos, *Limiting Central Bank Credit to the Government*, FMI, Washington, 1993.

CRUZ RIVERO, C. et al., *The Impact of Economic Crisis and Adjustment on Health Care in Mexico*, OMS, Florence, 1991.

CULPEPER, Roy, *Forced Adjustment: The Export Collapse in Sub-Saharan Africa*, Institut Nord-Sud, Ottawa, 1987.

CULPEPER, Roy, *Growth and Adjustment in Smaller Highly Indebted Countries*, Institut Nord-Sud, Ottawa, 1991.

DANCOURT, Oscar, « Cuando se abandona las políticas fondomonetaristas », *in* HERRERA, C., O. DANCOURT et G. ALARCO, *Reactivación y política económica heterodoxa*, Fundación Friedrich Ebert, Lima, 1987.

DANCOURT, Oscar et al., « Una Propuesta de Reforma Monetaria para Acabar con la Inflación », Documentos de trabajo, n° 90, CISEPA, Pontificia Universidad Católica del Peru, Lima, juillet 1990.

DANCOURT, Oscar et Ivory YONG, « Sobre hyperinflación peruana », *Economía*, vol. XII, n° 23, juin 1989.

DECORNOY, Jacques, « Désordre mondial et pauvreté des nations », *Le Monde diplomatique*, novembre 1989.

DECORNOY, Jacques, « Un développement humain qui libérerait les pauvres », *Le Monde diplomatique*, juillet 1991.

DEVLIN, Robert, « The Menu Approach », *IDS Bulletin*, vol. 23, n° 2, 1990.

DIDSZUN, Klaus, « On the Problem of Negative Net Transfers to Developing Countries », *Intereconomics*, mai–juin 1990.

DREWNOWSKI, Jan, *The Level of Living Index*, UNRISD, Genève, 1965.

EBEL, Beth, *Patterns of Government Expenditure in Developing Countries during the 1980s*, UNICEF, Florence, 1991.

EDWARDS, S., *La Crisis de la deuda externa y las políticas de ajuste estructural en América Latina*, Estudios CIEPLAN, Santiago, 1988.

ELSON, Diane, « How is Adjustment Affecting Women », *Development*, n° 1, 1989.

FABER, Mike et S. GRIFFITH JONES, « Editorial on Approaches to Third World Debt Reduction », *IDS Bulletin*, vol. 23, n° 2, 1990.

FABRICANT, Stephen et Clifford KAMARA, *The Financing of Community Health Services in Sierra Leone,* UNICEF, New York, 1990.

FERRIÉ, Christian, « Est-il possible de réformer la Banque mondiale? », *Le Monde diplomatique,* juin 1994.

FERRONI, Marco et Ravi KANBUR, *Poverty Conscious Restructuring of Public Expenditure,* SDA Working Paper n° 9, Banque mondiale, Washington, 1991.

FIGUEROA, Adolfo, « Integración de las políticas de corto y largo plazo », *Economía,* vol. XII, n° 23, juin 1989.

FONDS MONÉTAIRE INTERNATIONAL, *The Implications of Fund Supported Adjustment Programs for Poverty,* Washington, 1988.

FONDS MONÉTAIRE INTERNATIONAL, *Bangladesh : Economic Reform Measures and the Poor,* Washington, 1991.

FMI, BANQUE MONDIALE, OCDÉ et BERD, *A Study of the Soviet Economy,* Paris, 1991.

FORRESTER, Viviane, *L'Horreur économique,* Fayard, Paris, 1996.

FORUM ALTERNATIF DE MADRID. *Les autres voix de la planète,* Déclaration, Madrid, 1994.

FOXLEY, A., « Latin American Development after the Debt Crisis », *Journal of Development Economics,* vol. 27, numéros 1–2, 1987.

GARCIA SAYAN, Diego (dir.), *Coca, cocaina y narcotrafico,* Comisión Andina de Juristas, Lima, 1989.

GARABIOL, Dominique, « Vive le déficit budgétaire! », *Le Monde diplomatique,* septembre 1997.

GEORGE, Susan et Fabrizio SABELLI, « Le danger d'un chaos financier généralisé », *Le Monde diplomatique,* juillet 1995.

GEORGE, Susan et Fabrizio SABELLI, *Crédits sans frontières. La religion séculière de la Banque mondiale,* La Découverte, Paris, 1994.

GERVAIS, Myriam, « Étude de la pratique des ajustements au Niger et au Rwanda », *Labour, Capital and Society,* vol. 26, n° 1, 1993.

GERVASI, Sean, « Germany, US and the Yugoslav Crisis », *Covert Action Quarterly,* n° 43, hiver 1992–1993.

GHAI, Dharam, *Structural Adjustment, Global Integration and Social Democracy,* UNRISD, Genève, 1992.

GIBBON, Peter et Adebayo O. OLUKOSHI, *Structural Adjustment and Socio-economic Change in Sub-saharan Africa : Some Conceptual, Methodological and Research Issues,* Nordiska Africainstitutet, Uppsala, 1996.

GLAESSEN, Philip J. et al., « La lutte contre la pauvreté et les fonds d'investissement social : le cas de l'Amérique Latine », Banque Mondiale, Washington, 1995.

GLOVER, David, « A Layman's Guide to Structural Adjustment », *Canadian Journal of Development Studies,* vol. 12, n° 1, 1991.

GONÇALVES, R., *Structural Adjustment and Structural Change : in Search of a Solution,* UNCTAD, Genève, 1986.

GRIFFITH-JONES, S. et O. SUNKEL, *Debt and Development Crisis,* Clarendon Press, Oxford, 1986.

GRIFFITH-JONES, S., « Debt Reduction with a Human Face », *Development,* n° 1, 1989.

GRIFFITH-JONES, S. (dir.), *Debt Management and the Developing Countries,* PNUD, New York, 1989.

GROOTAERT, C. et T. MARCHANT, *The Social Dimensions of Adjustment Survey,* Banque mondiale, Washington.

GROUPE DE LISBONNE, *Limites à la compétitivité. Pour un nouveau contrat mondial,* La Découverte, Paris, 1995.

GUICHAOUA, André, *Les paysans et l'investissement-travail au Burundi et au Rwanda,* BIT, Genève, 1987.

GUICHAOUA, André, *Destins paysans et politiques agraires en Afrique centrale,* L'Harmattan, Paris, 1989.

HAGGARD, Stephen et al., *The Politics of Economic Adjustment,* Princeton University Press, Princeton, 1992.

HALIMI, Serge, « Face au journalisme de marché, encourager la dissidence », *Le Monde diplomatique,* juin 1997.

HALIMI, Serge, « La Nouvelle-Zélande éprouvette du capitalisme total », *Le Monde diplomatique,* avril 1997.

HELLEINER, G. K., « Stabilization, Adjustment and the Poor », *World Development,* vol. 15, n° 2, décembre 1987.

HELLER, Peter et al., *The Implications of Fund-Supported Adjustment for Poverty,* FMI, Washington, 1988.

HICKS, R. et O. PER BREKK, *Assessing the Impact of Structural Adjustment on the Poor, the Case of Malawi,* FMI, Washington, 1991.

HOSSEIN, Farzin, « Food Aid : Positive and Negative Effects in Somalia ? », *The Journal of Developing Areas,* janvier 1991.

HOUTART, François, « Échec du modèle néolibéral à Managua », *Le Monde diplomatique,* octobre 1996.

HUSSEIN, Mosharaf, A. T. M. AMINUL et Sanat KUMAR SAHA, *Floods in Bangladesh, Recurrent Disaster and People's Survival,* Universities' Research Center, Dhaka, 1987.

INSTITUT NORD-SUD, *Structural Adjustment in Africa : External Financing in Development,* Ottawa, 1988.

INSTITUTO DE PESQUISA ECONOMICA APLICADA, *O Mapa da Fome II; Informaçoes sobre e Indigencia por Municipios da Federaçao,* Brasilia, 1993.

INTER-AMERICAN DEVELOPMENT BANK, *Economic and Social Progress in Latin America, 1991 Report,* Washington, 1991.

JAMAL, V., «African Crisis, Food Security and Structural Adjustment», *International Labour Review,* vol. 127, n° 6, 1988.

JESPERSON, Eva, *External Shocks, Ajustment Policies and Economic and Social Performance,* UNICEF, New York, 1991.

JOHNSON, John H., *Borrower Ownership of Adjustment Programs and the Political Economy of Reform,* Banque mondiale, Washington, 1993.

JOLLY, Richard, «Poverty and Adjustment in the 1990s», *in* KALLAB et FEINBERG (dir.), *Strenghtening the Poor : What Have We Learnt,* Overseas Development Council, Transactions Books, New-Brunswick (N. J.), 1988.

KANBUR, Ravi, *Poverty and the Social Dimensions of Adjustment in Côte d'Ivoire,* Banque mondiale, Washington, 1989.

KAPELIOUK, Amnon, «La détresse de la société russe», *Le Monde diplomatique,* septembre 1993.

KAUFMAN, Bruce E., *The Economics of Labor and Labor Markets,* 2e éd., Orlando, 1989.

KHAN, Mohsin, «The Macroeconomic Effects of Fund Supported Adjustment Programs», *IMF Staff Papers,* vol. 37, n° 2, Washington, 1990.

KILLICK, T. (dir.), *Adjustment and Financing in the Developing World. The Role of the IMF,* IMF, Washington.

KILLICK, T., *The Adaptive Economy, Adjustment Policies in Low Income Countries,* Banque mondiale, Washington, 1993.

KISIC, Drago et Veronica RUIZ DE CASTILLA, «La Economía peruana en el contexto internacional», CEPEI, vol. 2, n° 1, janvier 1989.

KRASNER, Stephen D., *Structural Conflict: The Third World Against Global Liberalism*, University of California Press, Berkeley, 1985.

KREUGER, Ann, « Debt, Capital Flows and LDC Growth », *American Economic Review*, vol. 77, n° 2, 1987.

KREUGER, Ann et al., « Developing Countries» Debt Problems and Efforts at Policy Reform », *Contemporary Policy Issues*, janvier 1990.

LANGONI, Carlos, *The Development Crisis*, International Center for Economic Growth, San Francisco, 1987.

LIFSCHUTZ, Lawrence, *Bangladesh, the Unfinished Revolution*, Zed Press, Londres, 1979.

LOPEZ ACUNA, Daniel et al., *Reforma del Estado y Desarrollo Social en América Latina*, PAHO/OMS, Washington, 1991.

LORA, G., *Política y burguesía narcotraficante*, Mi Kiosco, La Paz, 1988.

LOXLEY, John, *Debt and Disorder, External Financing for Development*, Westview Press, Boulder, 1986.

LOXLEY, John, *Ghana's Recovery: An Assessment of Progress, 1987–1990*, Institut Nord-Sud, Ottawa, 1991.

MALPICA, Carlos, *El poder económico en el Perú*, vol. I, Mosca Azul Editores, Lima, 1989.

MANLEY, M. et W. BRANDT, *Global Challenge, From Crisis to Cooperation*, Pan Books, Londres, 1985.

MARCOS, Sous-commandant, « La 4ᵉ guerre mondiale a commencé », *Le Monde diplomatique*, août 1997.

MARTIRENA MANTEL, A. M. (dir.), *External Debt, Savings and Growth in Latin America*, FMI-Instituto Torcuato di Tella, Buenos Aires, 1987.

MAYA, R. S., *Structural Adjustment in Zimbabwe: Its Impact on Women*, Zimbabwe Institute of Development Studies, Harare, 1988.

McAFEE, Kathy, *Storm Signals, Structural Adjustment and Development Alternatives in the Caribbean*, South End Press, Boston, 1991.

MENDOSA, Teresa, Guillermo REBOSIO et Carmen ALVARADO, *Canasta optima alimentaria*, Centro de Estudios Nueva Economía y Sociedad, Lima, 1990.

MILLER, M., *Resolving the Global Debt Crisis,* PNUD, New York, 1989.

MORALES, Juan Antonio, «Estabilisación y Nueva Política Económica en Bolivia», *El Trimestre Económico,* vol. 54, 1987.

MORALES, Juan Antonio, *The Costs of the Bolivian Stabilisation Programme,* document de travail n° 01/89, Universidad Católica Boliviana, La Paz, 1989.

MORALES, Juan Antonio, «The Transition from Stabilisation to Sustained Growth in Bolivia», conférence présentée à «Lessons on Economic Stabilisation and Its Aftermath», Banque d'Israël et BID, Jérusalem, janvier–février 1990.

MOSER, Caroline O. N., «The Impact of Recession and Structural Adjustment on Women: Ecuador», *Development,* n° 1, 1989.

MOSLEY, *Increased Aid Flows and Human Resource Development in Africa,* UNICEF, Florence, 1990.

MURRAY, C., «A Critical Review of International Mortality Data», *Social Science and Medecine,* vol. 25, n° 7, 1987.

NAGARAJ, K. et al., «Starvation Deaths in Andhra Pradesh», *Frontline,* Madras, 6 décembre 1991.

NAHIMANA, Ferdinand, *Le Rwanda, Émergence d'un État,* L'Harmattan, Paris, 1993.

NELSON, Joan M. (dir.), *Economic Crisis and Policy Choice: The Politics of Adjustment in the Third World,* Princeton University Press, Princeton, 1990.

NEWBERY, David, «The Debt Crisis», *Development,* n° 1, 1989.

NUQUI, Wilfredo, *The Health Sector and Social Policy in the Philippines since 1985,* UNICEF, Florence, 1991.

ORGANISATION INTERNATIONALE DU TRAVAIL, *L'emploi dans le monde 1995,* Genève, 1995.

ORGANISATION INTERNATIONALE DU TRAVAIL, *Generating Employment and Incomes in Somalia, Jobs and Skills Programme for Africa,* Addis-Abeba, 1989.

ORGANISATION INTERNATIONALE DU TRAVAIL, *Adjustment and Human Resource Development,* Genève, 1992.

OYEJIDE, T. A., *Nigeria and the IMF,* Heinemann, Idaban, 1985.

PANAMERICAN HEALTH ORGANISATION, *Development and Strenthening of Local Health Systems,* Washington, 1990.

PANAMERICAN HEALTH ORGANISATION, *Health Conditions in the Americas,* vol. 1, Washington, 1991.

PANDHE, M. K., *Surrender of India's Sovereignty and Self-Reliance,* Progressive Printers, New Delhi, 1991.

PACQUEROT, Sylvie (dir.), *L'État aux orties ?,* Écosociété, Montréal, 1996.

PASTOR, Manuel, « The effects of IMF programs in the Third World », *World Development,* vol. 15, n° 2, 1987.

PEET, Richard (dir.), *Intercontinental Capitalism and Industrial Restructuring,* 1987.

PETRAS, James et Todd CAVALUZZI, « Devenir pauvre en travaillant », *Le Monde diplomatique,* juillet 1996.

PETRELLA, Riccardo, « Une machine infernale », *Le Monde diplomatique,* juin 1997.

PETRELLA, Riccardo, « Le retour des conquérants », *Le Monde diplomatique,* mai 1995.

PIRAGES, Dennis C., *Transformations in the Global Economy,* Macmillan, Londres, 1990.

PLATEAU, Jean-Philippe, *Land Reform and Structural Adjustment in Sub Saharan Africa : Controversies and Guidelines,* FAO, Rome, 1992.

POLANYI-LEVITT, Kari, *Some Reflections on the LDC Debt Crisis,* Department of Economics, Working Paper 2/89, McGill University, Montréal, 1989.

PORTES, Richard, « Development Versus Debt : Past and Future », *IDS Bulletin,* vol. 23, n° 2, 1990.

PROGRAMME DES NATIONS UNIES POUR LE DEVELOPPEMENT, *Rapport mondial sur le développement humain,* (annuel), Economica, Paris.

PRONK, Jan, « Adjustment and Development : Bridging the Gap », *Development,* n° 1, 1989.

RAMONET, Ignacio, « Régimes globalitaires », *Le Monde diplomatique,* janvier 1997.

RAMONET, Ignacio, « Haute panique financière », *Le Monde diplomatique,* mars 1995.

RAMONET, Ignacio, « La pensée unique », *Le Monde diplomatique,* janvier 1995.

RÉPUBLIQUE RWANDAISE, *L'économie rwandaise, 25 ans d'efforts (1962-1987)*, Ministère des Finances et de l'Économie, Kigali, 1987.

RÉPUBLIQUE SOCIALISTE DU VIÊT-NAM, *Vietnam: A Development Perspective*, (document principal préparé pour la conférence des bailleurs de fonds à Paris), Hanoï, 1993.

REVELLI, Philippe, « La résistance des "sans-terre" du Brésil », *Le Monde diplomatique*, septembre 1997.

RHODES, W., « The Debt Problem at the Crossroads », *IDS Bulletin*, vol. 23, n° 2, 1990.

RIBE, Helen et al., *How Adjustment Programs can Help the Poor*, Banque mondiale, Washington, 1989.

RITTER, A. et D. POLLOCK, *The Latin American Debt Crisis: Causes, Consequences and Prospects*, Institut Nord-Sud, Ottawa, 1985.

RUMIYA, Jean, *Le Rwanda sous le régime du mandat belge, (1916-1931)*, L'Harmattan, Paris, 1992.

RUSSELL, Robert, « The New Roles and Facilities of the IMF », *IDS Bulletin*, vol. 23, n° 2, 1990.

SACHS, Ignacy, « Quelques leçons de la débâcle mexicaine », *Le Monde diplomatique*, avril 1995.

SACHS, Ignacy, « Les quiproquos du débat sur la mondialisation », *La Pensée*, 1er trimestre 1997.

SACHS, Jeffrey (dir.), *Developing Countries Debt and the World Economy*, University of Chicago Press, Chicago, 1989.

SANDIFOR, Peter et al., « Why do Child Mortality Rates Fall, An analysis of the Nicaraguan Experience », *American Journal of Public Health*, vol. 81, n° 1, 1991.

SCHADLER, Susan et al., *Economic Adjustment in Low Income Countries*, FMI, Washington, 1993.

SESHAMANI, V., *Towards Structural Transformation with a Human Face, The Economic Programmes and Policies of Zambia in the 1980s*, UNICEF, Florence, 1990.

SÉVIGNY, David, « Le Club de Paris : vu de l'intérieur », Institut Nord-Sud, Ottawa, 1990.

SOBHAN, Rehman, *The Development of the Private Sector in Bangladesh : a Review of the Evolution and Outcome of State Policy*, Rapport de recherche n° 124, Bangladesh Institute of Development Studies, 1991.

SQUIRE, Lyn, « Introduction : Poverty and Adjustment in the 1980s », *The World Bank Economic Review*, vol. 5, n° 2, 1991.

STREETEN, P., « Structural Adjustment : A Survey of the Issues and Options », *World Development,* vol. 15, n° 22, décembre 1987.

SUAREZ, Ruben, *Crisis, Ajuste y Programas de Compensación Social : Experiencias de los Fondos Sociales en Paises de América Latina y el Caribe,* Organización Panamericana de la Salud, Washington, 1991.

TARP, Finn, *Stabilisation and Structural Adjustment,* Routledge, Londres, 1993.

TOMANN, H., « The Debt Crisis and Structural Adjustment in Developing Countries », *Intereconomic,* vol. 23, n° 5, 1988.

TOUSSAINT, Éric, *La bourse ou la vie, la finance contre les peuples,* éditions Luc Piré, Bruxelles, 1998.

UNICEF, « Revitalising Primary Health Care/Maternal and Child Health, the Bamako Initiative », rapport du directeur, New York, 1989.

UNICEF, *The State of the World's Children,* Session de 1991, New York, 1991.

UNICEF, *The Bamako Initiative, Progress Report and Recommendation Submitted to Executive Board,* Session de 1991, New York, 1991.

UNITED NATIONS CONFERENCE ON THE LEAST DEVE-LOPED COUNTRIES, *Country Presentation by the Government of Rwanda,* Genève, 1990.

UNITED NATIONS ECONOMIC COMMISSION FOR AFRICA, *African Alternative Framework to Structural Adjustment Programmes for Socio-Economic Recovery and Transformation,* Addis-Abeba, 1989.

VIETNAM MINISTRY OF EDUCATION, PNUD, UNESCO, *Vietnam Education and Human Resources Analysis,* National Project Education Sector Review and Human Resources Sector Analysis, vol. I, Hanoï, 1992.

WAGAO, Jumanne H., *Adjustment Policies in Tanzania, 1981–1989, The Impact on Growth, Structure and Human Welfare,* UNICEF, Florence, 1990.

WARDE, Ibrahim, « La tyrannie de l'"économiquement correct" », *Le Monde diplomatique,* mai 1995.

WARDE, Ibrahim, « Fastueuses banques de développement », *Le Monde diplomatique,* septembre 1997.

WEISNER, W., « Domestic and External Causes of the Latin American Debt Crisis », *Finance and Development,* vol. 22, n° 1, mars 1985.

WILLIAMS, Maurice, « Note on the Structural Adjustment Debate in Africa », et « Options for Relieving Debt on Low Income Countries », *Development,* n° 1, 1989.

WILLIAMSON, John (dir.), *IMF Conditionality,* Institute for International Economics, 1984.

WILLIAMSON, John, « The Debt Crisis at the Turn of the Century », *IDS Bulletin,* vol. 23, n° 2, 1990.

WOLF, Martin, « Mais pourquoi cette haine des marchés ? », *Le Monde diplomatique,* juin 1997.

YODER, R. A., « Are People Willing and Able to Pay for Health Services ? », *Social Science and Medecine,* vol. 29, 1994.

ZUCKERMAN, Elaine, *Adjustment Programs and Social Welfare,* discussion paper n° 44, Washington, 1989.

Les Éditions Écosociété
DE NOTRE CATALOGUE

L'Énergie au Québec
Quels sont nos choix?
Collectif sous la direction de Jean-Guy Vaillancourt et Corinne Gendron

Un livre-choc sur la politique énergétique du Québec.

Chiffres et faits à l'appui, de jeunes chercheures et chercheurs situent les enjeux actuels et proposent des voies d'avenir.

Une mine de renseignements pour nous permettre de mieux orienter nos choix énergitiques en tant que société.

ISBN 2-921561-41-7
22,95$

Le Municipalisme libertaire
Janet Biehl

Un guide pratique de la pensée politique du grand philosophe écologiste, Murray Bookchin.

Le Municipalisme libertaire propose une conception radicalement différente de la vie et de la politique municipales, qui s'appuie sur le développement d'un réseau de solidarité et d'interdépendance.

ISBN 2-921561-40-9
21,95$

Entretiens avec Noam Chomsky
David Barsamian

Ces entretiens permettent de découvrir Noam Chomsky dans l'intimité: un homme chaleureux, généreux, respectueux de tous, mais qui n'hésite jamais à rechercher partout la vérité et à la dire.

ISBN 2-921561-27-1
16,95 $

La simplicité volontaire, *plus que jamais...*
Serge Mongeau

«La société de consommation nous enferme, individuellement et collectivement, dans une cage qui nous laisse de moins en moins de choix véritables et de vraie liberté.»

Un livre qui met en valeur l'*être* en opposition à l'*avoir*.

ISBN 2-921561-39-5
19,95 $

Pierre Kropotkine, prince anarchiste
George Woodcock et Ivan Avakumovic

Toute une vie d'aventures pour un homme d'une intelligence vigoureuse, sensible et bon qui nous lègue une œuvre scientifique et politique immense.

Du petit page du Tsar Alexandre II au révolutionnaire et écrivain pauvre, un parcours qui se lit comme un véritable roman.

ISBN 2-921561-34-4

29,95 $

La lutte des exclus, un combat à refaire
Lorne Brown

L'histoire d'hier pour mieux se défendre aujourd'hui.

ISBN 2-921561-32-8

21,95 $

Un peuple, un projet
Roger Julien

Une invitation à sortir de nos individualismes et de notre compétition malsaine.

ISBN 2-921561-31-X

16,95 $

La pensée en liberté
Collectif sous la direction de Serge Roy

Les meilleurs textes du *Q-Lotté*, témoignage de la pérennité de la pensée libertaire au Québec.

ISBN 2-921561-30-1

24,95 $

Les dessous de la politique de l'Oncle Sam
Noam Chomsky

La politique américaine mise à nu.
Une analyse critique et systématique de l'ingérence américaine à travers le monde.

ISBN 2-921561-28-X

11,95 $

Des ruines du développement
Wolfgang Sachs et Gustavo Esteva

Un livre sérieux sans l'être trop, critique mais juste assez, qui présente les analyses de W. Sachs et les expériences de G. Esteva.

ISBN 2-921561-05-0

16,95 $

Une société à refaire
Vers une écologie de la liberté
Murray Bookchin

Les origines sociales de la crise écologique. Un livre pour tous ceux qui refusent les idées toutes faites, vers une écologie de la liberté.

ISBN 2-921561-02-6

21,95 $

Entre nous
Rebâtir nos communautés
Marcia Nozick

Il existe en Amérique du Nord des milliers de projets et d'initiatives communautaires qui pourraient changer bien des choses.
Un phénomène source d'espoir.

ISBN 2-921561-04-2

24,95 $

Nos diffuseurs

en Amérique :   *Dimédia inc.*
                    539, boul. Lebeau
                    Saint-Laurent (Québec)
                    H4N 1S2

en Belgique :   Les Éditions *EPO*
                    20A , rue Houzeau de Lehaie
                    1080 Bruxelles

en France :   *Diffusion de l'Édition québécoise (DEQ)*
                    30, rue Gay-Lussac
                    75005 Paris

en Suisse :   *Éco-diffusion,* c/o Aide Mutuelle
                    Case postale 664
                    1211 Genève 4

Faites circuler nos livres.

Discutez-en avec d'autres personnes.

Inscrivez-vous à notre Club du Livre.

Si vous avez des commentaires, faites-les-nous parvenir ;
il nous fera plaisir de les communiquer aux auteurs et à
notre comité de rédaction.

Les Éditions Écosociété
C.P. 32052, succursale Les Atriums
Montréal (Québec)
H2L 4Y5